JN233784

新版 生活問題の社会学

矢島正見　編著

学文社

執筆者紹介 (執筆順)

＊	矢島　正見	中　央　大　学	(序　章)
	原田　　豊	科学警察研究所	(第1章)
	加藤　弘通	常葉学園短期大学	(第2章)
	松宮　　満	関西福祉科学大学	(第3章)
	村松　　励	専　修　大　学	(第4章)
	千葉モト子	四天王寺国際仏教大学	(第5章)
	高橋　　泉	仙台白百合女子大学	(第6章)
	竹村　祥子	岩　手　大　学	(第7章)
	岡本　吉生	埼玉県立大学	(第8章)
	河野　員博	広島県立大学	(第9章)
	浅川　達人	東　海　大　学	(第10章)
	井出　裕久	大　正　大　学	(第11章)
	仲尾　唯治	山梨学院大学	(第12章)
	石垣　尚志	中　央　大　学	(第13章)

＊は編者

はしがき

　みなさんのお手元に『新版　生活問題の社会学』をお届けしたい．じっくりと読んでいただければ幸いである．

　旧版の『生活問題の社会学』は1995年4月30日付で刊行されているので，6年ぶりの改訂ということになる．旧版は4部・17章で構成したが，今回の新版は2部・13章で構成した．スリム化したわけである．大学のカリキュラムがセメスター制に移行しつつあり，半期授業が増えてきている状況にも対応できるようにとの配慮である．また，章の内容もそして執筆者も大幅に変更した．旧版執筆者の17名のうち新版執筆者に残ったのは私も含めてわずか5名である．こうして，メンバー・内容・展開とも一新して，『新版　生活問題の社会学』が出来上がった次第である．なお，2001年1月に省庁の再編が行われたが，史的事実にともなう論説については，旧呼称を踏襲した．

　さて，本書全13章の展開で，現在のわが国の人びとが，それぞれの日常生活のなかで遭遇する，もしくは体験する問題のすべてが論じられている，というわけではもちろんない．日常生活での問題は多種多様であろう．しかし，各章で取り上げられたテーマに対して，どのような関心・視点から，どのように論述が展開されているかを理解できれば，ここに取り上げられていないテーマや現象であっても，今度はみなさん自身が考察しえるはずである．読後はそのようになられていることを大いに期待する．

　最後になったが，快く執筆してくださった先生方に心から感謝したい．また，学文社田中千津子社長には今回も多大な苦労をかけてしまった．申し訳なく思っている．

2001年3月

編著者　矢島　正見

目　次

序章　社会学からの社会問題アプローチ …………………………………… 1
2つの社会問題論……3／　機能主義社会問題論……3／　構築主義社会問題論……6／　理想と現実とのズレ……8／　生活問題をみる目……11

PartⅠ　生活のなかの問題行動

第1章　少年非行と大人の犯罪 ……………………………………………… 14
序……16／　犯罪・非行統計の読みにくさ……16／　特異事例から「社会」が語れるか……18／　子どもと大人は別世界の住人か……20／　「今の子ども」の問題は「今の世代」の問題か……25／　「突発的な特異・凶悪事件」をどうみるか……29／　危険な兆候は別にある……31／　結論……32

第2章　不登校・ひきこもり ………………………………………………… 34
生活問題としての不登校・ひきこもり……36／　不登校・ひきこもりとは？……37／　不登校の原因……40／　学校を「休むようになること」と「休み続けること」……41／　不登校によって新たに家族の問題が生じた事例……44／　「不登校になること」と「不登校を続けること」を分けて考えること……46

第3章　十代の売買春 ………………………………………………………… 49
1975年の「女子高生売春」……51／　エピソード【1】─女子高校生と暴力団……52／　エピソード【2】─女子高校生の"モテル遊び"……56／　エピソード【3】─国家公安委員会に報告……58／　反社会的から即社会的非行へ……59／　伝言ダイヤル・テレクラ・援助交際……61

第4章　薬物乱用 ……………………………………………………………… 66
わが国の薬物乱用の実態……68／　覚せい剤乱用の最近の傾向……70／　薬物乱用の深化のプロセスについて……71／　薬物乱用者の抱える問題……72／　薬物乱用者の心理について……74／　薬物乱用者への援助と家族システム論……76／　薬物乱用の防止に向けて……78

第 5 章　セクシュアル・ハラスメント，ストーカー ……………………81

　セクシュアル・ハラスメントはなぜ社会問題なのか……83／　ジェンダーの実態——"男の十戒""女の十戒"……86／　セクシュアル・ハラスメントの現実……87／　キャンパス・セクシュアル・ハラスメント……90／　ストーカー……94

第 6 章　自　殺 ……………………………………………………………98

　自殺とは……100／　時代・社会にみる自殺……101／　自殺の国際比較……105／　現代日本の自殺……109／　おわりに……116

PartⅡ　家族と社会をめぐる生活問題

第 7 章　パートナー関係 ………………………………………………120

　パートナー関係の「生活問題」とは何だったのか……122／　未婚化はどんな「問題」なのか……123／　非婚化は進むのか……125／　シングル・ライフのゆくえ……126／　子どもを産まない夫婦はどれくらい存在するか……127／　未婚化や非婚・晩婚化，事実婚，子どもを産まない夫婦はどのような「社会問題」か……129

第 8 章　夫婦間暴力と児童虐待 ………………………………………133

　用語の問題……135／　市民運動と法制化の動向……135／　暴力や虐待の実態と特徴……138／　暴力や虐待が被害者に与える影響……144／　夫婦間暴力と児童虐待との共存と連鎖……145

第 9 章　教育崩壊をめぐる問題 ………………………………………149

　教育崩壊への視点……151／　学級崩壊……151／　学力低下……157／　教育崩壊を生み出す構造……163

第10章　高齢化と高齢者問題 …………………………………………166

　人生でもっとも楽しかった時代……168／　老人イメージに対する調査・研究……168／　高齢化社会に関するステレオタイプ……170／　ステレオタイプと事実誤認……172／　画一的なイメージの払拭……173／　けしかけられる"若々しさ"……175／　高齢者の適応問題……176／　論理の反転……177／　アンビバレントな望ましい老後……178／　現代の高齢者問題……180

第11章　リストラ・失業・過労死 ……………………………………182

　「リストラ」と失業……184／　問題としての失業……187／　過労死……190／おわりに……193

第12章　エイズ ……………………………………………………………… 196

「エイズ」の社会的起源……198／　エイズと社会学……199／　「エイズ」をめぐる3つの諸相—〈AIDS〉〈HIV〉〈エイズ〉—……200／　HIV感染の3つのステージ—AC・ARC・AIDS—……203／　マジック・ジョンソン，平田豊とカミングアウト……205／　現代社会とエイズ……207／　HIV/AIDS問題への的確な対処法……209

第13章　環境をめぐる問題 ……………………………………………… 214

環境問題……216／　生活環境をめぐる問題……216／　〈ごみ〉の歴史……217／　「ごみ戦争」の経験……221／　排出量の増加と質の変化……222／　リサイクルへの取り組み……223／　産業廃棄物という〈ごみ〉……226／　結びにかえて：「ごみ問題」を考えるということ……226

序章　社会学からの社会問題アプローチ

「心の時代」の社会問題

　「心の時代」というときの「心」とは，いったいどんな心なのであろうか．（略）「物の時代」というとき，それは「物に執着している時代」「物欲の時代」という意味あいで使われており，この点では「心の時代」とは「心に執着する時代」と解釈しえる．うがった見方，ひねくれた見方と言われるかもしれないが，「心の時代」というとき，「心に目を向けよ」「心に関心を示せ」「心を大切にせよ」「心こそ大切」と，我われの関心や志向を心に執着させるようなそんな圧力が感じられる．

　いやそれだけでなく，「心の時代」というときの「心」には，限りなく強い「我（が）」が感じられる．少なくとも，隠遁者の「心」ではない．「色即是空・空即是色」とする我を捨て去った「心」ではない．自己の存在を主張し，自己の権利を主張する，そんな「我が充満した心」である．

　それ故に，「心の時代」に「心のやすらぎ」は果たしてあるのだろうか，という実にパラドキシカルな疑問が浮かんでくる．「心の時代」であるが故に，我と我が自己主張し合い，いがみ合い，傷つけ合う，そんな状況をどうしても描いてしまう．というのも，現代の人びとが，謙遜や自己犠牲の精神を喪失させ，自己主張に明け暮れ，それ故にトラブルを続発させているように，私には思えるからである．

　　矢島正見著『少年非行文化論』学文社，1996年，pp. 345-346

キーターム

社会構造 社会はそれを構成する諸部分の相互関係から成立しているが，その社会全体を構成する諸部分の相互的に安定し比較的変化しにくい相互の関係を社会構造という．簡単にいえば，社会は構造化されてある，ということである．

順機能と逆機能 社会全体を構成する諸要素が営む活動を社会機能という．社会構造が果たしている作用の効果といってもよい．その社会機能は順機能と逆機能をもつ．全体の維持，発展に促進的な作用を及ぼしている場合が順機能，逆に，全体の維持，発展を脅かす作用を及ぼしている場合が逆機能である．

「もの」としてみる フランスの社会学者デュルケム（Durkheim, É.）は，社会学の方法として，研究対象を「もの」としてみることを提起した．自然科学が自然を観察するように，社会学も，社会の価値，規範，制度，風潮，現象，等を研究するに，イデオロギーや予断，先入観を排除して，あたかも「もの」を観察するように考察せよ，ということである．

2つの社会問題論

　社会問題とはいったい何であろうか．世の中には「社会問題」といわれている，もしくはそのように考えられているさまざまな問題がある．しかし改まって「社会問題とは何か」と問われると，答に窮してしまう．私のようにひねくれた人間はなおさらである．よく，「社会の問題だから社会問題だ」などという人がいるが，これはまったくのトートロジーで，「AはAである」といっているにすぎない．「女性の問題だから女性問題」「性の問題だから性問題」というのも同じである．

　前記「コラム」の続きにこんな論述がある．「公害問題，人種問題，人権問題，障害者問題，女性問題，セクハラ問題，子どもの問題，落ちこぼれ問題，冤罪事件問題，性の商品化問題，等々と，現在，社会問題とされているかなり多くの現象が，心を大切にし，個人を大切にし，権利を大切にするが故に出現している問題なのである．この点では，我が国はまさに『心』を大切にする社会であり，それゆえにまさに問題化社会である」(p. 346)．この論述では，社会問題の真の原因は「心」ということになる．「なんとまあ，ひどいへそ曲がり」とお思いだろうが，それはあなたが実に素直な心の持ち主で，かつ，社会学を知らないからである．

　社会学では「社会問題とは何か」という問に2つの考え方が用意されている．この2つの考え方，あなたはどちらの考え方に賛同するであろうか．まずはこのへんから話を進めていこう．

機能主義社会問題論

　アメリカの社会学者マートン（Merton, R. K.）は，「社会問題とは」ということの論述で，6つの命題を提示している（マートン，1969, pp. 409–471）．

　第1は，社会問題とは社会的標準（social standard）と社会的事実（social fact）とのズレ（lag）である，という命題である．理想や正義と現実とのズレ，といってもよい．

たとえば,「差別は悪いこと」という社会的標準があり,現実に「差別が存在する」場合,差別は社会問題となるわけである.もし,現実に差別が存在しなければ,社会問題とはならないし,また,「差別は悪いこと」という社会的標準が存在しなければ,差別が存在していても社会問題とはならない.ということは,理想や理念・正義の観念が社会に存在しなければ,社会問題も存在しない,ということになるのである.

　今ひとつの例.「同性愛は異常ではない」という社会的標準があり,現実には「同性愛は異常視されている」場合,同性愛への異常視は社会問題となる.ところが,もし,「同性愛は異常である」という社会的標準が存在し,現実には同性愛が行われているならば,こんどは同性愛が社会問題となる.このように,社会的標準によって,同じ現実がまったく異なって評価されることになる.同性愛が異常であるならば,同性愛者たちが問題となり,同性愛が異常でないならば,同性愛を異常視する人たちが問題となるのである.正義の者と悪人とが入れ替わることになる.

　したがって,価値が多様化し,正反対の理想・正義が掲げられ,互いに自らを正義とみなし,激しく主張し合っているような社会では,同じ現実に対してまったく違った複数の社会問題が出現しえるのである.

　第2は,社会問題には社会的起源が存在する,という命題である.結果の現象だけでなく,その原因も社会的である,というわけだ.たとえば,神戸の大震災,原因は地震であり,自然現象である.そこで,単純に考えると,震災は社会問題ではない,ということになる.しかし,活断層の存在が明らかであったにもかかわらず,その真上に建造物を何の制限も警告もなく建てさせていたのであれば,家屋の倒壊原因は震災だけではなく,人為的でもある.つまり社会的原因もあるのであって,社会問題となる.

　第3の命題は,社会問題には判定者が存在する,というものである.誰がいったい「社会問題」とみなすのか,ということである.もし誰もある事象を社会問題とみなさなければ,その事象は社会問題とはならないのであって,社会

問題とされる限りは，必ず判定者がいることになる．

その判定者は社会の人びとであるが，なかでも社会的影響力のある人たち，たとえば，政治家，学者，芸能人，有名人，そしてジャーナリスト，等の人たちである．とくに情報化社会ではマスコミ関係の人たちが判定者として有力的になってきているといえよう．

第4は，社会問題には顕在的社会問題と潜在的社会問題がある，という命題である．社会問題とみなしえる現象・行為が潜在的には存在するものの，それがいまだ顕在化していない場合がある．たとえば，セクシュアルハラスメントを例としよう．

30年前にも40年前にも，職場や宴会の席で女性の胸や尻を触ったり，性的関係を強要し，断られると職務権限を利用して嫌がらせをするといった行為は，しばしばあったと思われる．しかし，その頃は，「男はスケベが当たり前」「少しくらい我慢すべき」「男だって我慢している」「女もあんがいその気でいる」等の考えが支配的であって，社会問題として判定する有力者が存在していなかった．つまり潜在的にしか存在していなかったわけである．ところがそれがフェミニズムの台頭等により顕在化し，今ではセクハラとして社会問題となっている，ということである．

こうしたことはストーカーもそうである．今までならば，単に「しつこい男」とか「めげない男」といわれ，単にあきれかえられるだけだった男が，さらには「情熱的な男」と賞賛されてもいた男が，今では顕在化し，「ストーカー」という名称を与えられ，社会問題となっているのである．

さてそうなると，社会問題がさまざまに見受けられる社会は，実は素晴らしい社会ということになる．抑圧された社会，差別が当たり前と思われている社会，人間は運命に逆らえないと思われている社会では，社会問題はいつまでも潜在的で顕在化することがない．こういう社会では，人びとが認知しえる社会問題は少ないということになる．逆に，さまざまな判定者がたくさんいて問題視する社会では，問題はすぐに顕在化し，人びとに社会問題と認識されること

になる。「コラム」で私が述べたことに通じる命題である。

第5の命題は，社会問題は社会的知覚に規定される，というものである。社会的知覚が多様であるなら，社会問題に対しての知覚も多様となる。何を大事とみなしているか，その事象とのかかわりが強いか弱いか，どのような立場にいるのか，等によって，社会問題に対しての認識も異なる。たとえば，飛行機事故で500人死亡となれば，大事件となり，マスコミは連日騒ぎ立てるであろうが，1年間の車による交通事故死亡者がそれ以上いても騒ぎ立てることはない。もし日本で飢えのために数千人の死亡者を出したとしたら大変なことになるが，それが他の国であったのなら，それほどには問題とならない。それ故，人びとの問題視の大きさが実際の客観的な問題の深刻さを測りえるものではない，ということになる。

第6の命題は，社会問題は矯正可能性をもつ，である。もし社会問題が人間の英知でもって解決しえるものでないなら，それは社会問題とはならない。たとえとしてはナンセンスであるが，もし地球があと1年で大爆発を起こすことがわかり，そしてそれを防ぐことが不可能であるならば，地球の爆発は社会問題ではない。社会問題となるのは，そのことで全世界の人達がパニックに陥り，大混乱を招くことである。したがって，すでに記したように，宿命の蔓延している社会では，社会問題は消え失せる。人びとが運命と悟り，何もかえようと思わないならば，社会問題は出現しないのである。

以上が，機能主義からの社会問題についての考え方である。

構築主義社会問題論

構築主義社会問題論では，社会問題とは，なんらかの想定された状態について苦情を述べ，クレームを申し立てる個人やグループの活動，と定義する（キツセ＆スペクター，1990）。要するに，人びとが「問題だ，問題だ」と騒ぎ立てているなら，それが社会問題なのである。要は，騒ぎ立てるか否かである。うがっていえば，ブツクサ文句をいったほうが勝ち，ということになる。

しかも，問題だとする現象が存在するかどうかなどどうでもいい．「なんらかの想定された状態」ということは，個人やグループが想定すればいいのであって，事実であろうとなかろうと，関係ない．「宇宙人によって，この10年間に少なくとも10万人の人間が殺されている」，「一部の女たちは強姦した男性の性器切断を法制化しようとしている」，「子育てをする母性愛遺伝子を喪失させた女性が若い女性では100人中3.3人，つまり30人に1人の割でいる」等々，事実かどうか判然としなくても（事実としては嘘），よいのである．

　機能主義社会問題論では，社会問題は発見されるべきものとして，客観的に存在している．ただ，それが潜在的であるか顕在的であるかの違いである．しかし，構築主義社会問題論では，社会問題とは創られるものである．人びとが発見するのではなく，創り上げるものである．したがって，潜在的社会問題など存在しない．そもそも誰も社会問題だと認識していないのに，何故「潜在的社会問題」と判定しえるのか，いったい誰が判定するのか，ということになる．

　セクシュアルハラスメントもストーカーも，それだけでなく，児童虐待も少年法改正問題も，さらに，環境問題も人権問題も，人びとが「問題である」とクレーム申し立て活動をし，それが成功して，多くの人びとが「問題である」という認識に至ったからこそ，社会問題といわれるようになったのである．つまり，社会問題とは成功したクレーム申し立て活動というわけである．

　よって，本書ができたのも，こうした活動が導いた結果であるし，また逆に，本書がさらに「問題だ」というクレームを強化させているということでもある．

　かつて社会問題であったものが，そうでなくなるのも，社会的構築の結果である．この場合は，「問題である」という構築ではなく，「問題ではない」という構築である．かつて女性の婚前交渉は社会問題であった．処女のまま結婚するのが当然であり，結婚する前に性交渉をする，しかも結婚相手ではない男とする，となれば，これは社会問題であった．ところが，「そんなことは問題ではない」というクレーム申し立て活動が起こり，これが成功し，今では社会問題とみなされなくなっているのである．

こうしたクレーム申し立て活動に大きな影響力を与えているのがマスコミである．マスコミが問題として取り上げるか否かが，成功するか否かの決定的な分かれ目といっても過言ではない．マスコミさえ味方に引き入れれば，学者や知識人が動き，政府が動き出すことは目にみえている．よって，マスコミを「社会問題制作者」とよぶことができよう．

さて，2つの社会問題に対しての考え方．みなさんはいかがであったろうか．前者の機能主義社会問題論の考え方が，一般的である．一般的というのは，大方の人たちが感じている社会問題への考え方に近いであろうし，またマスコミや行政の社会問題に対しての捉え方でもある．一方，構築主義社会問題論は論として新しいので，それ故に人びとにこうした考え方が浸透しているというわけではない．しかし，新鮮な考え方であるし，充分うなずけるものである．

本書の13章の大半は機能主義社会問題論にもとづいての論述である．ただし，まったく構築主義的な発想がないわけではない．たとえば第1章の犯罪．ここでは多分に構築主義的視点がマスコミ批判として導入されている．マスコミのいうことにたぶらかされるなという警告など，実に大切である．そんなときには「こうしてマスコミは問題を創っているんだな．問題だ問題だとはやしたてて，社会問題を制作しているんだな」と思うことである．

理想と現実とのズレ

機能主義社会問題論の第1命題は，理想と現実とのズレであった．構築主義社会問題論であっても，このことは変わりない．前者がそれを客観的事実として捉えるのに対して，後者では，ある個人やあるグループがそのように認識し，そのズレに対してクレームを申し立てる活動と，主観的事実として捉える．よって，「理想と現実とのズレ」という点では一致する．ここではこのことについて別の視点から，再度取り上げることにする．つまり，社会学という学問は「理想と現実とのズレ」をどのような視点から考察するか，ということを取り上げて述べてみる．

学問は大きくわけて,「べき論」と「である論」に分けることができる．これを「ゾルレン（当為）の学問」と「ザイン（存在）の学問」といってもよい．法律学や社会福祉学，教育学はどちらかというと「べき論」の学問である．理想や理念・正義を追い求め，またその理想や理念・正義にもとづいて現状を分析するのである．一方「である論」の学問はといえば，自然科学や社会科学がこれに相当する．社会学は社会科学である．よって，社会学も「である論」の学問ということになる．

　前者の「べき論」の学問では，理想や正義を絶対視する．たとえば「人権」．人権は今では神のような絶対的な権力をもっている．たとえアメリカの大統領であろうと，わが国の総理大臣であろうと，この人権に逆らうことはできない．ところが，社会学はいかなる理想・正義であっても，それを素直に百パーセント肯定するものではない．何故ならば，どんな理想・正義にも「逆機能」があることを知っているからである．

　社会構造は順機能と同時に必然的に逆機能を有しており，しかも順機能そのものに逆機能が備わっている．たとえば，産業の発展という順機能には公害・自然破壊という逆機能が存在し，子どもたちを教育するという順機能には「落ちこぼれ」という逆機能が存在し，物の豊かさという順機能には心の貧しさという逆機能が，清潔という順機能には不潔な人達を劣った人間とみる逆機能が存在する，ということである．

　正義や理想がたとえ素晴らしいものであったとしても，その作用の結果は必ずしも素晴らしいものとは限らない．それどころか，必ず逆機能が潜んでいるのであり，素晴らしい結果と同時に悪い結果をも産む，ということなのである．そして，こうした理念・正義の持つ逆機能を厳しくチェックするのが社会学である．

　もちろん，「べき論」の法律学や福祉学，教育学等の研究者でも当然現実を問題とする．しかしその問題の仕方が社会学者とはやや異なる．

　彼らが現実を問題にするときは，必ずといってよいほど，理想と現実を対比

して問題にする．「現実は理想とは程遠い」「まだまだ理想の社会になっていない」「現実は困ったものだ，変えていかなくては」となる．理想から現実を批判するのだ．しかしその逆の，現実から理想を批判することはまずない．もしそういう場合があるとしたら，それはおそらく今ひとつ別の理想から既存の理想とされている観念ないしイデオロギーを批判する場合である．

　ところが，社会学は現実と同じように理想も単なるひとつの歴史的に構成された「もの」として見つめる．いつ，どこで，誰が，どのようにその理想を構成したか，それによってどう歴史が変容したか，ということに関心を向ける．

　さらにそれだけでなく，理想と現実とのズレを肯定し，また危険視する．肯定では，理想と現実とはズレているのが当たり前，とみなす．もしズレていないならば，もはやそれは理想ではない．現実とズレているからこそ理想は理想でいられるのである．理想は，その理想を追い求める限り，絶対に完全には叶うことのできないものである．だから，「まだまだ理想の社会になっていない」という発言は，社会学にとっては当たり前のことなのである．

　しかし，その一方で社会学はズレを危険視する．理想と現実のズレがあまりにも激しい場合には，現実を問題にするのではなく，ズレそのものを問題にする．もはやズレは「当たり前」ではなくなる．

　たとえば，豊かな生活を理想に掲げつつも，貧しい生活を強いられている社会では，理想と現実のズレが人びとを不幸に落とし込める．自由という理想を掲げつつも，拘束の強い社会では，理想と現実のズレが人びとを不幸に落とし込める．社会は理想にもとづいて人びとに「かくあるべし」という観念を煽る．しかし煽っておきながら，実現できる制度的手段を社会が用意していないならば，その観念は巨大な魔物と化して人びとに襲いかかる．貧しい家の子に豊かな生活を煽る，勉強のできない子に「学問のすすめ」を煽る，運動能力の低い子にスーパーマンのような人物像を煽る，自己主張できない子に自己主張しろと煽る，太っている子にスリムであれと煽る，等，いくらでも実例はある．現実には，こんなひどいことを理想は煽っているのである．にもかかわらず，人

びとは理想の残酷さに鈍感である．

　しかし，デュルケム（Durkheim, É）という社会学者は今から百年以上も前にこのことに気付き，警告を発していた．中世身分制社会では，欲望と現実は一致していた．農民の子は農民であった．したがって欲望と現実とのズレに悩むことは少なかった．個人主義社会はこれを打破した．「誰もが何にでもなれる」というイデオロギーを掲げた．こうして「少年よ大志を抱け」と，将来にでっかい夢を抱くのが青少年とされた．ところが個人主義が最も開放したのは欲望を煽ることであった．そのため，その後の青少年は煽られた欲望と現実のズレに苦しむという歴史的宿命を背負わされてしまったのである．

　理想を煽ること，正義を煽ること，これは諸刃の剣である．人びとを豊かに幸せにすると同時に，時として怪物をつくってしまうこともある．いささか自己賞賛的に述べるならば，こうした近現代社会に現れた神でもあり魔物でもある歴史的構成物に立ち向かっているのが社会学である．

生活問題をみる目

　このように，社会学が社会問題や生活問題に立ち向かう姿勢は，ただ単に「いけないことだから改めましょう」といった，ジャーナリズム的もしくは行政的姿勢ではない．今まで見てきたように，今少し複雑で深いものである．といっても，現実の生活からかけ離れているわけではない．日常の生活からかけ離れたのでは，理屈だけの学問となり，社会学としての良さがなくなってしまう．社会学の良さはあくまでも生活に密着している，ということである．

　今までかなり理屈っぽく述べてきたので，社会学って随分難しい，へそ曲がりな学問では，と思われた方もいることと思うが，けっしてそうではない．それはこれからの13の章を読んでいただければたちどころに分かることと思う．また，それだけでなく，本書のタイトルを「社会問題の社会学」ではなく「生活問題の社会学」としたことからもお分かりいただけるだろう．

　「生活問題」とは，一言でいえば，人びとの日常生活のなかで見聞したり体

験したりする諸問題である．こうした諸問題は当然人びとの日常生活のなかで発生してくるものではあるが，社会全体のシステムや歴史的変動と密接にかかわって生起しているものである．したがって，生活問題の背景には社会問題が横たわっているといえるし，言い換えるならば，社会問題を背景として生活問題が生起するとも，また社会問題は生活問題として顕在化するともいえる．

それゆえ，本書は生活問題に焦点を当てつつ，もしくは生活問題を考察の端緒として，現代のわが国の社会問題にまで論究していく，という姿勢をとっている．これからの13の章は，そのどれも，我われの生活のなかでいつ起きてもおかしくない諸問題であると同時に，現在の日本社会を覆っている深刻な問題である．みなさんは，自分自身の問題として考えるという姿勢と，日本の問題として考える姿勢の2つを，相互連関させてもっていただきたい．

それではここらで，13の章の「始まり，始まり」としたい．

引用・参考文献

デュルケム, É. 著（宮島喬訳）『自殺論』（中公文庫）中央公論社　1985年
マートン, R. K. 著（森東吾・森好夫・金沢実訳）『マートン　社会理論と機能分析』（現代社会学大系13）青木書店　1969年
キツセ, J. I. & スペクター, M. B. 著（村上・中河・鮎川・森訳）『社会問題の構築』マルジュ社　1990年
大村英昭『日本人の心の習慣―鎮めの文化論―』（NHKライブラリー）日本放送出版協会　1997年
米川茂信『現代社会病理学』学文社　1991年
米川茂信・矢島正見編著『成熟社会の病理学』学文社　1993年
星野周弘『社会病理学概論』学文社　2000年

Part I

生活のなかの問題行動

第1章　少年非行と大人の犯罪

キモ食べて死ぬ率1％だが
大きい個体差　同種類でも油断は禁物

フグ通　……フグ中毒の一番のやっかいさはフグの個体差にあるんだ．……一番よく食べるトラフグで，Aのキモは無毒，Bのは猛毒という差が出る．……キモを食べて死ぬ率と，通常の性交渉によるエイズの感染率とどちらが高いと思うかね？　エイズ感染率は1％と言われている．

素人　そりゃ，無論フグだろう．

通　残念，同じくらいなんだ．トラフグのキモで，学者たちの計算はほぼ一致して1％内外だ．しかし実は，率が低いのがくせ者なんだよ．

素　ふうむ．それは分かる気がするね．血を洗えば大丈夫と，注意してキモを食べて，何ともない．何十回も食べるうち，「この工夫で大丈夫」と自信を持つ．そのうち猛毒フグに当たる．

通　その通りだ．フグを鉄砲と言う．「タマに当たって死ぬ」というんだが，「まれ」と弾丸を掛けて，タマだそうだ．……83％のフグは，キモをたらふく食べても心配ない．だが，百匹に一匹以下だが，小さなサイコロ大のキモを食べただけでコロリ，の猛毒個体が現れる．何回も無事に食べたのが，大丈夫と言う証拠にはならない．だからこそ昔から，フグ中毒が繰り返されているんだ．

「朝日新聞」　1993年1月12日付　朝刊

第1章　少年非行と大人の犯罪　15

🗝 キーターム

認知件数　警察などの捜査機関が発生を知った犯罪件数のことである．単純に犯罪の「発生件数」といわず「認知件数」というのは，発生したのに警察などには「知られなかった」犯罪（その数を「暗数」とよぶ）があるからである．

検挙件数・検挙人員　警察の認知した事件のうち，犯人（正確には，「被疑者」）が特定され，一応の事件の解明ができたものの数が「検挙件数」である．一方，被疑者として検挙された「ヒト」の数は「検挙人員」とよばれる．

検挙率　認知件数のうち何パーセントの事件について被疑者が検挙されたかを示す数字であり，つぎの式で算出される．

　　　　　検挙件数（解決事件を含む）×100／認知件数

　検挙率が変化すれば，認知件数が一定であっても検挙件数・検挙人員は変化することに注意が必要である．

刑法犯　刑法およびそれに準じる刑罰法規で規定された罪をさす．犯罪統計でいう刑法犯は，「交通関係の業務上過失致死傷罪」すなわち自動車などを運転中の交通事故で人を死傷させた罪を除いた数として示されるのがふつうである．

ライフコース　個々人がその一生のなかで，年齢に応じたさまざまな社会的役割や「できごと」などを経験しながらたどっていく経路のこと．「人生行路」という直訳が実は真意を突いている．

はずれ値　統計学の用語で，分布のなかで値が極端に大きい，もしくは小さいために，それ以外の観測値の分布から飛び離れている値のこと．はずれ値に注意しないと，分布の全体像を見誤る恐れがある．

序

　少年による犯罪や非行の問題が注目を集めている．2000年には非行少年の取り扱いを定めた基本法である少年法が制定後50年にして初めて改正された．最近まで「世界に冠たる安全な国」だといわれてきたわが国でも，少年非行問題が重要な「社会問題」のひとつと位置づけられ，社会政策レベルでの対応が求められる時代になってきた観がある．

　しかし，少年非行問題をめぐる最近の「言説」には，わが国の非行情勢に関する「データ」に照らして，どうにも納得できないものが少なくない．また，多くの議論にある程度共通する，いわば「データの誤読のパターン」があるようにも思われる．

　本稿では，これらのうち筆者がとくに問題だと考えるつぎのような傾向，すなわち，① 特異事例を全体の「代表」のように扱うこと，② 大人の犯罪と切り離して少年の「非行」だけに注目すること，③ 非行の増減やその原因を「世代」の問題として論じること，の3点を取り上げる．これらを，社会学（あるいは，もう少し広く「社会科学」）における基本的な「データの読み方」の問題として，筆者の観点からの問題提起をしてみたい．

犯罪・非行統計の読みにくさ

　本論に入る前に，犯罪や非行に関する「データ」は，その「読み方」が他の統計資料など以上にやっかいであることを指摘しておこう．少年の非行が以前より増えているのかどうかという基本的なことがらに関してさえ，同じ統計をもとに，正反対の議論がなされることが希ではない．このように犯罪・非行統計の読み方が「一筋縄でいかない」原因は，おもに①「犯罪」や「非行」と一括してよばれるものが，実はきわめて多様な行為を含んでいること，② 犯罪や非行のなかには，発生したのに届けられないものや，届けられたのに犯人がつかまらないものがあり，正確な数を把握するのが事実上不可能であることにある．

しかし，だからといって「数字は当てにならない」「無視してよい」などと思ったら大間違いである．数字から「意味」を引き出す努力を怠ると，もっともらしい素人解釈に足をすくわれるのが落ちである．最初のコラムで紹介したフグの「毒消し法」の話を思い出してほしい．フグ毒の強さに大きな個体差があること，したがって「当たる」か「当たらない」かは文字通り統計学的な問題であること，この原理を理解しない人が，我流の「毒消し法」の効力を信じて命を落とすのである．

では，わが国の犯罪・非行統計を読むための「ツボ」は何か．まず第1に，各種の統計書などで使われている「用語」に慣れることである．「キーターム」でも示した，犯罪の「認知件数」「検挙件数・人員」「検挙率」などの用語の意味と，それらのあいだの関係を知っておく必要がある．

個別の罪名などが具体的にどのような行為をさしているかにも注意が必要である．たとえば，「占有離脱物横領」とよばれるものは，そのほとんどが放置自転車の乗り逃げである．1989（平成元）年の犯罪統計の改訂以前には，この罪名は警察の分類では「知能犯」のなかに含められていた．そのため，当時，「少年による知能犯が急増中」だと報道されたことがある．罪名の中身を知らないと大誤解に陥りかねない例である．

少年非行に関する用語としては，「犯罪少年」「触法少年」「ぐ犯少年」の区別を知っておく必要がある．少年の「非行」は「少年法」という法律のなかで定められ，「犯罪」「触法」「ぐ犯」の3種類が規定されている．このうち，犯罪と触法とは，行為内容としては同じであるが，わが国の刑法は刑事責任年齢を14歳以上と定めているので，14歳未満の者が刑罰法規に定められた行為を行っても，法的には「犯罪」とはならず，「触法」行為とよばれる．また，「ぐ犯」は，少年法で定められた一定のよくない行為があり，放置すると犯罪・触法行為を行う危険度がきわめて高い場合をさし，「犯罪」行為や「触法」行為と同様，少年審判の対象となる．非行に関する統計などの種類によって，「触法少年」や「ぐ犯少年」が非行者の数に含まれている場合とそうでない場合が

あるので，注意する必要がある．

わが国の犯罪・非行統計を読むための第2の「ツボ」は，「総数」として示された数字を鵜呑みにしないことである．後でも紹介するとおり，わが国の犯罪や非行の大部分は，どちらかといえば軽微な窃盗などで占められている．これらの事件には，発生したのに警察などに「認知」されないもの（いわゆる「暗数」）が多く，被害者の通報率が上下したり，警察の対応がかわったりすることで「認知件数」や「検挙率」が大きく変動する傾向があるといわれている．この種の事件は数が多いだけに，これらの変動がストレートに刑法犯「総数」の変動に反映する可能性が高い．このことを意識して，個々の罪種や被疑者の属性などごとの個別の数字にも注意を払う必要がある．

このほか，犯罪・非行統計を読み解く際の心得としては，できるだけ長期にわたる動向をみるように努めることも大切である．また，公表された統計数字などから意味のある情報を読みとるためには，それらの数字をただ眺めるのでなく，自分自身の視点で加工してみるべきである．このように自分自身の手と頭を駆使することによって，役所の統計を「読む」作業だけからでも，わが国の犯罪情勢に関して，世間ではやりの「言説」と必ずしも一致しない，さまざまな発見やヒントが得られるはずである．

特異事例から「社会」が語れるか

ここ数年，少年による「特異凶悪な」事件が続発したと報じられている．何の落ち度もない被害者の人生を根底から破壊する凶悪な犯罪が人びとに与えた衝撃は，たしかにきわめて大きい．しかし，社会問題を「科学」しようとする立場に立つならば，このような事件が今日の少年非行全体のなかでどのような位置を占めているのか，まずそれを客観的に測ってみる必要があるだろう．

平成12年版犯罪白書によれば，平成11年中に交通関係業過を除く刑法犯で警察に検挙された少年の数（触法少年を含む）は164,224人であった．一方，警察庁編『平成11年の犯罪』によって，これを非行の種類（罪名）別にみると，

図1-1 非行の種類別にみた非行少年の構成比

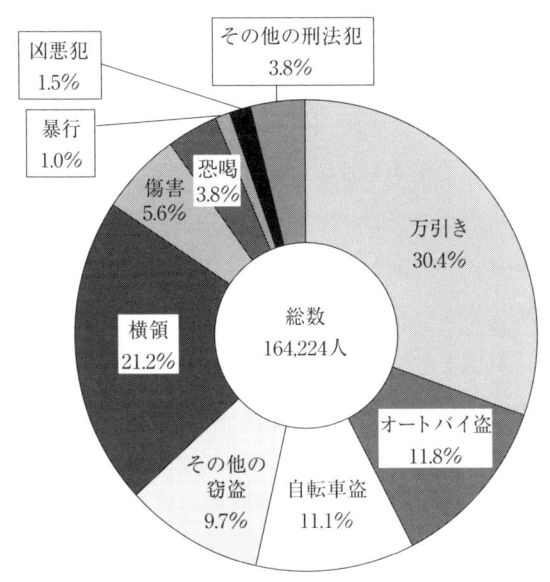

（円グラフの内容）
- 凶悪犯 1.5%
- その他の刑法犯 3.8%
- 暴行 1.0%
- 傷害 5.6%
- 恐喝 3.8%
- 万引き 30.4%
- 横領 21.2%
- その他の窃盗 9.7%
- 自転車盗 11.1%
- オートバイ盗 11.8%
- 総数 164,224人

出所）警察庁編『平成11年の犯罪』

もっとも多かったものは万引きで49,853人，以下，横領（その大部分は前述の「占有離脱物横領」である）が34,862人，オートバイ盗が19,395人，自転車盗が18,297人という順であり，この4種類だけで全体の74.5%を占めている．これらについで多かった非行は，傷害（9,244人），恐喝（6,315人）などであり，これに暴行・脅迫・凶器準備集合を含めた「粗暴犯」の比率は，全体の約1割となっている．

これらに対し，警察の分類で「凶悪犯」に分類される殺人・強盗・強姦・放火で検挙された少年は合わせて2,410人であり，全体に占める比率は1.47%である．このうち殺人による検挙者は111人で，全体の0.07%である．

このように，今日の少年が行う刑法犯の約4分の3は，比較的軽微な盗みで占められている．一方，「粗暴犯」に分類される暴力的な非行は約1割であり，「凶悪犯」に分類される非行は，全体からみれば1%強にすぎない．

非行統計にあらわれたこれらの数字を素直に読めば，今日のわが国の少年非

行は，全体としてみれば，比較的軽微なものが大部分だといえる．もっとも，オートバイ盗は他の3種類とやや異なり，必ずしも「軽微で一過性」とはいえないのだが，それでも，「暴力的で凶悪」といった非行のイメージからは遠いものである．そのなかで文字どおり「特異的」に重大事件がみられるのである．

筆者には，このようなわが国の少年の非行内容の分布が，最初のコラムで示した「フグ毒の個体差」の分布と似ているように思われてならない．猛毒をもつフグは，全体の分布からみればむしろ例外，すなわち統計学でいう「はずれ値」である．はずれ値を全体の代表と勘違いすると大間違いを犯すことは，統計学の常識である．すべてのフグに同じように毒があると思い込んでいるから，実際は無効な「毒消し法」が「効いた」ようにみえるのである．

もっとも，量的な大小とは別に，「一見特異な行為の背後に，現代の子どもに共通の『歪み』が潜んでいる」とか，「特異な事件は，新しいタイプの犯罪の『さきがけ』だ」とする議論もある．少数の事例からでも，正確な観察と深い考察によって重要な「意味」が見い出される可能性は十分ある．しかし，「特異な少数例」に基づく考察が，それ以外の大多数にまで「一般化」できるかどうかは別問題である．経験科学の立場に立てば，こうした考察はまだ「仮説」や「着想」の段階であり，実証的な手法とデータによって「検証」されねばならない．少なくとも，種々の統計データなどと矛盾していないか検討してみる必要があるだろう．実際，犯罪統計を少し注意深くみるだけでも，最近の少年非行言説の多くが「不合格」となりそうに思える．以下で，さらに詳しくみてみよう．

子どもと大人は別世界の住人か

少年非行に関する議論について，筆者が不思議に思う第2の点は，少年による「非行」の増減やその原因が声高に論じられる割に，成人の犯罪に関する議論や分析が少ないことである．いうまでもなく，子どもはいずれ大人になる．だとすれば，子どもの非行のトレンドを大人の犯罪のトレンドと切り離して論

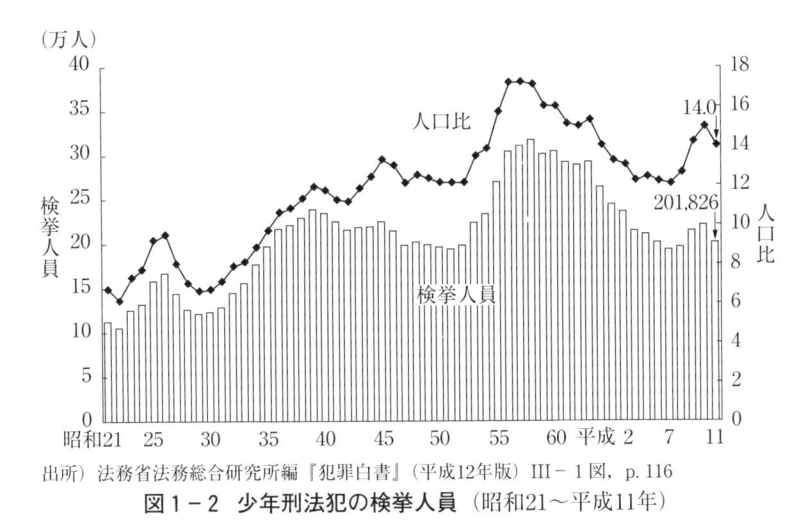

図1-2 少年刑法犯の検挙人員 (昭和21〜平成11年)

出所) 法務省法務総合研究所編『犯罪白書』(平成12年版) III-1図, p.116

じるのは片手落ちではないだろうか．

　第二次世界大戦後のわが国の少年非行には「三つの波」があるといわれている．『犯罪白書』(平成12年版) によれば，それらは「(少年刑法犯検挙人員で) 昭和26年の16万6,433人をピークとする第一の波，39年の23万8,830人をピークとする第二の波，58年の31万7,438人をピークとする第三の波」(pp. 115-116) である．図1-2が，これらの「波」を示すとされるグラフである．

　ところが，この間，成人の検挙人員にはこのような「波」がほとんどみられない．成人の検挙者数は，過去数十年にわたって横ばいか低下傾向で推移している．これは不思議なことだと思えないだろうか．少年の検挙人員の推移にみられた「波」が，なぜ成人ではみられないのだろうか．

　そこで，もう少し詳しく検討するために，検挙者の人口比を年齢層別に取って，それらの過去40年間の推移をグラフにしてみると，図1-3-A〜図1-3-Cのようになる．

　図1-3の各グラフから，図1-2に示した「交通業過除く刑法犯少年」の推移のグラフでは読み取れない点をいくつか指摘できる．まず目につくことは，

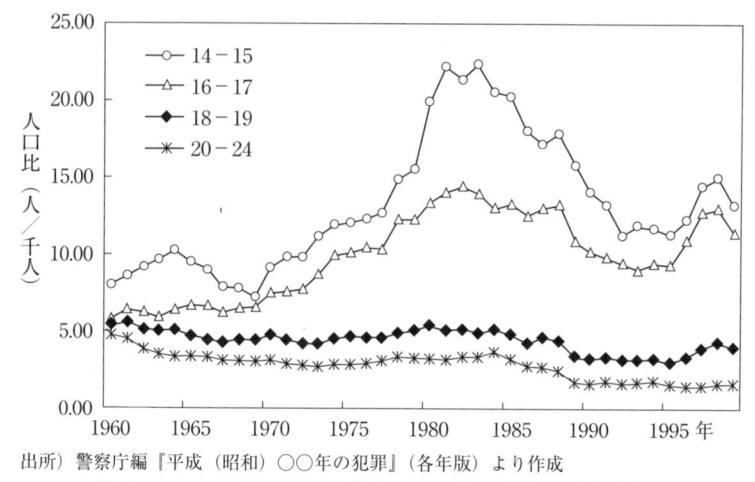

図1-3-A 年齢層別検挙者の人口比の推移（窃盗犯）

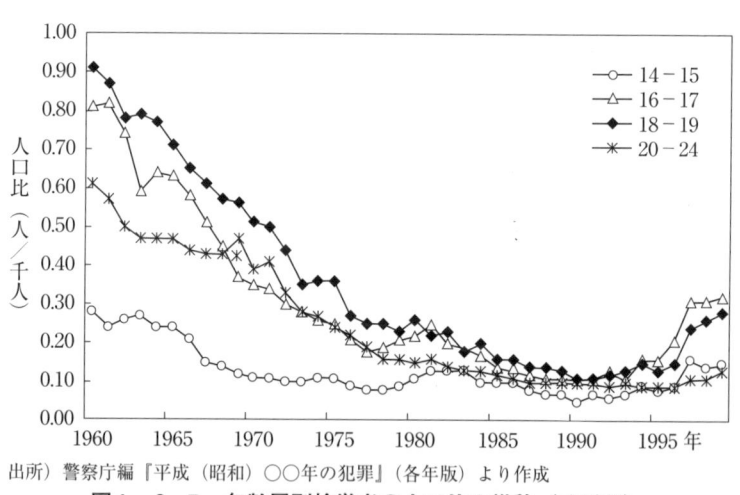

出所）警察庁編『平成（昭和）○○年の犯罪』（各年版）より作成

図1-3-B 年齢層別検挙者の人口比の推移（凶悪犯）

出所）警察庁編『平成（昭和）○○年の犯罪』（各年版）より作成

罪種別のグラフの形が，それぞれ非常に大きく異なっていることである．

窃盗犯のグラフ（図1-3-A）は，交通業過を除く刑法犯少年のグラフと似た形になっている．これは，青少年による犯罪や非行の大部分が窃盗であるた

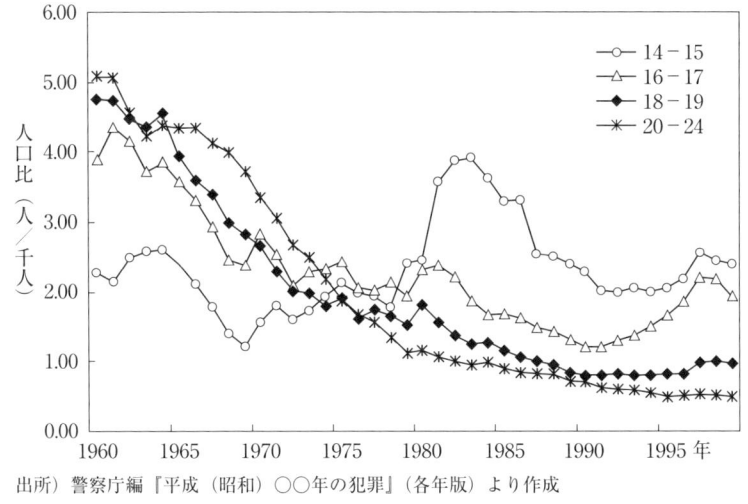

出所）警察庁編『平成（昭和）○○年の犯罪』（各年版）より作成
図1-3-C 年齢層別検挙者の人口比の推移（粗暴犯）

めである．しかし，さらによくみると，交通業過を除く刑法犯少年のグラフと似た変化を示しているのは主として14-15歳の年少少年や16-17歳の中間的な年齢層の少年であり，18-19歳の年長少年や20-24歳の若年成人は，検挙者人口比が総じて低いうえにあまり大きな変化を示さず，1990年頃まではどちらかといえば時代とともに低下する傾向を示している．また，18-19歳の年長少年の窃盗犯人口比は1990年頃からやや上昇しているが，20-24歳の若年成人では顕著な変化はみられない．

　一方，凶悪犯のグラフ（図1-3-B）からは，これとはまったく異なった変化が読み取れる．ここでは，いわゆる少年非行の「三つの波」はまったくみられず，1960年から1990年ころまで，どの年齢層でも検挙者の人口比はほぼ一貫して減少している．また，減少の程度はとくに年長の少年で大きく，18-19歳の凶悪犯の人口比は，1960年の0.91から1990年の0.11へと，実に8分の1以下にまで低下している．ただし，1995頃から，16-17歳・18-19歳の年齢層を中心に人口比が上昇しており，1999年には，16-17歳で0.32，18-19歳で0.28となっている．

粗暴犯のグラフ（図1-3-C）は，さらに特徴的な変化を示している．1960年当時は，14-15歳の年少少年の検挙者人口比が人口千人あたり2.3人程度であるのに対し，20-24歳の若年成人では5.1人程度で，全体に年齢層が高くなるほど検挙者の人口比が高くなっていた．ところが，1975年頃を境にこの傾向が逆転して，年少少年の検挙者人口比のほうが年長少年の人口比よりも相対的に高い状況が続いている．1990年ころ以降，とくに16-17歳の年齢層を中心に粗暴犯少年の人口比が上昇する傾向がみられるが，20-24歳の若年成人では，現在もほぼ横ばいかやや低下傾向である．

　このように，主要な刑法犯の人口比の年次変化を罪種別に見比べてみると，いわゆる「少年非行の三つの波」に対応する変化を示すのは，一部の罪種・年齢層に限られていることがわかる．それに対し，すべての罪種に共通しているのは，むしろ，年長少年や若年成人の検挙者の人口比が，1960年から1990年ころまでの長期間にわたり，一貫して低下してきたことである．その低下率は，誰がみても文句のつけようがないほど大きい．さらに重要なことは，いわゆる「暗数」の少ない凶悪犯でもはっきりみられることである．したがって，これは統計数字の取られ方などに還元できる問題ではなく，本物の変化をあらわすものだと考えるべきである．

　日本の年長少年・若年成人の犯罪率が，これだけ長い期間にわたって一貫して低下してきたことは，何らかの社会学的な説明の必要な現象だと思われる．しかも，この現象は，社会の「近代化」「都市化」「西欧化」などが犯罪や非行の増加をもたらすという，よくある議論と矛盾している．年長少年や若年成人の犯罪率の低下は，日本社会が急速に近代化し，都市化し，西欧化した，まさにその時期に生じているからである．

　1960年代以降の年長少年・若年成人の非行・犯罪者率の長期低落という現象を説明するには，この時期のわが国の経済成長が犯罪抑止的な効果をもったと考えるのが適切だと思われる．この解釈の利点は，成人の犯罪と少年の非行とがまったく異なったトレンドを示すこともうまく説明できることである．貧困

の解消や雇用の安定といった経済成長の恩恵の影響は，親の保護下にある低年齢の少年たちよりも，すでに「社会人」年齢に達した人びとに対して，より直接的に作用するだろうと考えられるからである．

「今の子ども」の問題は「今の世代」の問題か

　少年非行に関する議論に関して，問題だと思われる第3の点は，ある時代の少年たちの非行を，その「世代」の子どもたちの抱える問題として説明しようとする傾向である．

　たとえば，最近の少年非行の「深刻化」の背景に少年たちの「規範意識の低下」があると指摘されることがある．そして，その原因は，たとえば彼らが生まれ育った家庭や学校での基本的な「しつけ」が不十分だったためであるなどといわれる．この説明を純粋に「世代論」として用いるならば，そのような「規範意識の形成に失敗した世代」の少年たちは，成人後も多数の犯罪者を輩出する「犯罪世代」になりそうなものである．実際，少年非行の「第3の波」の時期には，「このような少年たちが大人になったらいよいよ日本も大変だ」という議論があった．しかし，過去40年間の犯罪・非行統計でみるかぎり，少年非行の「波」が，その担い手となった「世代」に対応する形で成人犯罪の増減と結びついた形跡はほとんどない．これをはっきり示すために，さきの図1-3を別の角度からみてみよう．

　1960年当時の「14-15歳の少年」とは，見方を変えれば1945年〜1946年に生まれた「世代」の人びとに他ならない．この世代は，2年後の1962年には16-17歳の「中間少年」になり，4年後の1964年には18-19歳の「年長少年」になる．したがって，「1960年の14-15歳」，「1962年の16-17歳」，「1964年の18-19歳」……の検挙者人口比を順に線で結んでいけば，1950年〜1951年に生まれた「世代」からの検挙者人口比が，年齢とともにどのように変化したかを追うことができる．図1-4は，このような「世代」別の検挙者人口比の折れ線を，1945-46年生まれから1975-76年生まれまで，5年ごとにとった7つの「世代」につ

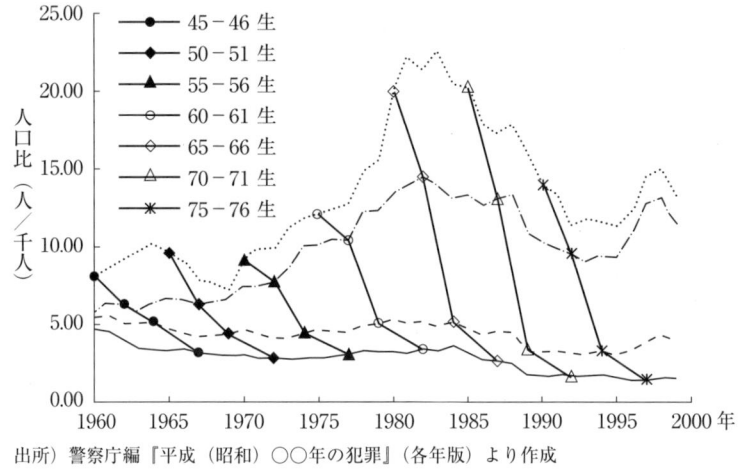

図1-4-A 世代別にみた検挙者の人口比の推移（窃盗犯）

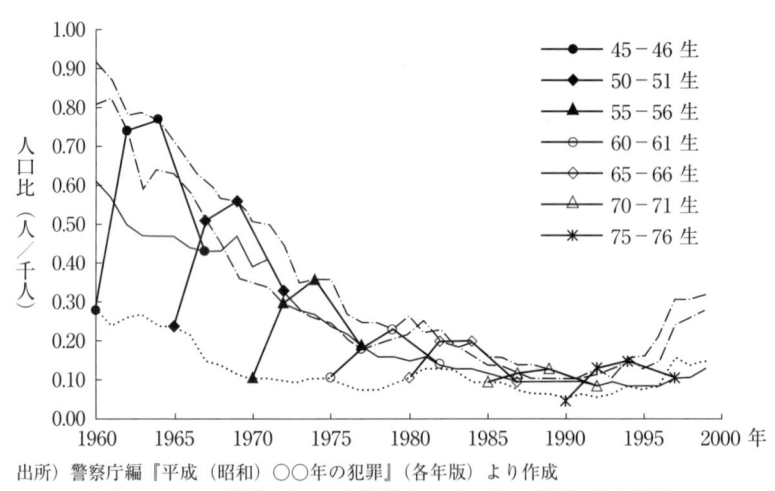

出所）警察庁編『平成（昭和）○○年の犯罪』（各年版）より作成

図1-4-B 世代別にみた検挙者の人口比の推移（凶悪犯）

出所）警察庁編『平成（昭和）○○年の犯罪』（各年版）より作成

いて示したものである．

　図1-4-Aは，窃盗犯のグラフである．図の左端に近い1945-46年生まれや1950-51年生まれの世代を示す折れ線は，傾斜が水平に近く，年少の時期と年長の時期とで検挙者の人口比があまり大きく変化しなかったことを示している．

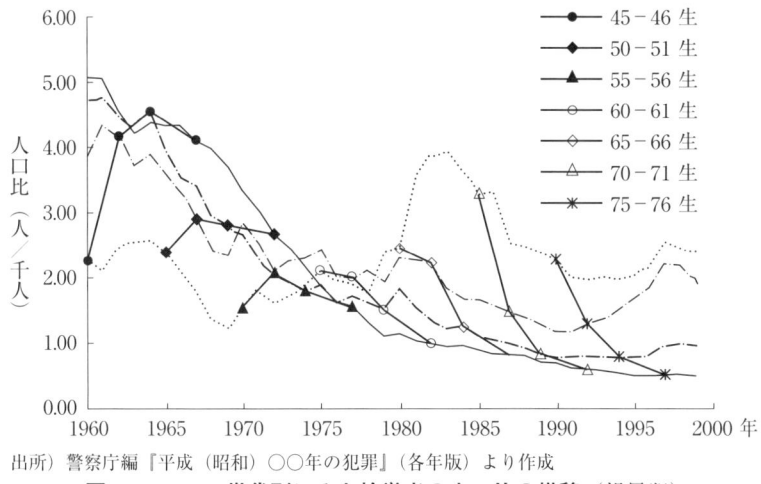

図 1-4-C 世代別にみた検挙者の人口比の推移（粗暴犯）

出所）警察庁編『平成（昭和）○○年の犯罪』（各年版）より作成

これに対し，非行の「第三の波」の担い手であった1965-66年生まれや1970-71年生まれの世代では，折れ線の傾斜がきわめて急になっており，年少の時期の検挙者人口比がきわめて高かったにもかかわらず，年齢とともに検挙者人口比が急減し，成人するころまでには他の世代と変わらないレベルになっていることがわかる．

図1-4-Bに示した凶悪犯のグラフは，世代ごとの折れ線の形に，あまり大きな差がないことを示している．どの世代もほぼ同様に，14-15歳の時期には検挙者人口比が比較的低く，16-17歳・18-19歳の時期に高くなったあと20-24歳の時期にはふたたび低下するというパターンを示している．全体に1990年ころまでは一貫して低下してきたが1995年ころから上昇気味であることは，さきに指摘したとおりである．

図1-4-Cに示した粗暴犯のグラフからは，年齢と検挙者人口比との関係が，古い世代と最近の世代とで大きくかわっていることが読み取れる．図の左端の1945-46年生まれの世代では，年齢ごとの検挙者人口比の折れ線は「右上がり」であり，年少の時期よりもむしろ年長になるほど検挙者人口比が高くなる傾向であった．一方，1960年ころ以降に生まれた世代では，これとは逆に年齢が高

くなるほど検挙者人口比が低下する「右下がり」のパターンになっており，これは現在もかわっていない．

このように，少なくとも1970年代ころから最近まで，わが国では14-15歳のころに多くの非行者を出した「世代」が，成人後も多くの犯罪者を出す「犯罪・非行世代」となった例は皆無である．実際は，ローティーンの時期の非行者人口比の大小にかかわらず，どの「世代」も同じように，成人に達するころまでにすっかり「落ちつい」てしまっている．

ここでもう一点注目すべきことは，非行者人口比の急落が，法的な意味での「成人」すなわち20歳を境として起こるのではなく，16-17歳から18-19歳ころのハイティーンの時期に起こっていることである．すなわち，多くの少年が非行から離れる時期は，「少年法に基づいて保護される年齢」から「刑法によって処罰される年齢」になる時期ではなく，それよりも数年早い時期なのである．

これらをまとめると，以下のことがいえるだろう．

①わが国では，過去数十年間，どの世代についても，ハイティーンの時期に非行者率が急減するという共通の現象がみられる．

②非行者率が急減する時期は，法律上の成人年齢よりも早く，18-19歳のころである．近年の非行少年の約4分の3が「学生・生徒」であることと考え合わせれば，多くの少年が非行から離れる時期は，学校を出て「社会人」になる時期だと思われる．

③したがって，わが国の非行の増減を，ある「世代」の人びとの人格形成や規範形成の歪みなどの要因で説明することには無理がある．仮にそのような（幼少児期の）規範形成不全などがあったとしても，その影響は成人後まで尾を引くようなものではなく，「社会に出た」あとで修復できる程度のものだったとみるべきである．

アメリカの犯罪学者サンプソンとラウブ（Sampson, R. J. and Laub, J. H.）は，少年時代に多くの非行を重ねた者にも，青年期以後の「社会的な絆」の形成によってそれまでの人生の道筋に「転機」が訪れる場合があると主張している

(Sampson, R. J. & Laub, J. H., 1993.)．そのような社会的な絆の1つとして，彼らがとくに重視したものの1つが，職業への愛着である．高度経済成長期以後の日本社会は，若年労働者に対する安定した雇用機会の提供を通じて，彼らの社会への統合（あるいは少年期に「逸脱」を経験した者の「再統合」）を促してきたのではないか．このように考えれば，日本の年齢別の非行・犯罪者率が18歳前後を境として急激に低下すること，また，この傾向がいわゆる「非行の波」の高低にかかわらず安定的に存在してきたことなどの事実に，一貫した説明を与えることができると思われる．

「突発的な特異・凶悪事件」をどうみるか

これまでのわが国の少年非行が，大勢としてみれば以上のようなものであったとしても，それでは最近問題になっている少年の「特異・凶悪事件」をどうみるかという問題は残るであろう．これに関しては，警察庁少年課と科学警察研究所防犯少年部による報告書（警察庁生活安全局少年課・科学警察研究所防犯少年部，2000）が示唆的である．

この緊急調査は，「平成10年1月から平成12年5月までの間に発生した少年による事件の中から，社会に大きな衝撃を与えた特異・凶悪事件を22件」（p. 3）選び，事件を担当した警察の捜査資料や担当捜査官からの聞き取りによって，これらの事件を起こした少年25人（男子18人，女子7人）について，犯行の動機・特性，少年の背景要因，事件の前兆的行動などを調べたものである．

この報告書では，本件犯行以前に検挙・補導された経験のある者とない者とで，事件に至る経緯や犯行の前兆とみられる行為などに違いがあることが指摘されている．

調査の対象となった25人の少年のうち8人，すなわち約3分の1は，以前に検挙・補導された経験をもっており，彼らの犯行はそれまでに繰り返してきた非行や不良行為がエスカレートしたものという性格を示しているという．いいかえれば，いわゆる「特異・凶悪」事件のうち何割かは，かならずしも「突発

的」な行為だったのではなく，非行や問題行動を反復・継続したあげく重大犯罪に至ったケースとみられることになる．

　その一方，それ以外の約3分の2は，以前に検挙・補導された経験のない少年たちであった．おそらく，これが「突発的な特異凶悪事件を起こす少年」の一般的イメージに近い少年たちであろう．報告書によれば，彼らのなかに，不登校や引きこもりなどの対人不適応状態が「社会から遊離する形を取りながら問題を増大させ，そこに事件報道や書籍等の影響によって猟奇的犯罪への憧れを強め，犯行へとつながっていく一群がみられる」(p. 21) という．すなわち，一見突発的に重大な事件を起こした少年たちに多少とも共通する点は，周囲の人びとや社会一般との「つながり」の欠如だということになる．

　不登校や引きこもりなどそれ自体を特異凶悪事件との関連で危険視するのが不適切であることは，多くの識者によって指摘されている．たしかに，こうした「閉じこもり」的状況にある人びとが，平均値として，重大な犯罪や非行を行いやすいとは思われない．その一方，社会とのつながりが欠如していることは，反社会的な性向がエスカレートすることに対する「ブレーキ」がないことを意味するとも思われる．このような状況下で，たまたま何らかの原因で反社会的な性向を募らせる人があらわれた場合，周囲の人がそれを察知して早期に介入することができず，結果として統計学でいう「はずれ値」のような極端な行為にまで至る危険が大きくなるのではないだろうか．

　したがって重要なことは，不登校や引きこもりなど自体を危険視することではなく，万一の場合の社会的な「ブレーキ」をどう確保するかであろう．報告書も指摘しているように，極端な行為に向かう「前兆」をいかにキャッチし，関係諸機関の連携のもとに時宜を得た介入ができる社会的な「仕組み」を作る必要があると思われる．残念ながら，重大な非行の「前兆」や，介入の「効果」に関する客観的な分析は，わが国ではこれまで非常に手薄であった．今後，この分野での厳密な実証研究を進める必要があると思われる．

危険な兆候は別にある

　ここまでは，わが国が過去数十年にわたって非行経験者の「予後」の良い社会だったことを指摘し，そのなかで突発的に起こる「特異・凶悪事件」は，最近の少年たちの全体的な歪みというよりは，社会との絆の弱い部分でまれに起こる，極端な「はずれ値」的現象とみるべきではないかと述べてきた．では，わが国の非行問題は，現在，楽観視できる状態なのか．筆者の見解は，否である．マスメディアで大きく報じられる「特異・凶悪事件」とは別のところに，今後の危険な「兆候」があると思われるからである．

　さきに述べたように，いわゆる高度成長期以後のわが国では，ローティーンの少年たちの非行の増減にもかかわらず，ハイティーン期以降の人びとの非行・犯罪率は一貫して低下してきた．その一因は，この時期のわが国で，大多数の人びとがそれなりに安定した職業生活を営める基盤が確立したことが，「学校から社会へ」巣立つ時期の人びとを社会に（再）統合するメカニズム，もしくは「受け皿」として機能したことであると筆者は考えている．ところが，現在，このメカニズムを支えてきたはずの社会基盤が大きく揺らいでいるのである．

　1990年代が日本経済の大転換点だとする経済学者の吉川によれば，これまで伝統的な農業と近代産業との間にあって多くの雇用機会を提供してきた中小企業・自営業の多くが，現在，効率性を欠くセクターへと転落し，構造的不況に陥っているという．さらに，近年の日本経済の超低成長によって，労働市場がかつてない冷え込みを呈しており，これによって「若年者の失業や『縁辺的労働』が長期化すれば，働く習慣や技能形成が損なわれ，一生のキャリアが影響を受ける恐れがある．……新卒市場で『氷河期』が放置されれば，将来を担うべき世代はさらに大きな『負担』を強いられることになるにちがいない．ヨーロッパの現実は，『失われた世代』の問題が決して杞憂でないことを教えている」（吉川洋，1999, p.159）という．

　筆者は，以前，いわゆる「バブル経済」の終焉前の時期を意図的に狙って，

非行をして警察に補導された有職・無職の少年に対する調査を行ったことがある（原田豊，1992, pp. 153-164）．当時，彼らの8割以上が「好ききらいを言わなければ，仕事の口はある」と回答していた．調査結果をまとめた論文の末尾で，筆者はこのような彼らの意識が当時の経済的繁栄に「下支え」されていた可能性を指摘し，「もし本格的不況時代が到来したような場合，彼らの意識や行動がどのようになるか，この点は，将来へ向けての重要な研究課題である」と書いた．

この調査からちょうど10年が経った今，「彼ら」を取り巻く状況は一変した．学校から社会へ出ても「落ち着く」場所がみつからない若者たちが大量に出現したとき，わが国の非行現象は，これまでと大きく様変わりする可能性がある．本稿の冒頭で示した年齢層別の犯罪・非行者率の推移のグラフが，1990年代半ば以降，一部で上昇傾向に転じていることは，このような大きな構造変動の兆候なのかもしれない．

結論

犯罪や非行は，それ自体，被害者にとっても，本人やその家族などにとっても大きな不幸である．しかし，1回の非行が人生の終着駅ではない．「その後」に関して，少なくともここ数十年間，日本は「予後の良い」社会だった．このことは忘れるべきではない．「罪の意識の薄い」非行少年をもっと厳しく罰すべしという議論が最近しばしば聞かれるが，これまでのわが国で「うまくいっていた」部分まで崩すような事態を招いてはなるまい．そうでなくても非行経験者を社会に再統合する基盤は揺らいでいるのである．

そのためにも，社会学（もしくは社会「科学」）を志す人なら，「はずれ値」のような現象ばかりをみて社会全体を語る愚は避けるべきである．また，子どもはいずれ必ず大人になるのだから，その「ライフコース」の文脈で「非行問題」を捉える必要がある．

非行問題を「社会学」するのであれば，個人（や個々の家族）の問題に還元

しえない，社会の構造的問題に切り込むべきである．しかし，マクロな社会の問題を直接観察することはできない．それは「データ」のなかから読み取るしかない．欠陥だらけのデータでも，それらを組み合わせ，別の証拠と突き合わせ，論理と常識とに照らして吟味すれば，マクロな社会の実像がおぼろげにみえてくるはずである．

引用・参考文献

法務省法務総合研究所編『犯罪白書』（各年版）
『平成〇〇年の犯罪』（各年版）警察庁
所一彦・星野周弘・田村雅幸・山上皓編『日本の犯罪学 7　1978-95　Ⅰ原因』東京大学出版会　1998年
所一彦・星野周弘・田村雅幸・山上皓編『日本の犯罪学 8　1978-95　Ⅱ対策』東京大学出版会　1998年
森田洋司・滝充・秦政春・星野周弘・若井弥一編『日本のいじめ—予防・対応に生かすデータ集』金子書房　1999年
日本犯罪社会学会編『犯罪社会学研究』（各号）立花書房
『犯罪心理学研究』（各号）日本犯罪心理学会編・発行
『科学警察研究所報告　防犯少年編』（各号）科学警察研究所
『法務総合研究所研究部報告』（各号）法務省法務総合研究所
瀬川晃『犯罪学』成文堂　1998年
ハーシ，T.（森田洋司・清水新二監訳）『非行の原因—家庭・学校・社会のつながりを求めて—』文化書房博文社　1995年
ショウ，クリフォード，R.（玉井眞理子・池田寛訳）『ジャック・ローラー—ある非行少年自身の物語』東洋館出版社　1998年
服部朗・佐々木光明編著『ハンドブック少年法』明石書店　2000年
国際いじめ問題研究会（代表：森田洋司）『いじめ／校内暴力に関する国際比較調査』平成8〜10年度科学研究費補助金（国際学術研究）研究成果報告書　1999年
Sampson, R. J. & Laub, J. H. *Crime in the Making : Pathways and Turning Points through Life*, Harvard University Press, 1993.
警察庁生活安全局少年課・科学警察研究所防犯少年部『最近の少年による特異・凶悪事件の前兆等に関する緊急調査報告書』警察庁　2000年
吉川洋『転換期の日本経済』岩波書店　1999年
原田豊「就職・離職・転職過程と義務教育終了後の非行経歴」『科学警察研究所報告（防犯少年編）』33巻2号　1992年　153-164ページ

第2章　不登校・ひきこもり

不登校，13万人を超す

　1999年度に不登校で30日以上学校を休んだ小中学生が過去最多を更新し，初めて13万人を超えたことが，文部省が発表した学校基本調査の速報でわかった．前年度比では2.0％の増にとどまっているものの，現在の形で調査をはじめた91年度に比べて2倍近くになっている．

　調査によると，心理的原因などで登校できない「不登校」で99年度に30日以上欠席した子どもは，小学校2万6044人，中学校10万4164人で計13万208人だった．小学校で288人に1人，中学校では41人に1人が不登校になった計算になる．

　前回の98年度調査では，不登校の子どもの前年度比増加率は21.1％と高く，それに比べると今回は鈍化している．文部省は前回調査で調査項目名を「学校嫌い」から「不登校」に改めているが，省内には「子どもの側に立った名称に変更したためカウントする現場の抵抗感が薄れて前回は一気に数値が伸びたが，今回は落ち着いた」という見方がある．

「朝日新聞」2000年8月5日付　朝刊

第 2 章　不登校・ひきこもり　35

🗝 キーターム

不登校　文部省によれば，不登校とは，1 年間に「連続又は断続して30日以上欠席した児童生徒」のなかで，「何らかの心理的，情緒的，身体的，あるいは社会的要因・背景により，児童生徒が登校しないあるいはしたくともできない状況にある者（ただし，「病気」や「経済的理由」による者を除く）」である．

ひきこもり　斎藤（1998）は，「社会的ひきこもり」を「20代前半までに問題化し，6ヶ月以上，自宅にひきこもって社会参加をしない状態が持続しており，ほかの精神障害がその第1の原因とは考えにくいもの」と定義している．本章では，「ひきこもり」をあらゆるものからの「撤退」という意味で定義し，不登校も「学校からの撤退」という意味でこの概念に含める．

継時的モデル　問題が発生し，継続した場合，それに対して作用する要因やその影響力も時間経過にともなって変化する，と考えるモデル．

📞 生活問題としての不登校・ひきこもり

　文部省の公式統計によれば，1991年度以降，不登校生徒数は増加の一途をたどり，1999年度では1年間に30日以上欠席した小中学生の数が13万人を突破した（図2-1）．さらに最近の研究では，病欠として処理された生徒のなかにも，不登校とみられる生徒が含まれていることや年間30日未満の欠席ではあるが，登校回避感情をもちつつ遅刻・早退，欠席をしながら学校生活を送っている生徒が多数いることから，彼らをその予備軍，グレーゾーンと位置づけ，不登校を公式統計にあらわれる以上に裾野の広い現象としてとらえる傾向にある．このような不登校の増加にともない，テレビや雑誌では，不登校の特集が数多く組まれ，書店に行けば，学術書のみならず「不登校のための○○」といった実用書がごく普通に並べられているのを目にするようになった．事態は，不登校という現象が特定の個人や学校に限られた問題ではなく，あらゆる個人や学校に起こりうる問題であるという社会の認識の変化を，つまり，不登校現象の生

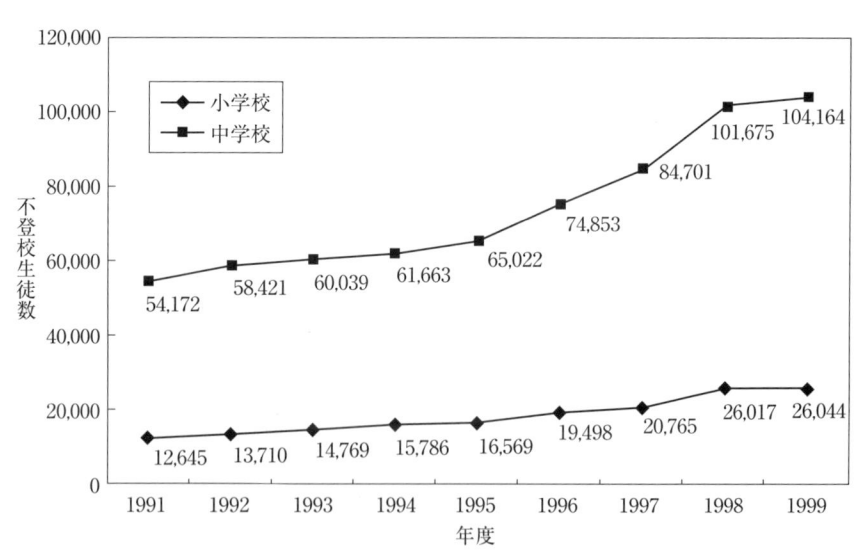

出所）文部省「生徒指導上の諸問題の現状と文部省の施策について」1999年と「朝日新聞」2000年8月5日付朝刊をもとに作成

図2-1　小・中学校の不登校生徒数（30日以上欠席者）の推移

活問題化をあらわしているのだろう．

　また，ひきこもりに関しては，2000年1月に起きた9年間にわたって自室で少女を監禁していた事件の犯人や同年5月にバスジャックを起こした少年が，いわゆるひきこもりの青年・少年であったため，きわめて否定的な形で社会の関心を集めることとなった．このような事件を通し，不登校やひきこもりが非常に否定的なイメージのもとで捉えられ，そうした子どもを抱える親や関係者のなかには，不快な思いをした者も少なくなかったのではないだろうか．

　本章では，こうした不登校・ひきこもり現象について，これまでどのような研究がなされてきたのかということだけにとどまらず，新たな視点を導入することで，さらにその理解を深めていきたいと思う．まずは不登校・ひきこもりという言葉が意味する内容とその関係についてみていこう．

不登校・ひきこもりとは？

　文部省の定義によれば，不登校とは，1年間に「連続又は断続して30日以上欠席した児童生徒」のなかで，「何らかの心理的，情緒的，身体的，あるいは社会的要因・背景により，児童生徒が登校しないあるいはしたくともできない状況にある者（ただし，「病気」や「経済的理由」による者を除く）」である．類似した概念として，これまでも「登校拒否」という言葉がしばしば用いられてきたが，「登校したくともできない」者も多数いることを考慮し，現在では，より包括的な概念として「不登校」が用いられる傾向にある．文部省もこうした傾向にともない，1999年から，それまで使用していた「学校ぎらい」という項目を「不登校」に変更した．

　なお，研究については，社会学，心理学，精神医学や教育学といった分野で非常に多くの研究が蓄積されており，その定義も研究によってさまざまである．ただいずれの研究も，文部省の不登校の定義を一応の基準としつつ，さらに予備軍やグレーゾーンを含めるなど，その概念の適用範囲を拡張する傾向にある（森田，1991；保坂，2000）．

```
        ┌──────┐      ┌──────────────┐
        │ 不登校 │      │ 社会的ひきこもり │
        └──────┘      └──────────────┘
       ( A )      ( B )      ( C )

                ┌──────────┐
                │ ひきこもり │
                └──────────┘
```

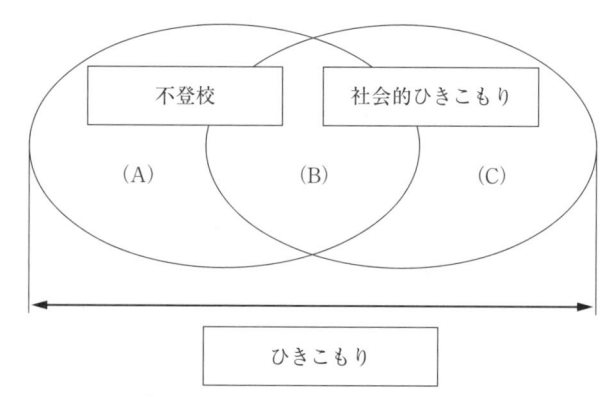

図 2-2 「不登校」概念と「ひきこもり」概念の関係

　その一方で，ひきこもりは，社会的関心を集めている現象であるにもかかわらず，それ自体を対象とした調査や研究は非常に少ない．また，一致した定義も現在のところ存在しない．

　本章では，斎藤環の「社会的ひきこもり」についての定義——「20代後半までに問題化し，6ヵ月以上，自宅にひきこもって社会参加をしない状態が持続しており，ほかの精神障害がその第1の原因とは考えにくいもの」(斎藤，1998，p. 25)——を参考にし，図2-2に示すような形で不登校とひきこもりの関係を理解することにしたい．

　まず「ひきこもり」は，withdrawalという英語に対応して用いられる訳語である．冒頭で述べたように，現在，ひきこもりという言葉は，さまざまな事件によって，否定的なニュアンスを含むものとして社会に流通している．しかし，ここでは「ひきこもり」を，withdrawalがもつ「撤退」という比較的中立的な意味で定義し，もっとも広い概念として用いることにする．したがって，不登校も「学校からの撤退」という意味で，この広義の「ひきこもり」に含まれるし，また，斎藤が定義する「社会的ひきこもり」も，主として20歳前後の学籍をもたない者に焦点化した概念であるが，「家族以外のあらゆる対人関係を避け，そこから撤退してしまうこと」(斎藤，1998，p. 18)という意味で，この概念に含める．そして，不登校と社会的ひきこもりを「ひきこもり」に含まれる

2つの円としてあらわすと，円が重ならない部分（A）（C）と重なる部分（B）があらわれる．

（A）には，不登校であり学校からは撤退しているが，学校以外の場では比較的良好な対人関係を築いている者が含まれる．たとえば，非行型の不登校や，不登校ではあるが，フリースクールといった他の教育機関には積極的に通っている者などがこれにあたる．（C）には，義務教育課程を過ぎ，学籍のない者や成人した者で，家族以外のあらゆる対人関係から撤退している者が含まれる．この部分が，社会的ひきこもりという概念によって焦点化される部分であろう．そして，（B）には，学校に籍を置いているものの学校から撤退し，かつまた家族以外のあらゆる対人関係からも撤退している者が含まれる．典型的には，学校から撤退してしまったために，社会との絆が切れ，一時的に社会的ひきこもりの状態になっているような者，「学校からの撤退→対人関係からの撤退」という経過をたどる不登校がこれにあたる．

ところで，教育現場からみて，こうした「ひきこもり」のなかで，もっとも問題なのは，それが継続し長期化する場合である．そのため，後に示す筆者が行った調査では，6ヵ月以上の継続した不登校経験をもつ者を対象とした．対象者の多くは，一時的な社会的ひきこもり状態を経験した者であり，図2－2でいえば，（B）に含まれるタイプの不登校経験をもつ者である．また，これは世間一般が不登校に対して抱く典型的なタイプの1つであるだろうし，多くの研究が想定する不登校のタイプの1つでもあると考えられる．以上のことから，本章では，6ヵ月以上長期化した不登校に焦点を絞ることで，不登校，およびひきこもりについての理解を深めていくことにする．

それでは，こうした不登校は，どのように理解・説明されてきたのだろう．つぎに，これまでの不登校研究の流れを簡単に追うことで，不登校がどのように理解・説明されてきたのかみていこう．

不登校の原因

　不登校の研究を大きく2つに分けるなら，不登校を「個人の環境（学校）に対する不適応」として捉えるものと，「個人と環境のあいだの不適合」として捉えるものに分けることができるだろう．前者は，不登校を「○○神経症」といった個人の病理として捉えるものや，不登校生徒と一般生徒との比較を通して，不登校生徒がもつ特性から，不登校を説明しようとするものである．この説明の仕方では，不登校の原因／要因は，不登校生徒や不登校を生じさせる環境に内在する何かとして捉えられる．たとえば，それは神経症であり，不登校生徒の性格の偏りや対人関係のあり方，ストレスであり，さらには不登校生徒をもつ親の特性や養育態度まで，さまざまな要因が取りあげられ，説明がなされてきた（稲村，1994を参照）．

　一方，後者は，不登校の原因／要因を子どもや親，学校といったものに内在するものとは捉えず，学校と生徒，教師と生徒といった関係の不適合として捉えるものである．近藤邦夫（1994a）は，マッチングという視点から，不登校といった問題が生じた場合，"悪い"のは生徒と教師，生徒と学校といった両者の関係のあり方であり，「関係を構成するいずれか一方を"悪い"と」することはできず，「『どのような特性をもつシステムと，どのような特性をもつ個人との間に，どのような仕方でミスマッチという現象（＝問題）があらわれてきたのか』を明確化する視点」の必要性を強調する（近藤，1994a, pp. 95-96）．

　たとえば，授業中，居眠りをする生徒がいたとしよう．教師が前者の視点にたてば，その生徒を「怠け者」とか「やる気のない者」として，すなわち，「居眠り」を生徒に内在する特性の問題（「怠け」）として捉えることになる．しかし，教師が後者の視点にたち，それを教師―生徒の関係の問題として捉えるなら，「生徒の居眠りは，私の授業との関係によって生じている．だから，その原因は生徒の側にのみあるのではなく，私自身の授業のほうにも原因があるのではないだろうか」という考え方が教師の頭に浮かぶことになる（近藤，1994bを参照）．つまり，生徒の側の問題として捉えていたら，何もできなかっ

た問題も，後者の視点にたつなら，教師が自らの授業を見直し，生徒との関係のあり方を変えることで，問題の解決に向けて積極的に関わっていくことができるというわけである．同様に不登校も，生徒個人の問題として捉えるなら，学校は何もすることができない場合でも，不登校を学校と生徒の関係（マッチング）の問題として捉えるなら，学校の環境を再検討することで，学校は不登校の解決に積極的に関与することができると考えるのである．最近では，こうした関係性の視点にたち，不登校を学校と生徒の不適合として理解，説明する研究が増えつつあるように思う．

　しかし，いずれの立場にも共通していえることは，「生徒の特性→不登校」，「生徒と学校の関係→不登校」というように，それらはともに「不登校になること」の研究であるということである．しかし，先に述べたように，教育現場で，とくに問題とされるのは，不登校から一時的な社会的ひきこもり状態に陥り，それが継続化・長期化する場合である．つまり，「不登校が続くこと」が問題なのである．こうしたタイプの不登校を考えるとき，はたして，これまでの研究のように，「不登校になること」から捉えるだけで十分だろうか．そこでつぎでは，当事者の視点から，「休むようになること」と「休み続けること」が同じことなのか，それとも違うことであるのか，若干のデータをふまえ考えていこう．

🖉 学校を「休むようになること」と「休み続けること」

　ラベリング論で有名なベッカー（Becker, 1993）が提唱したモデルに，継時的モデルというものがある．このモデルは，問題が発生し，継続した場合，それに対して作用する要因やその影響力も時間経過にともなって，変化すると考える．

　たとえば，つぎのような非行化の過程を考えてみよう．「Sの家庭は放任主義であったため，深夜であっても自由に外出することができた．そのうち，外出先で知り合った年上の不良グループと一緒に遊ぶようになり，そのなかです

すめられるまま薬物に手を出すようになった．常用するうちに，薬物の使用量が増え，Sの小遣いだけでは足りなくなり，通行人を脅して金銭を巻き上げるといった恐喝行為を繰り返すようになった」．簡単にまとめると，Sの非行化は「深夜徘徊→交友関係の不良化→薬物使用→常用→恐喝行為」という時間経過をたどるものであり，その要因も時間経過にともなって変化している．すなわち，最初の深夜徘徊・交友関係の不良化に対する主要な要因は，Sの家庭の放任主義であるが，薬物使用・常用に対する主要な要因は，Sにそれをもたらした交友関係であり，Sを恐喝行為へと向けさせる要因は，薬物の常用である．つまり，時間経過に沿って，家庭の放任といったその初期の要因の影響力は，相対的に減少し，最終的な恐喝行為に対しては，その過程で新たに生じた薬物使用がその主要な要因となるのである．したがって，この場合Sに対して介入プログラムを組むなら，その初期の要因である家族への介入では不十分であり，まずは薬物の使用をやめさせる医療的措置がとられる必要がある．その後ではじめて，交友関係の切り崩し，家庭への介入という措置が有効に機能するのである．

　非行を例にとり，不登校を論じることは必ずしも適切とはいえないかもしれないが，ここで重要なのは，何か問題が生じ継続すると，その要因も変化するということである．したがって，長期化が問題となる不登校も，その継続化にともなって，要因が変化するのではないだろうか．少なくとも，「不登校になること」に働く要因と「不登校を続けること」に働く要因は異なるのではないかということが予想される．

　以上をふまえ，6ヵ月以上の不登校経験をもつ者（現在も不登校継続中の者もいれば，過去に不登校経験をもつ者もいる）を対象に，「学校を休むようになったとき」，「学校を休むようになってしばらくたった後」，それぞれについて，「嫌だったこと，不安だったこと，気になったこと」（以下「嫌だったこと」）を，9つの項目（表2-1の記号の意味を参照）から選んでもらい，もっとも「嫌だったこと」から順に並べ回答してもらった．項目の選定にあたっては，

第2章　不登校・ひきこもり　43

表2-1　学校を「休みはじめたとき」と「休み続けた後」、「嫌だったこと・不安だったこと・気になったこと」の変化

	性別	年齢	休みはじめたとき、嫌だったこと etc.	休み続けた後、嫌だったこと etc.
No.1	女	15	⑥	①
No.2	男	16	⑥	②
No.3	男	17	⑨〔面倒臭い〕⑤⑦④③②⑧⑥①	④⑦
No.4	男	17	⑧③⑥②①④⑤	③⑧⑥②①④⑤
No.5	男	24	⑥⑤③⑨〔学校に行っていないという事実〕	⑨〔学校に行っていないという事実〕⑤⑥②
No.6	男	13	③	②
No.7	男	17	②①	①③⑥
No.8	男	26	⑨〔委員の仕事・学校の行事〕②③①	⑨〔将来のこと・進学、就職〕④⑧③⑦②
No.9	男	15	⑧	⑦
No.10	男	26	②①③	④②③①
No.11	女	27	④⑥⑧①	⑧①⑦②

記号の意味）①「勉強のこと」②「友だちやほかの生徒のこと」③「先生のこと」④「家族のこと・兄弟とのこと」⑤「人と接したり、話したりすること」⑥「体の調子のこと（頭痛、腹痛、気持ちが悪いなど）」⑦「生活のリズムのこと（朝起きられない、昼夜逆転など）」⑧「近所の人の視線」⑨「その他〔　〕」

注）年齢は、現在の対象者の年齢を表している。また、⑨の〔　〕内は対象者自らが書いたことである。

不登校生徒への援助者や不登校生徒自身への「どんな要因が考えられるか」という聞き取り調査から作成した。その結果を示したのが表2-1である。

対象者11名という限られた範囲のデータではあるが，明らかにいえることは，すべての対象者において，学校を「休みはじめたとき」と「休み続けた後」で，「嫌だったこと，不安だったこと，気になったこと」が変化しているということである．とくに「⑦生活のリズムのこと（朝起きられない・昼夜逆転）」は「休みはじめたとき」においては，1人だけだったのが，「休み続けた後」になると4人が「嫌だったこと」としてあげている．このことは，最初は何らかの原因によって，学校を休むようになったのであるが，学校を休み続けることによって，生活のリズムが崩れ，さらに登校しにくい状態になったことを示していると思われる．つまり，学校を「休むようになること」と「休み続けること」には，それぞれ異なる要因が働いていることが伺われる．

そこでつぎに，一人の少女の事例を取りあげることで，学校を「休むようになること」と「休み続けること」が，彼女にとって，それぞれどのように経験されているのか，さらに具体的にみていこう．

✎ 不登校によって新たに家族の問題が生じた事例

ここでは子どもが不登校になったために，新たに家族の問題が生じ，それによって子どもがますます学校から遠のき，不登校が継続化した事例を取りあげる．なお，ここで示す事例は，類似した経過をたどった複数の事例から構成したものである．

T子の事例は，中学の担任教師の相談からはじまった．家族構成は，母と小学生の弟とT子の3人家族であり，離婚により父親はいない．

T子の不登校は，中学1年生のときに，同じクラスの男子生徒にいじめられたことがきっかけで始まった．その後，その生徒が転校したため，一時的に通学するようになったが，1ヵ月ほどで，再び不登校になってしまった．この相談が持ち込まれたのが，彼女が中学3年生の2学期であったので，その時点で

すでに1年数ヵ月T子の不登校が継続していたことになる．その間，T子は一度も登校することなく，家族以外の者とは，ほとんど接触をもたない状態が続いていた．

T子の担任教師は，「不登校の原因（T子をいじめた男子生徒）はなくなったはずだし，クラス替えで生徒も変わったのに，どうして不登校が続くのだろう」と不思議に思いながらも，「やっぱり，T子とほかの生徒の関係に何か原因があるのではないか」と考え，小学校時にT子と仲が良かった生徒たちに頼んで，彼女に手紙を書いてもらったり，朝迎えに行ってもらうなどして，生徒同士の関係からT子の問題を解決しようと努力してきたとのことであった．

その一方で，母親も「一度，教室に入れさえすれば，何とかなるんではないか」と考え，半ば強引に車に乗せ，何度か学校までつれていったが，結局，T子は車から降りることができなかった．

筆者がT子と関わっていくうちに，彼女が次のような内容の発言をしばしばするので，それが気になるようになった．いくつか例をあげよう．

「T子：先生は車の免許もってるの？」，「筆者：もってるよ」，「T子：いいねぇ，先生は自由にできて」，「筆者：でも，君もいつかはとるでしょう？」，「T子：ダメダメ．うちは弟がいて，大学まで行くから，お金がかかるの．お母さんは○○歳で退職するし，その時はまだ弟が大学生だし．だから，私は免許なんて取れないの．うちは弟に賭けてるから」．

〈受験校の話をしているとき〉「筆者：どんな高校に行きたい？」，「T子：定時制」，「筆者：どうして？」，「T子：定時制だと，弟が学校から帰ってくるのが3時ぐらいでしょ．だから，ご飯の準備して学校に行けるから……」．

つまり，何か決めるとき，彼女は自分自身のことを考えるというよりも，まず家族のことを考えているのである．彼女は，母親の給料がいくらか，退職年齢が何歳か，それまでにだいたいいくらぐらい収入があるのか，さらに，弟が就職するまでにいくら掛かるのかということを計算していた．そして，その計算のなかには，自分に掛かるお金は含まれていなかった．

またある日，T子の家を訪ねたとき，彼女が「受験の面接で，『どうして不登校だったのか』って聞かれたら，どうしよう」と聞いてきた．すると横にいた弟が「お姉ちゃんが高校に行ったら，俺，困っちゃうなぁ」と冗談っぽくいい，それに対して母親は，「こらっ」と叱ったが，冗談だと分かっているので，みんなは笑っていた．しかし，T子だけは笑わずに，じっと弟と母親の会話を聞いていた．そこで筆者が「学校には行きたかったの？」と聞くと，T子は「行きたかったよ，行きたかったけど……」とそのまま口ごもってしまった．そんなT子について，母親は「この子は，不登校さえなければ，弟の面倒をよくみて，本当にいい子なんですけどねぇ」と評価していた．

まとめよう．T子の不登校のきっかけは，いじめであった．しかし，不登校になることで，T子は家族のなかで母親の位置を占めることになる．弟はT子が家にいれば，食事の心配もないし，淋しい思いもしない．「不登校さえなければ」といいつつも，母親にとって，T子は「弟の面倒をよくみるいい子」であり，そのおかげで，安心して働けることになる．そして，T子も家族の期待に応えようとする．ここには，T子の不登校が続けば続くほど，家族はうまく回るという関係のあり方が存在している．しかし，これはT子の「再登校」という視点からみれば，悪循環である．そして，継時的モデルの視点からT子の不登校をみると，T子にとって，「不登校になること」の要因は「いじめ」であったが，「不登校が続くこと」の要因は，彼女が不登校になることで新たに出現した「家族関係のあり方」であったと考えられる．こうした不登校を解決するためには，まず家族関係への介入が必要である．しかし，担任教師や母親がT子の不登校に対してしてきた努力は，「不登校になること」の要因を取り除こう，あるいは変化させようとするものであった．

📞 「不登校になること」と「不登校を続けること」を分けて考えること

本章を通して，筆者が不登校についていいたかったことは，「不登校になること」と「不登校を続けること」は，ひとまず分けて捉える必要があるという

ことである．子どもが不登校になると，親や教師，時としてカウンセラーでさえ，不登校になった原因・要因に囚われてしまうことが，往々にしてある．たとえば，T子の場合，教師は彼女が不登校になった原因を「いじめ」と考え，T子が他の生徒となんとか良い関係を結べるように，努力していた．同様に，母親も「いじめ」ということからT子の不登校を捉えていた．そして，「今では友だちが家に来てくれて，仲良くしてくれようとしているのだから，一度，学校に行けさえすれば，何とかなるのではないか」と考え，半ば強引に彼女を学校に行かせようとしていた．しかし，不登校が継続化し，要因が変化した後では，こうした不登校になった要因への働きかけは，ほとんど効果をあげなかった．それどころか，そうした働きかけをすることで，逆にT子と教師や母親との関係が悪化し，さらに不登校を長期化させているようにみえた．「不登校を続けること」によって生じる要因は，家族の問題だけでない．単純には，勉強や居場所の問題がある．つまり，学校を休めば，休むほど，「今さら，学校に行っても勉強についていけない」，「今さら，行っても，私の居場所なんてない」という新たな要因が立ち上がってくるのである．

　こうしたことは，臨床現場では，これまでも二次的要因として指摘されてきたことである（河合・桜井，2000）．しかし，研究としてこうした過程に焦点を当てたものは少ない．小林正幸（1999）の「学校不適応問題の予防と対応」という分類にしたがえば，これまでの多くなされてきた「不登校になること」の研究は，「不登校の予防」に関するものであり，「不登校を続けること」の研究は「不登校への対応」に関するものである．そして，予防について有効な策が，必ずしも対応の策として有効に働くとは限らないし，対応について有効な策が，予防の策として有効に働くとは限らない．それどころか取り違えると，悪影響を与えることさえある．

　したがって，研究が，不登校の子どもや不登校を抱えた学校に対して，何か提言していこうと思うなら，いま一度，「不登校になること」と「不登校を続けること」を分けて考えてみる必要があるだろう．そうすることで，不登校か

ら社会的ひきこもり，そして，長期化という経過に，少しでも歯止めをかけられればと思うのである．

📖 引用・参考文献

Becker, H. S., *Outsiders : Studies in the Sociology of Deviance*, The Free Press, 1963. （村上直之訳『新装　アウトサイダーズ：ラベリング理論とはなにか』新泉社　1993年）

保坂亨『学校を欠席する子どもたち：長期欠席・不登校から学校教育を考える』東京大学出版会　2000年

稲村博『不登校の研究』新曜社　1994年

河合伊六・桜井久仁子『不登校：再登校の支援』ナカニシヤ出版　2000年

小林正幸「学校不適応問題にどうかかわるか：教育臨床の立場から」　鍋田恭孝編『こころの科学：特別企画　学校不適応とひきこもり』87号　日本評論社　1999年

近藤邦夫 a『教師と子どもの関係づくり：学校の臨床心理学』東京大学出版会　1994年

近藤邦夫 b「『教育相談』の場から見た学校と教師」　稲垣忠彦・久冨善之編『日本の教師文化』東京大学出版会　1994年

文部省「生徒指導上の諸問題の現状と文部省の施策について」　1999年

森田洋司『「不登校」現象の社会学』学文社　1991年

斎藤環『社会的ひきこもり：終わらない思春期』PHP新書　1998年

第3章　十代の売買春

ワシらの見た女子高校生
ある「覚せい剤・売春事件」被疑者との一問一答

……今回のA子の場合はどうですか．

　初め，まあ，おとなしそうな子でしてんけどね，やっぱりそのォ，覚醒剤射ち，ワシらといてる間に，ワシ自体がその子に，いま考えてみたら振りまわされてた，いうような状態ですわね．ワシがちょっと，「オイ，次（売春させるのに）誰かエエ女の子おらへんか」いうたら，自分から進んでなんぼでも連れてきて，「この子どう？この子どう？」いうて紹介してくれるし，もう楽なもんですわ．

……ということは，学校の友達関係が一番大切や，とも言えるわけやね．

　ええ．まあ，友達もよう似たもんやさかいにねえ．ちょっと来たらエエ小遣もらえるで言うたら，なんぼでもついてくるような子ばっかりですからね．

……金になるなら寝ても良いという子が多いんですか．

　まあ，ワシらについてくるような子はほとんどそうとちゃいまっか？金もうけになるんやったら誰とでもエエから寝る．それで服買うたり，小遣に持ってたり．まあ，服買うても，それを平気で着て帰ったり，持って帰って……．親にしたら，わが子が持ってるもんぐらいようわかってあたりまえだんのに，持って帰ってもなんとも言わん，いうのがワシらにしたら不思議やし，ホンマに，我が子のもん，確かめるわけやなし，「まあこの子どこでこんなん買うてんのかな？」と親が聞いたこともないしやね．そやから，子どもが持ってるもんに対して親がもっと気ィつけたらね，こんなこと…そのォ…その子どもにしても，よう持って帰らんやろし，ワシらが買うたったもんでも着て出てくることなんかでけへんと思いまんねんけどな，その点がチョッとオカシイナ？　と思いまんねん．

『少年補導』20巻9号，大阪少年補導協会，1975年，66-67ページ

キーターム

ボーダレス　交通や通信手段が高度に発達普及した結果，障壁としての国境（ボーダー）が無化され人や情報が国を越えて自由に活発に流通するようになったことを表すが，ここでは，社会のなかの旧来の階層や社会的役割，規範的枠組みなどがあいまいになったことを指している．

即社会的非行　70年代から80年代にかけて少年非行の様態が「生活型から遊び型へ」「反社会的非行から非社会的非行へ」変化したといわれたが，90年代を通じて「目的喪失型」「即社会的非行」に移行したというのが私の見方である．

援助交際　交際（性交渉だけとは限らない）の代償として金銭を授受することを，こう表現することで，古典的な「売春行為」のイメージが，劇的に変更され，ビジネスライクなアルバイト感覚を助長した．

買春（かいしゅん）　売春防止法は売春を禁じてはいるものの"客"は処罰の対象になっていない．そこでとくに子どもの性を"買う"（買春）者を処罰すべきだとの声が大きくなり1999年「児童買春・児童ポルノ処罰法」が制定された．

1975年の「女子高生売春」

　ここに紹介したインタビューは，筆者が編集していた月刊誌『少年補導』1975年9月号に掲載したものである．話しているのは，「女子高校生グループと暴力団による覚醒剤使用・売春事件」で大阪府警が逮捕した暴力団の幹部（若頭補佐）．聞き手は，大阪府警少年課の警察官．

　当時，女子高校生や中学生による「売春事件」が頻発し，こうした「事件」が明るみにでるたびに親や学校関係者の口からは，「まさか……」「とても信じられない……」というつぶやきがもれるばかりだった．そうした人たちに，直接当事者の生の声を聞いてもらおうと，大阪府警が管内で検挙した事件の「主犯格」の人物に了解を得て，インタビューを録音したというわけだ．

　以下，しばらくこのインタビューと，同時代の新聞記事を素材に「十代の売買春」を考えていくことになるが，その前にまず，なぜこのような"古い"インタビューや新聞記事をあえて紹介するのかについて触れておきたい．

　「十代の売買春」といえば，私たちのイメージのなかに浮かんでくるのは1990年代前半に「社会問題」となった女子中高生による「テレクラ売春」「援助交際」である．

　このとき「問題」とされたことを大雑把に整理すれば次のようになろうか．

　1．世の中の変化につれて女子中高生の性意識（倫理・道徳観）が変化した結果，「売春」という「いまわしい行為」に対する拒否感や罪障観が希薄になった．小遣い稼ぎのアルバイト感覚で自分のやっていることが「いまわしい行為」であるという認識すらない．

　2．そのような少女たちの意識の変化につけ込む大人たち．分別盛りの大人たちが，娘や孫に当たる年齢の（いたいけな・世間知らずの・無垢な）少女たちを"くいものに（凌辱）"している．

　3．"売春周旋"業者が"善良な市民"の生活空間に侵入してきた．

　「変化した結果」として，このような問題が（新たに）生起した．ということは，援助交際の前には「女子中高生の売春」はなかった（まれだった）とい

う状況認識が前提になっている.「むかしはなかった」→「いまは,ある」→「だから大変」というわけである.

たしかに「新しい問題」だといえよう.しかし,その問題つまり,中高生による遊び・アルバイト感覚の売春は,90年でも80年でもなく,1975年頃に「新しい問題」として顕在化してきたものなのであった.1960年代の高度経済成長期に生まれ育った世代（のちに新人類と呼ばれた世代）が思春期に達した時期である.[1] この時期に構成された問題が継承・醸成された後に,新しいレッテルを貼られて再び顕在化したとみることができる.90年代になってクローズアップされた中高生の「援助交際」のプロトタイプ（原型）は75年頃に構成されたことをひとまず確認するために,古いスクラップブックをめくることから始めたい.

エピソード【1】……女子高校生と暴力団

冒頭に紹介した「事件」の概略は,つぎのようなものだった.

4月半ば,大阪府内に10カ所ある「青少年補導センター」の1つを,高校生の娘（A子）を連れた中年の夫婦が訪れた.

〈娘が,頻繁に家出をして困っている.どうも暴力団の男とつきあっているらしい.なんとか,家に居つくよう指導してほしい〉というのが,この両親の訴えだった.

父親は,小さな工場の経営者.何軒かの借家ももっていて,経済的には,どちらかというと豊かな生活らしい.そして彼は,まず金のあることが幸福になる前提であるとの信念をもっている.

両親によれば,娘は,半年前からたびたび家を空けるようになった.ずっと出たきりというわけではなく,たまにひょっこり帰ってきてはまたすぐ出ていくという風で,今度も,着替えと金を取りに帰ってきたところを連れてきたのだという（90年代後半に,このような家出を"プチ家出"と呼ぶようになった）.

彼女が家を空けるようになったころ，その少し前に，父親が浮気をして，ふたつきばかり家族と別居したことがあった．それが娘の家出の原因なのではなかろうかと親たちは考えていた．母親は，躍起になって娘を引き留めようとしたが，父親のほうは，若いときにありがちなことだからほおっておいて，やりたいだけやらせればそのうち落ち着くだろうという態度だった．

しかし，そのうちに，家から現金を持ち出すようになり，果ては相当高額の手形まで持ち出していることに気づくに至って，さすがの父親も放っておけなくなった．娘を問いつめると，彼女が男と半ば同棲していること，その相手は暴力団関係の男であるらしいこと，持ち出した金は彼に貢いでいることがわかった．気にかかるのはそれだけではなかった．家に帰ってくるたびに娘の顔色が不自然にあおざめ表情がうつろになっていることに気づいたのだった．まさかと思いながらも，彼女の腕をまくり上げてみると，いくつもの注射痕が．妙なクスリをうたれているのでは？　との疑いが高じ，父親はついにたまりかねていやがる娘を引きずるようにして「補導センター」を訪ねたのだった．

「なんとかして相手の男と娘を引き離したい」と両親はセンターの面接室で訴えたという．

「相談」を受けた「補導センター」は，当人の承諾を得て採尿し，尿検査をすることにした．その結果，A子の尿から「フェニール・メチル・アミノ・プロパン・塩類」が検出された．覚せい剤の成分である．

この時点で彼女は「覚せい剤取締法」に違反（自己使用）した「犯罪少年」として大阪家庭裁判所に送致され，家裁は即日観護措置（少年法第17条）を決定，彼女は大阪少年鑑別所に収容された．このなかで彼女は出張してきた大阪府警少年課の捜査員による取り調べをうけ，彼女の話をもとに捜査が進められた．

彼女が家を出たのは父親の浮気，別居などで単に「家がおもしろくなかった」のが動機だった．友達のところを転々としながら，学校には休まず通っていたという．そのうち，タバコを吸っても文句をいわれないので暇つぶしに行

くようになった喫茶店が，たまたま暴力団の組長の店であり，店を任されていたくだんの幹部（若頭補佐）やたむろする組員の若い衆と親しくなったというわけだ．
　インタビューに彼はこう答えている．

　〈ワシとこの組長がいまやってる喫茶店でも，女子高校の女の子が昼過ぎたらもういっぱい来て，タバコはプーカプカ，プカプカ吸う，よその男の子が来たらそれと話する．もちろん，うちの若い衆もそこへ行く．当然のごとく，やっぱりうちの若い衆にしたら，その女の子らとも話し，またそこで話ができたら平気でホテルへでも入っていくというようなことが……．
　——制服でホテルへ行くんですか．
　ええ，まあ，いまはモーテルというとこがあって，車でチョット入ったら誰もみてないと．制服でもなんにも気にしてないし，やっぱり，制服であるということは，ワシらにしても新鮮味があるしね．〉

　彼らは「やさしかった」．気前もよかった．幹部と半同棲を始めたA子にとっては，何より，うっとおしい家の外に居場所ができたのである．彼らが「組員」であることはすぐわかったが，そんなことはどうでもよかった．彼らは，自分たちを「高校生（こども）」としてではなく「女（おとな）」として接してくれる初めての大人だった．今まで家庭と学校という閉塞的な空間に閉じこめられていた思春期の少女には，組員とのつきあいは，一般にいわれる「恐ろしい世界」というよりも「新しい世界」だったのである．
　そして，この世界に流通する覚せい剤もまた彼女たちにとっては興味深い非日常のアイテム．当時流行していたシンナーやボンドなどジャリの遊びと違う大人の世界のシンボルでもあった．
　こうしてA子は覚せい剤常用者の仲間入りをすることになった．初心者なら1回0.05グラムで薬効は半日だが，常用者になると1回0.1グラム注射しても3

時間で切れる．末端価格は0.2グラムあたり1万円（1975年当時）．

　最初は気前よく射ってくれていた暴力団幹部も，常用者としてクスリ代がかさみはじめると，そのみかえりを求めるようになる．A子が家から金を持ち出すようになったので，そんなことをしなくても売春要員として学校の女友達を誘ってきたら今まで通り覚せい剤を射ってやるともちかけたという．

　A子が登校して誘いをかけると，たちまちのうちに10人ほどがやってきた．これには暴力団のほうが驚いたというが，その後も女子高校生たちは続々とやってきて，彼らが逮捕されるまでに，組事務所に出入りして彼らと関係をもった女子高校生は30人以上にのぼった．その全員を売春要員として管理するには手に余るほどの人数だったので，まず，2人を選んで客を「周旋」したのだった．

　残りの少女たちは予備軍として彼らが面倒をみた．タダで覚せい剤を射ってやるかわりに，若い組員とセックスしている様子を映画に撮影し「ブルーフィルム」として売りさばいたのである．

　その様子を幹部は，次のように語っている．

　〈まあ，覚せい剤を射つということ．射ったら非常に喜んで，いままでシンナー遊びやボンド遊びをしていた子でも，覚せい剤を射ったら今度はそれに喜びを憶えてくる．ほいで，知らんようなことでも一つひとつ憶えて，そのォ，憧れ的な感情を持ってきて，私はこれでもう大人という気持ちをもつ，ということもありますわなあ．
　——射つとどのような反応を示すのですか．
　まず，すぐ効き目が現れて，そのォ，ワシらの横ででも射ったらそのままベターと横についてきて，興奮状態に陥ってくる．ほんで，ベターと離れへんし，いかにもセックスしてくれというような状態に陥りますわね．ほいで，それが何時間か後に切れてくるとプーッとふくれ，もう何時間でも横に来て（クスリ）買いに行こ，早よ射って射って，というような状態になってくる．その射

った時の気持ちが忘れられんもんやから，一日中くっつきまわって自分から「買いに行こ」というような状態になりますわね．それで射ったら，そのォ，セックスするときでも，自分から求めてきて，オカシな格好で，大胆になってきてね，大胆不敵な格好になってきます．射ってすぐ自分から服脱いで裸になってみたり，そこに友達なんかがおったらみんなでそういう風にして，まあ乱交パーティみたいな状態になってくるようなこともしょっちゅうありますわ．もう，見てたらオモシロイぐらいですわね．〉

この事件に登場する少女たちは，まるで「覚せい剤遊び」を「ボーイフレンドのヤッチャン」と遊び，部活の部室に集まるように組事務所やラブホテルに出入りしてるようにみえる．現実の状況設定としては，家出，暴力団，覚せい剤，売春，ブルーフィルム……などなど，まがまがしいイメージの要素がそろっていて，制服を着た女子高校生のイメージとは大きく隔たっている．旧来の文脈に沿って解釈すれば，まさに「暴力団の毒牙にかかった気の毒な少女の転落の図式」そのもののようにみえる．だのに，よく眺めれば，どこか妙にあっけらかんとした感じが漂い，その時代の相を物語っているのである．

表層を覆う旧来の文脈が急速に形骸化しつつあった．たとえば，"やくざ世界"と"かたぎ世界"，"売春婦"と"女子高校生"，"組事務所"と"教室"，"玄人"と"素人"など，旧来，截然と区分あるいは差別されてきた両世界の境界があいまいになり，しばしば価値の逆転が起こったりする．この曖昧化ボーダレス化の現象は社会生活全般におよび，この時期から以後加速度的に進行しつつ現代に至っているのは，周知の通り．1970年代がまさにこの国におけるそのような大転換期だったのである．

✎ エピソード【2】……女子高校生の"モテル遊び"

さて，つぎも1975年のエピソードである．毎日新聞の記事を引用したい．
見出しは〈女高生"モテル遊び"／「二校で百人」も補導／愛し合えば当然よ

／会社員など相手にケロリ〉．山梨県甲府市内での出来事である．

〈甲府署は2月上旬「モテルで高校生が売春している」とのうわさを聞き，同署に3人の女子高校生を呼んだ．売春の事実はなかったが，3人は「モテルへ行ったのは私だけではない．A子もB子も行っている」と次々に友だちの名をあげた．驚いた同署は，名前のわかった高校生を次々呼んだ他，モテルで張り込みを続け，同日までに同市内の2つの高校から約百人を補導，中には半数以上の生徒が補導されたクラスもでたほど．

同署の調べによると，この"モテル遊び"が女子高校生の間ではやりだしたのは昨年の4月ごろから．ほとんどが数人ずつグループを作ってスナックなどにたむろし，男から声をかけられるのを待っていたようだが，補導されたグループの一人は「リーダーが男の子に誘われてモテルにいったので，自分もそうしなくては仲間はずれになる……と思い込み，ズルズル深みにはまった」といっている．

しかし最近は，この"遊び"にすっかり慣れて，逆に遊び相手をハントし「男の子を何人，誘惑した……」なんていうのがクラスメート間の日常の会話にさえなっていたという．（中略）

彼女ら女子高校生の相手になる男の"条件"は，彼女らにいわせると「カッコイイ」「お金を持っている」「車がある」ということで相手に男子高校生もいるにはいるが，ほとんどが会社員やバーテン，年齢的には20歳−22, 3のものが多く，モテル代を負担していた．

また同署の調べに対しても，彼女らのほとんどは「他人に迷惑をかけていない」し「好きならいいじゃない」とケロリとした表情で，補導にあたった甲府署では「明るみにでたのは氷山の一角，中学生も含めて補導した数倍の生徒が不純な行為をしているという情報をつかんでいる」ともいっている．[3]〉

甲府市内のA高校の生徒40人とB高校の生徒60人が「不純異性交遊」で補導

されたという記事．「不純異性交遊」という言葉そのものや，本文には「好きならいいじゃない」とあるのを見出しでは「愛し合えば当然よ」とするなど，語感が時代を感じさせるものの，90年代に出現する"コギャル"や"援助交際"のプロトタイプとして注目したい．

　大阪のエピソードは暴力団や覚せい剤がらみの売春であり様相は少し異なるものの，登場する女子高校生たちの行動パターンがほぼ共通しているのも興味深いところである．

☎ エピソード【3】……国家公安委員会に報告

　大阪や甲府ばかりだけでなく，この「問題」はこの時期全国各地で相次いで顕在化したことが次の記事からうかがえる．

　〈女子中高生　広がる性のゆがみ〉
　〈売春をしたり，モテル，アパートを使ってグループでセックスにふけったりで警察に補導される女子中，高校生が，今年になって目立ってふえている．警察庁の調べだと，10日までに報告があったのは，全国で約千人．とくに友だち同士が誘いあって売春するなど，性行為のグループ化が目立っている．同庁は10日，このような女子中，高校生の「すさんだ青春」の実態を国家公安委員会に報告，全国の警察本部に対策を指示した．

　売春，乱交などで補導された女子中，高校生のなかで，とくに悪質だとして，10日までに同庁に報告があったのは30件．たとえば，「男と遊べば金になる」と知り合いに誘われた女子高校生が，男子高校生，一般の男性を相手に1回5000円で計50回売春していた岐阜県のケース，大阪府の中学2年生の女生徒が街で通行人を誘い，1回3000円で計10人の男性を相手にした例など，自分で相手の男性を見つけていた例がある．このほか，徳島県の女子高校生が金欲しさから秘密の売春組織に加わり，紹介された客を相手にしたように，自分から売春組織に身を投じるというケースもある　(略)．

同庁の話によると，こうした女子中，高校生の売春はこれまでもあったが，あまり表面に出ず，潜在化していたという．ところが，今年（1975年）になってこの種の事件で補導されるケースがふえ，女子中，高校生の間で売春，乱交行為が広まっている実態が明らかになってきた．

とくに，同級生が誘い合っては仲間をつくるというグループ化が目立っている．こうした行為にふける生徒は，必ずしも学校の成績が悪かったり，経済的に貧困な家庭というわけではないのも特徴だ．最近では，名門女子高校に通う娘をもつ東京の有名私大教授が娘の行動に困りはて，警察に相談するなど，成績，家庭環境に関係なく，こうした傾向が広まっているという．

また，売春，乱交に関して，罪の意識が薄く，警察の事情聴取に対して「なんで悪いの」「大人だってしてるじゃない」と，平然といってのける女生徒も多いという．こうして「かせいだ金」は，洋服，クツ，アクセサリーなどを買う資金や，喫茶店の飲食代になっている．〉[4]

📞 反社会的から即社会的非行へ

ここに紹介したトピックは，1975年に女子中，高校生による売春事件がつぎつぎに表面化し，「女子高生売春」という言葉が流行語になった時代のものである．いずれも少女たちがあっけらかんとしており，普通の子による遊び感覚であったりアルバイト感覚であったりというイメージが強調された．この75年のトピックは，その後80年代後半から90年代にかけて大きな問題となった中高生によるテレクラ売春，援助交際の前兆もしくは先駆けの問題として位置づけられるだろう．

そして，この時期は，中高生の性的行動のみならず，「少年問題」全般にわたって大きな変化がみられ，「それ以前」と「それ以後」を画する興味深い時期だった．

どう変わったのか．

まず，少年非行のパターンが大きく変化した．最も顕著な変化は，60年代に

年間400人前後だった「殺人」で検挙された少年の人数が100人前後に減少したことだろう（周知のように殺人は検挙率が最も高く暗数の少ない罪種である）．強盗・強姦も同様に減少し，これらを包括するいわゆる「凶悪犯」がいずれもピーク時の4分の1に減った．恐喝・暴行・傷害なども減少し，統計上の「底を打った」時期であった．総じて言えば戦後30年間にわたって少年非行を特徴づけた「猛々しく暴力に馴染んだ少年たち」による荒っぽい犯罪が目にみえて減少した時期だといえる．

その一方で，万引き・ひったくり・自転車盗・車上狙いなどの窃盗と，放置自転車の乗り逃げに代表される占有離脱物横領などで検挙される少年は増加の一途をたどり，窃盗は83年まで戦後最悪記録を更新し続け横領は2000年になってもまだピークがみえないほどだ．この2つの罪名で検挙される少年の数が刑法犯少年（交通関係の業務上過失致死傷を除く）の9割を占めるまでになり，彼らが「少年非行戦後第三の波」を構成したのだった．

刑法犯以外では，「シンナー・ボンド遊び」「暴走族」「いじめ」「性的逸脱」が問題化され「遊び型非行（のちに初発型非行と言い換え）」と「一般化（いつでもどこでも誰でも）」が特徴とされた．

また一方で，それまで「学校恐怖症」とよばれていた「問題」が一般化したのに伴って「登校拒否」と呼び換えられ急増を続けた．その後「不登校」とのラベルに張り替えられ文部省が「いつでもどこでも誰でも」が陥るものだと認知するに至った．

さらには，家庭内暴力，高校中退，無職，ひきこもり，かてて加えて「学級崩壊」「ナイフ」「いきなり型非行」「14歳」「17歳」などが「問題」とされ，いわゆる現代の「青少年問題」は，まさに即社会的，子どもたちの生活全般にわたり，なんでもありの混沌に陥ったといえる．このような現代「青少年問題」事情の始まりが，1970年代に集約されている，というのが私の考えである．

戦後の少年非行が，生活型から遊び型へ，そして目的喪失型へ（言い換えれば，反社会的から非社会的へ，そして即社会的へ）というパターンをたどって

変化したと総括するならば，本稿のテーマである「売買春」の問題も，この流れに沿って解読することができる．

伝言ダイヤル・テレクラ・援助交際

1975年頃に「女子中・高校生買春」問題のプロトタイプが構成されたことは先にみたとおりである．その問題がやがて90年代に「テレクラ売春」「援助交際」というタイトルで再浮上してくるまで，いったん忘れ去られていた事情はさまざまに解釈されようが，その最大の理由は「セーラー服の女学生（無垢性）」のイメージと，伝統的古典的な「売春（売春婦）」のイメージとの間に乖離が大きく，「信じがたい」「あってはならない」「おぞましい」「例外的な」「特異な」事例と思いたい心理的機制がはたらき，当時の大人（大正，昭和戦前世代）の感性には受け入れ困難であったためと思われる．"事件"を伝えるマスメディアの文脈や警察，学校関係者の認識にも，そうした拒否的ニュアンスが読みとれる．まして"善良な市民"としての"中流意識"を持つ親たちにとっては，"うちの子に限って……"の世界であった．

しかし，70年から90年代にかけての社会変容によってかつての"結界"は融溶し，ウラ文化（暗黒街とその周縁の）とオモテ文化との境界がなし崩し的に曖昧化する．バブル景気にのって性風俗産業が隆盛をきわめ，禁欲的価値は捨て去られ，マスメディアはポストモダンのライフスタイルのテーマとして「性」をオモテ価値の文脈に載せ，"れっきとした"学者や評論家による"売春肯定論"すら流通するに至った．

少女たちの日常にもセックス情報があふれ返った．たとえば全国津津浦浦を網羅したコンビニの雑誌コーナーにならぶ女子中高生向けコミック雑誌・情報誌・写真誌・投稿誌・レディスコミックなどにはこれでもかというほどの"セックス"が氾濫している．20代女性を対象にした「体験告白投稿誌」や女子中高生向けの「体験告白投稿誌」に掲載される告白の多くは赤裸々であけすけ，直截具体的であっけらかんな性的体験談である．リアリティを増すためか，投

稿された手書きの手紙をそのまま掲載するのを売りにしている雑誌もあって，毎号何十ページにもわたるそのコーナーのタイトルは「友だちはこんなことしている」．「こんなこと」の大部分は「性交」体験であり，教師や親兄弟から同性まで相手もバラエティに富んでいる．「ウリ」（売春）の相場はいくらが妥当かというアンケートまである．

また，たとえば関西ローカルのテレビ深夜番組には若い女性の「ファッションホテル評論家」なども登場し，いわゆるラブホテルのランク付けや部屋の上手な利用の仕方を女性向けに紹介するその番組で採りあげたホテルには高校生も含めた若いカップルの行列ができるというありさまだった．

こうした時代の流れのなかで，「テレクラ」「ツーショット」「伝言ダイヤル」が出現し，電話回線とコンピュータを利用した90年代の「売春周旋メディア」として機能したのである．[7]

テレクラ（テレホンクラブ）の最初の店が営業を始めたのは1985年の9月，バブル景気の頃．性風俗を煽る店が密集する地域として知られる東京の新宿歌舞伎町で営業していた"のぞき部屋"の一軒が転業して始めたアイデア商法だった．[8] この年，止めどなくエスカレートする風俗営業への規制を強化するために風営法が改正されたのを機に，規制のがれの新商売として考案されたのがこの「テレホンクラブ」だったのである．

"のぞき部屋"（女の部屋を男がのぞく）の兄弟として誕生したテレクラはマスメディアがこぞって紹介したこともあって，以後爆発的な勢いで全国に広がり，テレクラ誕生後の初めての夏休みとなる'86年7月以降，テレクラを舞台に中高生の売春が急増」．[9] その後，90年代になって中高生の「テレクラ売春」は「日常化」することになる．〈見知らぬ同士の男女が"電話を介して"会話する〉という単純なシステムであり，風俗営業のにおいが薄く，どこからでも誰でもアクセスが容易というだけでなく，〈男がブースのなかで女からの電話を待ちうけている〉〈電話するもしないも女しだい〉〈主導権は女の側に〉のイメージが強くアピールしたのではなかったか．

テレクラとあたかも歩調をあわせるかのように民営化されて間のない巨大電信電話会社NTTは86年にNTT伝言ダイヤルサービスを，89年にダイヤルQ²サービスを相次いで開始，またたくまに全国を席巻したが，いずれも「事業者の意図に反して」換骨奪胎され，たちまちのうちに「売買春の温床」として機能し始めたのである．社会的非難を浴びてNTTが自主規制を始めるとたちまち一般回線に溢れ出し，90年代後半にはインターネットにも移植され「出会い系サイト」と称された．こうして全国を覆い尽くす電話回線とコンピュータが「売買春」をすら巨大なフリーマーケットと化し，「売買春」の古典的イメージが変更された．市場に直結する端末が都市といわず農村といわず日常生活圏内にあふれ，すべての家庭のみならず，携帯電話として多くの中高生のポケットにまで侵入したわけだ．日常生活のなかでちょっとした好奇心や冒険心，あるいは遊び半分いたずら半分で売春市場へアクセスできる状況が貫徹された[10]．

　レディネスは，70年代にすでに整っていた．地ならしは，とっくに済んでいたのである．勧誘・周旋など古典的なシステムのほかにパソコンとともに新しく登場した新しいシステムがそれを一気に顕在化させた．

　極論すれば，中高生の援助交際を産んだのはテレクラであり伝言ダイヤルではあるが，実は育ての親として銘記されるべきは，パソコンの進化なのである．かつて売春が営まれた社会の片隅（ダークサイド）での物語なんかではなく，"21世紀をリードするIT革命"などとうたわれ，いまやIT振興は国策とまでいわれるようになったわけだが，援助交際もIT革命に至る90年代のプロセスの副産物あるいは副作用というきわめて構造的な社会現象とみることができよう．

　であるならば，この「問題」への対処策として旧来考えられてきた「切り離し，遠ざけ，囲い込んで保護する」方策は効力を期待できない．長年等閑視されてきた「相手（買春）を処罰する」法律[11]が新たに制定施行されたものの，基本的には，IT社会が抱える問題のひとつとしての認識が不可欠であり，具体的方策の模索構築は21世紀に用意された課題である．

注

1) 75年から10年後の85年にテレクラが出現．この年はテレクラの広告とセックスコミック満載の女性誌「レディスコミック」も創刊ラッシュ．テレクラの広告に最初に反応したのもレディコメや体験告白投稿雑誌の中心読者になったのも，ヤングアダルトとなったこの世代の女性たちであった．

2) 覚せい剤は，当時は隠語で「シャブ」とよばれ溶液を注射するのが普通だったが，90年代の青少年はこれを「スピード」とか「エス」とよんでカジュアルドラッグにイメージチェンジ．結晶をアルミホイルに載せライターなどであぶって気化させその蒸気を吸引する（アブリ）とか，タブレットに加工したものを経口服用したりするようになったので，抵抗感も薄らぎ接近しやすくなった．この，イメージチェンジと敷居低下のプロセスは，買春のカジュアル化と軌を一にしている．戦後非合法化されて暴力団の資金源となった買春と覚せい剤が暗黒街から堅気世界へ浸出し若者の生活空間とくっついたのがこの70年代だった．

3) 「毎日新聞」東京本社版，1975年5月14日付朝刊．

4) 「朝日新聞」大阪本社版，1975年7月10日付夕刊．

5) 「援助交際」は，実は70年代からある言葉だった．俗に「男女交際雑誌」とよばれ交際相手を募集する匿名の男女のメッセージを満載し交際希望の番号を編集部に送れば仲立ちをしてくれるという成人向けの情報誌の誌面に「私は30歳の主婦です．平日の昼間おつきあいできる方，できれば援助交際をお願いします」という具合に使われていた．90年代の伝言ダイヤルがそっくりこのスタイルを引き継いだともいえる．

6) 矢島正見「青少年健全育成の今日的課題──性をめぐって」『少年法の展望』，現代人文社，2000年，111ページ．この論文で矢島は，総務庁青少年対策本部からの委託で青少年環境問題調査研究会が中学2年生と高校2年生を対象に行った3つの調査研究の調査結果（『青少年とポルノコミックを中心とする社会環境に関する調査研究報告書』総務庁青少年対策本部1993年，『青少年とアダルトビデオ等の映像メディアに関する調査研究報告書』総務庁青少年対策本部1994年，『青少年と電話などに関する調査研究報告書』総務庁青少年対策本部1996年）を分析し，現代の青少年の性意識について次のように指摘している．

〈現在では高校生だけでなく中学生にあっても，また男子だけでなく女子にあっても，性に対してきわめて許容的になっていることがおわかりいただけよう．またその性の許容性は，かつての「愛」という倫理基準ではなく，いまでは「合意」という倫理基準によってもたらされている，ということが理解されるであろう．お互いによければ，本人の自由，ということになる〉

ここで提示された〈「合意」という倫理基準〉は，若者の性の許容性を理解する上できわめて重要な視点といえる．

7) 松宮満「テレクラ──その現実と問題点」『世界の児童と母性』VOL. 42，資

生堂社会福祉財団，1997年，38-40ページ
8）テレクラ誕生から10年間の推移については宮台による次のレポートにくわしい．宮台真司「テレホンクラブの歴史」『神奈川県青少年関係調査報告書』1995年，12-36ページ
9）宮台真司「テレホンクラブの歴史」『神奈川県青少年関係調査報告書』1995年，13ページ
10）21世紀になって報道された次の事件がその事情を象徴している．2001年1月5日，佐賀県警は，埼玉県狭山市に居住する41歳の医師を，鹿児島県内のホテルで同県内の女子中学3年生3人に対して買春したとして，児童買春（かいしゅん）等処罰方違反の疑いで再逮捕した．同医師は佐賀県内の女子中学2年生に対する買春容疑ですでに逮捕されており，「昨年1年間だけでも全国各地で女子中高生中心に百数十人の女性を相手に買春した」と供述しているという（「毎日新聞」2001年1月6日）．同医師は伝言ダイヤルに「女子中高生のみなさんよいことがありますよ」とのメッセージと自分の携帯電話番号を録音し，連絡してきた全国の女子中高生のもとに出かけて買春していた．
11）「児童買春，児童ポルノにかかる行為等の処罰及び児童の保護等に関する法律」1999年11月1日施行，①児童買春の罪②児童ポルノ規制③児童買春，児童ポルノに関連した人身売買の罪について規定されている．木村光江「児童買春等処罰方の運用と課題」『犯罪と非行』第124号，財団法人日立みらい財団，2000年，119-145ページ．園田寿『解説児童買春・児童ポルノ処罰法』日本評論社，1999年，など参照．

引用・参考文献

矢島正見「青少年健全育成の今日的課題——性をめぐって」新倉修・横山実編『少年法の展望』現代人文社　2000年
松宮満「テレクラ——その現実と問題点」『世界の児童と母性』42巻　資生堂　社会福祉財団　1997年
宮台真司「テレホンクラブの歴史」『神奈川県青少年関係調査報告書』1995年
木村光江「児童買春等処罰法の運用と課題」『犯罪と非行』124号　財団法人日立みらい財団　2000年
園田寿『解説児童買春・児童ポルノ処罰法』日本評論社　1999年
飯島愛『プラトニック・セックス』小学館　2000年
内田春菊『ファーザーファッカー』文春文庫　1996年
内田春菊『あたしが海に還るまで』文春文庫　1997年

第 4 章　薬物乱用

乱用・依存・中毒とは？

　薬物乱用・依存問題について考える際の鍵は，「薬物乱用（drug abuse）」，「薬物依存（drug dependence），「薬物中毒（drug intoxication）」という3つの概念を理解することから始まる．乱用とは，ルール違反である行為に対する言葉である．薬物乱用とは「社会規範から逸脱した目的や方法で，薬物を自己摂取すること」を意味する．依存性の薬物の乱用を繰り返すと，依存という状態に陥る．依存とは乱用の結果生じた「やめようと思っても簡単にはやめられない生物学的状態」を意味する．中毒には急性中毒と慢性中毒とがある．アルコールの「一気飲み」は乱用である．そのような飲酒様式は，酩酊状態を通り越して，一気に麻酔状態を生み出しやすく，生命的危機を招く．このような状態が急性中毒でありこれは乱用の結果である．依存状態の有無にかかわらず，乱用すれば，いつでも急性中毒に陥る危険性がある．一方，慢性中毒は，依存に陥った人の中からでる．これは，原因薬物の摂取を中止しても，原則的に自然には元に戻らない状態である．

和田清『依存性薬物と乱用・依存・中毒』星和書店，2000年

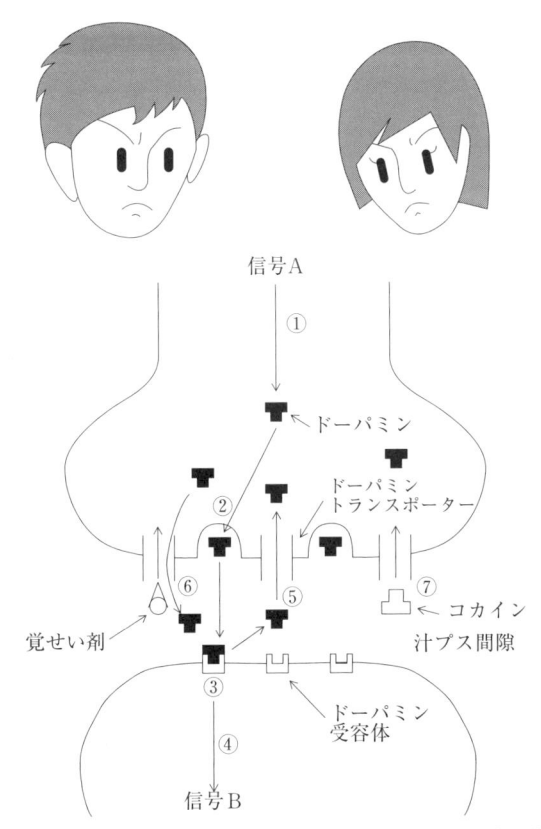

ドーパミン神経終末でのメタンフェタミン，コカインの作用機序
出典）『依存性薬物と乱用・依存・中毒』和田清著（星和書店）
2000年，86ページ

🔑 キーターム

家族システム論　家族の一員の薬物乱用は，家族システムの危機を知らせるものとして理解する．症状を呈する患者のみに焦点を当てるのではなく，家族システムの変化を通じて症状を除去しようとする考え．

ハームリダクション政策　密輸や闇取引による犯罪などを縮小する（reduction）ことを目的に，公的機関が限定した範囲内で依存性薬物を薬物依存者に与え，管理しようとする政策．

わが国の薬物乱用の実態

わが国で薬物乱用といった場合，主要な薬物は，有機溶剤（トルエン），覚せい剤，大麻の3種類である．これらは，その使用や所持などが法律によって禁じられている．有機溶剤は，「毒物及び劇物取締法」で，覚せい剤は「覚せい剤取締法」で，また，大麻は「大麻取締法」でそれぞれ規制されている．

薬物乱用のなかで数が一番多いのは，毒物及び劇物取締法違反である．ついで，覚せい剤取締法違反，大麻取締法違反の順になる．薬物事犯の推移を犯罪白書（平成12年版）に基づいて概観しておきたい．1972年に毒物及び劇物取締法違反の一部改正が行われ，シンナー等有機溶剤の乱用行為，乱用することの情を知って販売する行為が犯罪となって以降，同法違反による少年送致人員は急増し，1982年に2万9,254人とピークを示した後，引き続き2万人台で推移したが，1991年以降減少が続き，1999年には5,279人と，ピーク時の約6分の1となっている（図4-1参照）．

少年による覚せい剤事犯は1975年以降急増し，1982年の2,769人をピークとしてその後減少にあった．1995年から再び増加していたが，1998年に減少に転

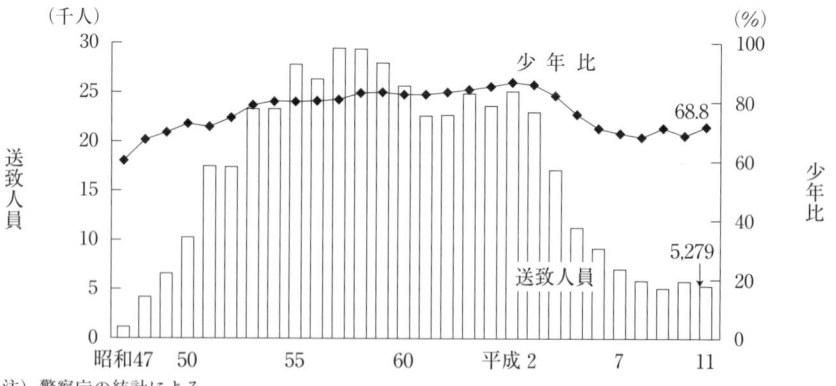

注）警察庁の統計による．
出典）法務省法務総合研究所編『犯罪白書』（平成12年版）126ページ

図4-1　毒劇法違反の少年送致人員及び少年比の推移（昭和47年～平成11年）

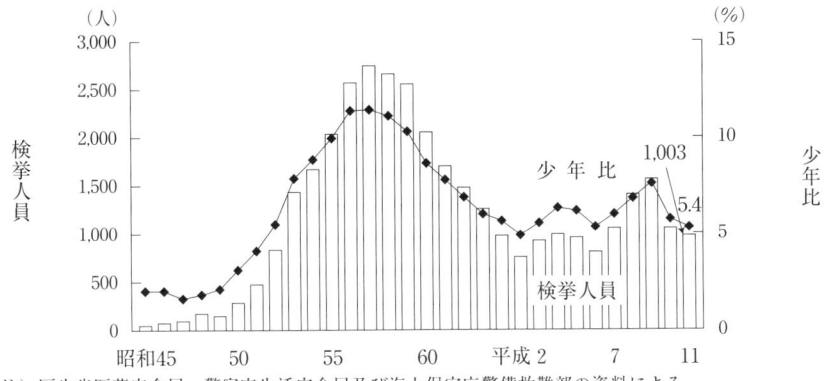

第4章 薬物乱用 69

注）厚生省医薬安全局，警察庁生活安全局及び海上保安庁警備救難部の資料による．
出典）図4-1と同じ

図4-2 覚せい剤取締法違反の少年検挙人員及び少年比の推移（昭和45年～平成11年）

じ，1999年は前年比76人（7.0%）減の1003人となっている（図4-2参照）．

大麻取締法違反の少年検挙人員は，1978年に209人とピークに達した後減少し，1985年以降再び増加傾向を示したが，1994年の303人をピークにその後減少に転じ，1998年は前年比39人（26.2%）減の110人となっている．

毒物及び劇物取締法違反がこの10年で減少傾向を示していると指摘したが，これはあくまで検挙された数字であり，わが国の薬物乱用の実態を精確に反映しているものではない．和田（1999）が全国148校の中学生（7万1,796人）を対象に行った調査（「これまでに『シンナー遊び』を1回でも経験したことのある者」）では，男子の1.7%，女子の0.9%に有機溶剤の使用経験が認められた．全体では中学生の1.3%がシンナー経験者ということになる．このような薬物乱用に関する疫学調査はきわめて重要である．薬物事犯は暗数が多く，検挙件数だけからでは青少年の薬物使用の実態には迫ることができないからである．

毒物及び劇物取締法違反について，14歳から19歳までの行為時の年齢別の傾向をみると，有機溶剤乱用少年は16，17歳がピークでその後年齢が上がるにつれて減少していく．覚せい剤取締法違反においては，年齢が上がるにつれ増加し，19歳がピークとなることがわかる．毒物及び劇物取締法違反に占める少年

の比率（少年比）は70%近くが少年によるものであり，有機溶剤乱用が未成年者に特有な犯罪であるなら，覚せい剤取締法違反は95%近くが成人による犯罪である．大麻取締法違反も行為時の年齢別の傾向は覚せい剤取締法違反と同様な傾向を示し，19歳がピークである．

覚せい剤乱用の最近の傾向

これまでは，覚せい剤はシンナーなどに比較して未成年者が入手するのは困難な状況にあった．入手のためには，暴力団組織の構成員等との接触が必要だったからである．しかし，最近は入手経路がずいぶん異なってきた．とくに不良外国人からの入手が容易になってきたこと，末端価格の下落などの理由から，高校生が金を出し合って購入するケースが増えてきている．売人との連絡には携帯電話が使用されるため，保護者が気がつかないことが多く，移動式密売ということで発覚しにくくなってきている．また，売人が外国人であるということも気安く買える要因となっているようである．

入手状況の変化と平行して1990年以降覚せい剤の使用方法が変わってきた．少年の間では覚せい剤を"エス"（覚せい剤の隠語を意味する英語のspeedの頭文字）とか"スピード"とよび，注射器を使用せずに，覚せい剤の粉末をアルミ箔に乗せたり，ガラスのパイプに入れて，ライターで下から炙り，気化した煙を吸引するやり方が流行っている．藤掛（1997）が東京少年鑑別所入所の覚せい剤乱用経験者の使用形態の推移（男子）を調査した結果，1989年には吸引型はみられないが，1995年には吸引型が注射型を上回っていることがわかった．また，吸引による使用方法だと少量の覚せい剤を数人で吸引可能となり，車座になって廻して吸引する形態が増えてきている．

吸引使用の者は覚せい剤をタバコや大麻感覚で使用しているためか，注射使用に比べ罪悪感が希薄であることも特徴のひとつである．覚せい剤を"シャブ"とよび，注射器を"ポンプ"などとよんでいた頃の，陰湿で暗いイメージが今はない．少年たちは注射の痕跡を残す使用方法を"ダサイ"と考え，警察

の目につきやすい方法を敬遠する．注射器使用が減ってきた背景には，エイズや肝炎の感染の危険を回避できるといった側面も指摘できよう．しかしながら，覚せい剤の使用頻度が多くなり，使用量も増えて依存が形成されてくると吸引では物足りなくなり最終的には，即効性があり，薬理効果の高い注射器による使用に至るケースが多くなるのである．ある少年は「炙りではもったいない．炙りでは髪の毛が逆立つような感覚が得られない．やっぱり"ウチコミ"（注射使用）が一番です」と注射使用に至ったいきさつについて説明した．

宮寺ら（2000）による青少年の覚せい剤使用の初回使用の動機についての調査によると，男女ともに「どんな気持ちになるかためしてみたかった」が圧倒的に多く，男子の70％，女子の60％に認められ，薬物使用に至る動機の基本は好奇心であると思われる．男女差が大きい動機は，「セックスがよくなると聞いた」（21.9％），「ダイエットにきくと聞いた」（18.8％），「ことわれなかった」（18.8％）が女子にのみみられる．また，覚せい剤の使用回数が増えてくると使用動機も変わってきて，「もう一度"あの感覚"を体験したかった」（34.4％），「疲れや眠気がとれる」（33.1％），「なんとなく」（31.3％）と続く．初回時の使用動機では好奇心がもっとも多かったわけだが，乱用を続けるうちに覚せい剤の使用効果が主な動機になってくることがわかる．

薬物乱用の深化のプロセスについて

薬物乱用において，覚せい剤乱用は薬物乱用の終着駅のようなものであり，途中の駅に有機溶剤の使用がある．薬物乱用の典型的な深化のプロセスを非行臨床にもとづいて描いてみると，有機溶剤の使用を経て覚せい剤乱用に至るタイプの薬物乱用少年の多くは，早期の喫煙経験（小学校高学年から中学1年生時）→飲酒経験（中学1，2年ころ）→有機溶剤の吸引使用（中学2，3年生ころ）→大麻使用（高校生）→覚せい剤使用（高校中退後，吸引使用→注射使用）といった段階を経て薬物非行を深化させていくのである．

先の宮寺らによる調査でも，最初の有機溶剤の使用後，約2年を経過してか

ら覚せい剤取使用に至ったケースが大半であり，和田ら（1990）の調査では，覚せい剤の乱用により精神病院に受診・入院した235人の患者調査の結果，約3分の1の患者が有機溶剤の乱用から覚せい剤の乱用に進んでいることが明らかになった．有機溶剤が薬物乱用における入門薬（Geteway Drug）であり，有機溶剤の使用のきっかけとして「シンナー遊び」に誘われることの危険性を指摘している．

このように薬物乱用には順番があるという考えを，和田（2000）は「踏み石仮説（stepping-stone hypothesis）」とよび，喫煙の頻度が高い者ほど有機溶剤乱用の経験頻度が高くなっていることを調査で明らかにした．

しかしながら，近年覚せい剤使用の動機の変化や入手の容易さといった事情もあって，有機溶剤乱用を経ないでいきなり覚せい剤乱用に至るケースが増えてきていることには注意が必要である．「スピード」「エス」といったネーミングの変化から，簡単な「やせ薬」としてファション感覚で薬物に手をだす少年たちが増えてきているからである．私の家庭裁判所調査官としての実務経験からも，「矢でも鉄砲でも持ってこいといった感じ（万能感）でした」「気分がハイになるのがよかった」と使用動機を述べる少年も少なくないのである．しょぼくれたセルフイメージを何とか回復したいといったあがきが乱用の動機としてみえ隠れするのである．

薬物乱用者の抱える問題

表4-1は，先に引用した和田（1999）の中学生を対象にした調査であるが，「あなたの家庭は『うまくいっている』と思いますか？」との問いに関する回答の分布を示したものである．男女ともに，有機溶剤経験者群は「自分の家庭がうまくいっていない」と回答する者が男女ともに非経験者群よりも高率であり，有意差（$p < 0.01$）が認められた．「自分の家庭がうまくいっていない」を選んだ者の割合は，非経験者群では，男子で5％，女子で6％であったのに対して，経験者群では，男子20％，女子で28％であった．

表4-1 あなたの家庭は「うまくいっている」と思いますか？

	うまくいっている	どちらとも言えない	うまくいっていない	無回答	全体
男性					
「シンナー」経験・なし	23115(64.6)	10356(29.0)	1769(4.9)	534(1.5)	35783(100.0)
「シンナー」経験・あり	245(39.0)	237(37.7)	125(19.9)	22(3.5)	629(100.0)
無回答	160(48.8)	91(27.7)	19(5.8)	58(17.7)	328(100.0)
男性計	23520(64.0)	10693(29.1)	1913(5.2)	614(1.7)	36740(100.0)

($x^2=351.00227$, df=2, p=.00000)

	うまくいっている	どちらとも言えない	うまくいっていない	無回答	全体
女性					
「シンナー」経験・なし	23205(67.1)	8847(25.6)	2050(5.9)	458(1.3)	34560(100.0)
「シンナー」経験・あり	116(35.5)	112(34.3)	90(27.5)	9(2.8)	327(100.0)
無回答	85(50.3)	46(27.2)	11(6.5)	27(16.0)	169(100.0)
女性計	23406(66.8)	9005(25.7)	2151(6.1)	494(1.4)	35056(100.0)

($x^2=308.54463$, df=2, p=.00000)

	うまくいっている	どちらとも言えない	うまくいっていない	無回答	全体
全体					
「シンナー」経験・なし	46320(65.8)	19212(27.3)	3819(5.4)	992(1.4)	70343(100.0)
「シンナー」経験・あり	361(37.8)	349(36.5)	215(22.5)	31(3.2)	956(100.0)
無回答	245(49.3)	137(27.6)	30(6.0)	85(17.1)	497(100.0)
全体	46926(65.4)	19698(27.4)	4064(5.7)	1108(1.5)	71796(100.0)

($x^2=639.15723$, df=2, p=.00000)

出典）和田清「薬物乱用・依存等の疫学的研究及び中毒性精神病患者等に対する適切な医療のあり方についての研究」（平成10年度厚生科学研究費補助金研究報告書）40ページ

「夕食を週何回くらい家族全員で食べますか？」との回答に対しては，「ほとんど食べない」を選んだ者は，非経験者群では男女共に16％であったのに対して，経験者群では，男子で30％，女子で36％であった．

和田らは調査結果を踏まえ，有機溶剤乱用者発生防止のためには，家庭のあり方から考える第一次予防が不可欠であると結んでいる．有機溶剤が薬物乱用への入門薬であることを考え合わせれば，薬物乱用の防止のために家庭が果たす役割の大きいことはいうまでもない．調査結果は予想通りで，これほどはっきり差が出たことに驚きすら感じるほどである．薬物非行だけでなく非行一般にいえることであるが，家庭が子どもにとって安心して居られる場所（居場

所）であるかどうかは重要である．家族の機能の低下とか，家族の機能不全が指摘されるようになって久しい．

家族の機能の主なもののひとつは，子どもの社会化といわれるもので，子どもをその年齢や発達に応じて社会に適応できるようにしつけることである．2つ目は，家族成員の情緒の安定化を図ることである．子どもの社会化と情緒の安定化は相互に関係していることは明らかであり，情緒の安定が得られなければ，子どもをしつけることは困難となるからである．有機溶剤経験群で，「自分の家庭はうまくいっていない」と回答した者の比率は女子のほうが高い．女子のほうが家庭の状況の影響を大きくうけているといえる．

家族関係がうまくいっていない場合，子どもの精神状態は不安定となり，子どもは不安を隠蔽するために不良交友に走ることが多い．そこには似たような境遇の者たちが集まり，"溜まり場"が非行の学習の場となるのである．

薬物乱用者の心理について

薬物乱用に陥りやすい性格や心理状態についての研究を紹介したい．洲脇ら（1997）は性格と覚せい剤乱用との関係について，「不安感，焦燥感などの心理状態が薬物使用につながりやすいことはいうまでもないが，抑うつ気分や慢性疼痛も薬物の反復使用につながる．依存性薬物を，不安や抑うつなど精神症状の改善の目的で自己投与し薬物依存へと発展するという考えは，「自己治療仮説（self-medication hypothesis）」とよばれている．青年の場合，劣等感，挫折感，攻撃心などの解消のために薬物が使用されたり，好奇心も薬物の開始に大いに関係するところであろう．さらに同じ仲間集団（peer group）での帰属意識も，すべてを無批判に受け入れる心理を許し薬物摂取に促進的に働く」（p.172）と述べている．性格傾向については，「薬物依存に共通した単一の性格類型が抽出されているわけではなく，それらは，"未熟性""意志薄弱性""衝動性""反社会性""非社会性"などと形容されるものである」（p.172）としている．

表4-2 有機溶剤の乱用・依存者にみられる性格変化

①情動面：
　わがまま，無責任，責任転嫁，自己中心的，性急，忍耐力欠如，情緒不安定
②意欲面：
　怠惰，意欲減退，意志薄弱，希薄な目標意識，非社交的，自己否定的
③道徳面：
　道徳心の低下，虚言，浪費，借金，反社会的，言葉の暴力，対物暴力，対人暴力

出典）小沼杏坪「有機溶剤乱用・依存とその処置・治療・予防をめぐる今日の問題」『アルコール医療研究』185ページ

　松本（1983）は少年院に入所している覚せい剤乱用少年の性格について「発揚性，自己顕示性の強い少年である．行動は軽率で，その場の雰囲気に巻き込まれて追従するが，反面自分を誇示しようとして弱者には支配的に振舞いやすいということが特徴である」(pp.127-128)と述べている．

　石毛（1985）は覚せい剤依存を促進しやすい性格と，覚せい剤に近づきやすい性格を分け，前者に自己顕示性あるいは意志欠如性を，後者には過活動性をあげ，さらに覚せい剤依存を形成しやすい性格として，過活動性に，自己顕示性あるいは意志欠如性が重なると述べている．ここでいう自己顕示性とは，かつてヒステリー性格といわれ，内面は未熟だが自分を良く見せようと外面を飾る外向性性格者の特徴である．また，意志欠如性とは，自分なりの意志決定やその持続力が弱く，環境の影響をうけやすい性格をいう．この自己顕示性，意志欠如性は共に小児性を残し，自律心が育っていない依存型の精神発達不全を現した性格であると石毛は指摘する．

　小沼（1991）は，有機溶剤に限らず広く薬物乱用・依存者に認められる性格変化として表4-2のように情動面，意欲面，道徳面での特有な性格傾向についてまとめている．そしてこれらの性格変化が生じると，有機溶剤に頼らないで人間関係を取りもつことがむずしくなり，現実生活での人間関係の複雑さを回避し，自分の求める効果を安直に与えてくれる有機溶剤をあたかも唯一の友達・恋人のようにして，有機溶剤を入手し吸引することを生きがいとするために，精神的に未熟で社会性の発達が停滞した自己中心的な人格形成不全の状態

を招来させてしまうのだと結論づけている．しかも，有機溶剤依存者の多くは異性に対しても1対1のかかわりがもてないことが多く，性交渉をもつ場合は暴力的であったり，金銭で処理することが多くみられると対人関係での問題を指摘する．

　有機溶剤乱用者の場合，集団吸引群と単独吸引群の間で性格特徴に差があることを小口（1997）は指摘している．前者では未熟で外向的な反社会性が，後者では内向的な非社会性が特徴である．薬物乱用の場合，性格の問題は薬物依存の進行の結果変化してきたものなのか，それとももともとの性格なのか判断は難しいと思われる．薬物乱用も依存（やめようと思っても簡単にはやめられない状態）になると，集団型から単独型に移行する場合が多いのである．これは，有機溶剤乱用者の場合に限らず，覚せい剤乱用者にも当てはまるのである．村松（1999）は覚せい剤乱用を2つのタイプに分類し，集団吸引型を「遊興型」，単独注射使用型を「依存型」として，その処遇の相違に注意している．つまり，前者は保護観察などの社会内処遇が，後者には医療少年院などの施設内処遇が適していると述べている．

☎ 薬物乱用者への援助と家族システム論

　薬物乱用といった問題行動は，家族に対する何らかのメッセージであるといえないだろうか．つまり先ほどの調査に則していえば，「わが家はどうもうまくいっていない．このままでは崩壊していまう」といった危険信号（SOS）を発しているとも解せるのである．このような考え方は，「家族システム論」とよばれ，問題行動は家族システムの異常を知らせているものと考えられるのである．

　家族システム論は，子どもの問題行動（薬物乱用）を子どものみの問題として片づけるのではなく，責任の所在は別として，問題行動を家族といったコンテキスト（文脈）から考えていく立場である．家族をひとつのシステムとしてみると，夫婦システムは家族システムのサブシステムとなる．核家族の多い現

代では，家族システムが安定しているかどうか，居心地のよい家族かどうかは，この夫婦サブシステムの安定度に大きく依存している．

　家族システム論では，単純に家庭に問題があるとか，親が悪いといった問題の原因を家庭や親に求める考え（直線的因果論）を採らない．子どもの問題行動が原因で家族システムや夫婦サブシステムに異常を来しているのかもしれないからである．「家庭がうまくいかないのはこの子の自分勝手な行動が原因です」という親も少なくないであろう．原因と結果は直線的に決定されるのではなく，相互に原因であり結果となる関係にある．これを直線的因果論に対して，「円環的因果論」とよぶ．円環的因果論の立場に立てば，少なくとも問題行動の原因として家族を責めるのではなく，問題を解決したり家族を援助をしたりするために，家族のもっている能力を最大限に引き出すための方策を家族と一緒に考えるといったスタンスを取ることができる．

　家庭がうまく機能するためにはどうしたらいいのかを家族と一緒に考えることのほうが重要なのである．その際，大切なことは親を責めるよりは，そうせざるをえなかった事情や生活史的な背景についてじっくり聞いていくことである．そのような作業の後に，家族の全員が居心地の良くなるためにはどのような工夫が必要かを話し合っていくことになる．ここでは，先ほどの和田らの調査結果が非常に役に立つのである．「家族全員で食べる夕食は週何回か？」といった質問に，薬物経験者の場合は非経験者に比較して「ほとんど食べない」と回答する者が多い．このような家族に対して家族全員で週末は必ず一緒に夕食をとるようにとアドバイスしただけでも，家族関係に改善をみせるケースも少なくないのである．

　薬物使用が長期化し，薬物非行が深化していくと，少年たちは親と顔を合わせないように昼夜逆転の行動をとるようになるのが普通である．先ずは家族が全員揃って何かをやるといったことから始めようとする場合，食事を一緒にとることがもっとも自然であり実行が可能なのである．それは子どももどこかでそれを望んでいるからでもある．

薬物乱用の防止に向けて

　覚せい剤取締法違反を犯した少年のうちで，前歴のない少年が年々増加の傾向にある．このことは遊興型の覚せい剤非行の広がりを意味するが，一方では薬物乱用にはまってしまう依存型が存在していることを忘れてはならない．このような意味において，薬物非行を「広がり」と「深さ」といった2つの次元で捉えなければ正確な像は描けないのである．

　覚せい剤の吸引使用の流行で，青少年は覚せい剤の使用に抵抗感をなくしてきている．間口が広がった分，抜けられずに吸引から注射使用に至るケースは今後増加するのではなかろうか．依存型にみられるように，早期の喫煙経験や飲酒は，有機溶剤を経て覚せい剤への使用に繋がる危険性を孕んでいるからである．

　総務庁青少年対策本部の「青少年の薬物認識と非行に関する研究調査」（中学生・高校生2,146名の調査による）（1998年）において和田清らは，喫煙者は非喫煙者よりも薬物に対して「楽しい」，「かっこいい」，「おしゃれ」などといったポジティブなイメージをもっていること，喫煙経験者はシンナー遊びに誘われる率が高くなることを指摘している．さらに保護者の同伴しない友人宅や居酒屋においての飲酒が，シンナー遊びに誘われることと強く結びついていることを明らかにしている．また，「シンナー遊び」に誘われたことのある者には，覚せい剤を使ってみたいと思う者が誘われた経験のない者に比較して多くなっている．誘われた経験のない者では9.8%であるが，誘われた経験のある者では24.0%と2倍以上になっている．

　喫煙習慣の安易な流行や，カラオケなどでの飲酒の習慣が若者の間で急速に広がってきている．これらは，薬物乱用の「踏み石仮説」から容易に考えられることであるが，有機溶剤や大麻，覚せい剤乱用に繋がる危険性のあることをもっと真剣に考えるべきである．

　最後に未成年者の薬物乱用対策において，家庭の問題はいくら強調してもしすぎることはないと思う．「家庭の団欒」といった家族の機能の回復こそ，薬

物乱用者の発生防止に必要であるからである．少年の健全育成はまず，家族の健康な機能を前提にしていると思われる．

　世界における薬物乱用の対策はさまざまである．薬物乱用を「被害者なき犯罪」としてこれを脱犯罪化（decriminalizaition）しようとするアメリカ，大麻のようなソフトドラッグ（コカインやヘロインはハードドラッグとよばれる）に限りこれを解禁しているオランダのような国もある．エイズや肝炎の蔓延を防ぐために，注射器を無償で提供しているスイスのような国もある．現在，欧州やオーストラリアを中心に，薬物の使用そのものについて善悪の判断を下さず，薬物使用の悪影響（harm），たとえば密輸や闇取引による犯罪などを縮小する（reduction）ことを目的に，公的機関が限定した範囲内で依存性薬物を薬物依存者に与え，管理しようとする政策（harm reduction policy）がなされている．

　わが国では薬物乱用に対しては刑罰をもって厳しく取り締まってきており，その成果は評価できようが，今後は地球規模で薬物乱用が大きな問題となってくるのではなかろうか．外国に行って薬物使用を経験する若者が増えてきているという．今後は環境汚染による地球の温暖化の問題と同様に，薬物乱用の問題は人類の問題として全世界が考えなければならない問題であることは間違いなさそうである．

参考文献

和田清「薬物乱用・依存等の疫学的研究及び中毒性精神病患者に対する適切な医療のあり方についての研究」（平成10年度更生科学研究費補助金　研究報告書）1999年

藤掛明「薬物乱用のかたちとこころ」『月刊少年育成』49巻1号　大阪少年補導協会　1997年　8-15ページ

宮寺貴之ほか「青少年の覚せい剤使用の最近の傾向」『科学警察研究所報告　防犯少年編』40巻2号　科学警察研究所　2000年

和田清ほか「覚せい剤精神病の臨床症状──覚せい剤使用年数との関係──」『アルコール研究と薬物依存症』25号　1990年　143-158ページ

和田清『依存性薬物と乱用・依存・中毒』星和書店　2000年

洲脇寛ほか「薬物依存症——心理学的背景——」『アルコール・薬物の依存症』　医学書院　1997年　171-176ページ

松本良枝「少年院における覚せい剤乱用少年の処遇と社会復帰」『犯罪と非行』57号　青少年更生福祉センター・矯正福祉会　1983年　127-157ページ

石毛博「覚せい剤依存受刑者の特性と依存形成要因についての調査研究」『犯罪心理学研究』22巻2号　日本犯罪心理学会　1985年　35-49ページ

小沼杏坪「有機溶剤乱用・依存とその処遇・治療・予防をめぐる今日の問題」『アルコール医療研究』8巻3号　1991年　185-193ページ

小口徹「揮発性溶剤吸引者の性格」『アルコール・薬物の依存症』　医学書院　1997年　233ページ

村松励「非行臨床におけるトラウマと回復について」『家族療法研究』14巻8号日本家族研究・家族療法学会　1997年　10-14ページ

総務庁青少年対策本部「青少年の薬物認識と非行に関する研究調査」　1998年

第5章　セクシュアル・ハラスメント，ストーカー

ノック前知事：
　　　　強制わいせつ事件で猶予判決　大阪地裁

　昨年4月の大阪府知事選で運動員だった女子学生（22）にわいせつ行為をしたとして，強制わいせつ罪に問われた前大阪府知事，横山ノック（山田勇）被告（68）の判決公判が10日，大阪地裁であった．川合昌幸裁判長は，横山被告に懲役1年6月，執行猶予3年（求刑懲役1年6月）を言い渡した．一度だけのわいせつ行為であることなどから猶予が付いたとみられる．しかし，大阪地検や同地裁は性犯罪の被害者救済や保護の視点から捜査や公判を行っており，今後の同種事件の捜査，裁判にも影響するとみられる．
　判決によると，横山被告は府知事選の選挙期間中の昨年4月8日午後，大阪府堺市内を走行中だった選挙運動用ワゴン車の後部座席に女子学生と並んで座り，自分と女子学生の下半身に毛布をかけ，女子学生の下着の中に手を入れるなどのわいせつな行為をした．
　女子学生はわいせつ行為に対し騒いで抵抗しなかったが，検察側は権力者に即座に逆らえなかったことを「強制」ととらえた．横山被告は，犯行の計画性を否定し，「風邪の女子学生をいたわる気持ちから，足をさすっているうちに，エスカレートしてしまった．触っていた時間も10分程度で，相手が嫌がっているとは気付かなかった」と弁解していた．
　横山被告は，女子学生に慰謝料などを求められた民事訴訟で敗訴し，昨年12月，1100万円の賠償金を支払っている．大阪地検による強制捜査後の今年1月には，知事を辞職．このため，横山被告は「すでに社会的制裁を受けた」として情状面でも執行猶予を求めていた．
　過去の強制わいせつ事件では，行為の悪質性や犯罪の回数とともに，立場を利用した卑劣さなどが量刑に影響した．司法統計年表によると，1998年に全国の地裁で同罪に問われ，有罪判決を受けたのは557人．うち153人が実刑だった．また，懲役1年以上2年未満の刑を受けた368人のうち，77％の282人に執行猶予が付いた．

「毎日新聞」2000年8月10日付　朝刊

🗝 **キーターム**

セクシズム（sexism）　男女差別・性差別．性のために個人や集団が不平等で不利で有害な扱いをされること．セクシズムには，「あからさまな差別」，「巧妙な差別」，「目に見えない差別」の3タイプがある．

ジェンダー（gender）　文化的，社会的に形成される性別．社会規範によって"男らしさ""女らしさ"を規定されている行動様式や価値観によって形成される．

ストーカー（stalker）規制法　2000年11月24日施行された．ストーカー行為はつきまとい，監視，面会や交際の強要，乱暴な言動，無言電話，汚物などの送付，名誉を傷つける行為，性的しゅう恥心の侵害の8種類に分類される．

✎ セクシュアル・ハラスメントはなぜ社会問題なのか

　セクシュアル・ハラスメント（sexual harassment）はセクシズム（sexism 男女差別・性差別・男女不等主義）の1つの形態である．セクシズムとは，性のために個人や集団が不平等で不利な扱いをされることであり，男女とも差別の標的であり犠牲者である．しかし，多くの資料は，女性であることが，年齢，人種，宗教，学歴，職業，社会的経済的地位のような変数よりももっと不平等性の高いものであると示唆している．たとえば男性は，学歴，宗教，人種，政党等によって差別されることがあるかもしれないが，簡単に，不平等扱いされない．なぜなら，彼らは男性であるからである．つまり，男性であるというだけで，人種，年齢，宗教等の面での差別が少なくなる．これに反して女性は，他の変数にかかわらず，女性であるというだけで，不平等な扱いをうける．

　アメリカの社会学者ニジョーレ・V・ベノクレイティスとジョー・R・フィーギンは，セクシズムをつぎの3つのタイプに分類し，つぎのように明晰な分析をしている．

　①「あからさまな差別」——現実に経験的に目に見える女性に対する不平等で有害な扱いをいい，たやすく検証できるタイプ．

　たとえば，セクシュアル・ハラスメント，ストーカー，差別的な言語や悪質な冗談，身体的暴力，暴行（レイプ，近親相姦，妻の虐待）や，家族，就業，政治，宗教等，社会制度的部門における不平等な扱いがある．経済面では，同一の仕事における賃金差別，昇進の機会の欠如，男女別の労働市場（男性職，女性職，性を問わない職の区別による就学の不平等性）などがある．

　②「巧妙な差別」——日常生活のなかで社会化され，受容され，習慣化され，あたりまえのように行われているタイプ．

　たとえば，男性が女性のためにドアをあけるマナーとか，たばこに火をつける行為は，一見礼儀正しい態度のように思われるが，男性が女性を従属的なものとみなしている"みせかけの騎士道精神"の発露の結果であり，毎日の家族生活のなかだけでなく，精神的経済的にも男性の優位と女性の劣位の支配関係

を永続化するものである．

　あるいは，男女のデートの際の会話のあり方，親の男の子と女の子とのしつけの態度や，会話の相違，家事労働や育児にかかわる女性と男性の意識や行動の相違．職場における女性と男性の待遇の相違など，女性の商品化，搾取化，支配化は日常生活のなかであたりまえのように行われている．

　③「目に見えない差別」——社会構造のなかにしっかり組み込まれていて，内々ひそかに悪意に満ちた動機づけによって，女性に不利益な処遇を強いるものである．このタイプは，記録も保存されないし，それを立証することも容易でないし，被害者は自分が「標的」であることすら意識していないこともあり，もっとも立証，解決困難なセクシズムのタイプである．たとえば"トークニズム（名目主義）の仕組み"がそうである．女性，黒人，マイノリティ，障害者，高齢者など代表性のない集団や個人を，戦略上，みえるところにいわゆるトークン（代用コイン）として名ばかりの名目的なものとしておくことによって平等性を装おうとする仕組みなどがそうである．つまり，多くの女性が高い賃金，高い地位，権力のある地位につくことを各部門のゲイトキーパー（審査者）によって忌避しようとする社会構造的なメカニズムがそうである（ベノクレイティス＆フィーギン，1990）．

　これらの3つのセクシズムのタイプは，個人，組織，社会制度の各レベルで作用し，さまざまな形態のセクシュアル・ハラスメントがみられるのであり，今や，これは深刻な女性の権利と人権を侵害している社会問題となっている．

　「女性の権利は人権である」という有名な言葉は中国・北京で行われた第4回国連世界女性会議（1995年）の北京宣言で使われたが，この北京での190ヵ国のNGOと世界各国政府の代表の女性たちが集って出した世界へのメッセージは，参加した私たちにとっても強い感動と共感をよび，さらなる問題意識と行動をうながすものとなった．女性の人権を推進，擁護する立場から，とくに"女性に対する暴力"と"リプロダクティブ・ヘルス／ライツ（妊娠，出産，中絶，セックスなどは女性自身が選択して決める権利があり，女性の健康維持

第5章　セクシュアル・ハラスメント，ストーカー

に不可欠な権利・性の自己決定権)"が大きな課題として注目されるようになったのである．

"女性に対する暴力"とは，性に基づく暴力行為であった．公的・私的な生活で発生し，女性への身体的，性的，心理的危害や苦痛，強制や自由の剥奪となるか，またはその恐れのあるものと定義づけられる．その暴力にはつぎの3つのタイプがある．

① 家庭内暴力として，夫による暴力，女の子に対する性的虐待，夫婦間のレイプ，慣習による女児殺し，女性の性器切除．

② 社会での暴力として，レイプ，セクシュアル・ハラスメント，ストーカー，女性の売買，強制的売春．

③ 国家による暴力として，戦争中の女性へのレイプ（これは戦争犯罪であるという考え方が確立している．）があるが，このような女性に対する暴力を撤廃していくために，国は積極的な施策をとる責任があることを，国連は1993（平成5）年「女性に対するあらゆる暴力の廃絶宣言」で明らかにしている．これによって女性への暴力は人権問題として認識されるようになったのである．こういった背景のもとに，セクシュアル・ハラスメント，ストーカー，売買春，従軍慰安婦問題などが女性に対する性的暴力として社会問題化するようになった．

総理府は，1995（平成7）年に「男女共同参画に関する世論調査」において，「女性の人権が尊重されていないと感じるのは，どのようなことについて」かという調査を行っている．図5-1からわかるように，女性の人権が尊重されていないと感じることの第1は，「職場におけるセクシュアル・ハラスメント」（41.3％）で，ついで「家庭内での夫から妻への暴力」（39.5％），「売春・買春」（34.7％），「女性の働く風俗営業」（28.0％）の順となっている．男女を比較すると，すべての項目について女性のほうが女性の人権が尊重されていないと感じる者の割合が高いが，とくに「職場におけるセクシュアル・ハラスメント」については男女差が大きい（千葉，1998）．

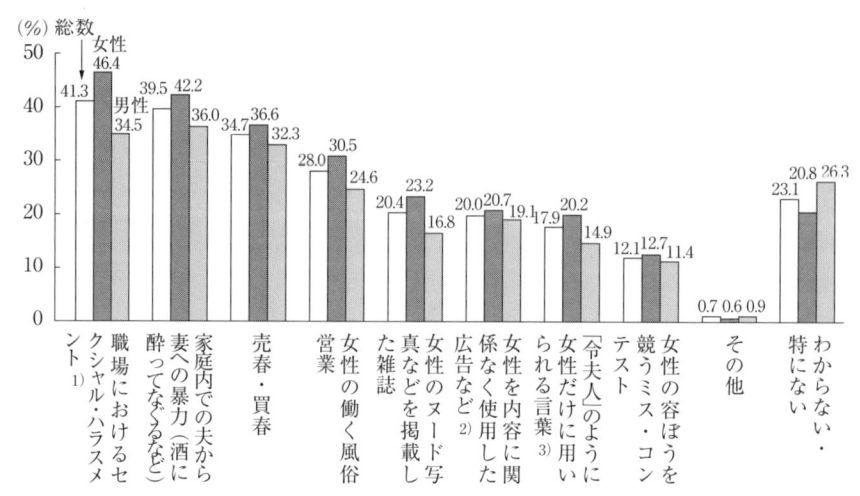

```
(%) 総数
      ↓女性
50    46.4
   41.3   39.5
40      34.5 42.2          36.6
              36.0   34.7 32.3
30                                          30.5
                            28.0    23.2       24.6       20.7       20.2
20                                     20.4      20.0  19.1   17.9    14.9
                                           16.8                              12.1 12.7      20.8 26.3
10                                                                              11.4    23.1
                                                                                     0.7 0.6 0.9
 0
```

縦軸ラベル（左から）:
1) 職場におけるセクシャル・ハラスメント
2) 家庭内での夫から妻への暴力（酒に酔ってなぐるなど）
3) 売春・買春
4) 女性の働く風俗営業
5) 女性のヌード写真などを掲載した雑誌
6) 女性の内容に関係なく使用した広告など 2)
7) 女性だけに用いられる言葉 3)
8) 「令夫人」のような言葉
9) 女性の容ぼうを競うミス・コンテスト
10) その他
11) わからない・特にない

注：1) 職場におけるセクシャル・ハラスメント（性的いやがらせ）
　　2) 女性の体の一部や媚びたポーズ・視線を，内容に関係なく使用した広告など
　　3) 「令夫人」，「婦人」，「未亡人」のように女性だけに用いられる言葉
出所）総理府「男女共同参画に関する世論調査」（平成7年）により作成

図5-1　女性の人権が尊重されていないと感じること（複数回答）

このような調査の結果が示していることは，セクシズムの現実である．男性と女性の違いによって，いわゆるジェンダー（社会的，文化的に形成された性別）によって"セクシュアル・ハラスメント"の問題の受けとめ方が違うことに注目しなければならない．

このようなジェンダー観の相違を私の行った調査結果からつぎにみてみよう．

・ジェンダーの実態——"男の十戒""女の十戒"

"モーゼの十戒"をもじって，女性と男性のジェンダー観を調べるために男女両方が自分の性の"いましめ"と異性の性の"いましめ"を10項目自由に書いてもらった．これは1999（平成11）年にある地方公務員の管理職層30代から60代の男女を対象に調査した結果である．

これによると，女性が"男の十戒"としてあげている顕著な項目は，① 家事・育児を分担せよ，② 弱者に対してやさしさ，思いやりをもて，③ 女，子

どもに暴力をふるうな，④ 家族を愛し，家族と共に過ごす時間を大切にせよ，⑤ 職場で女性を甘やかさず，男性と同様に一人前として扱え，⑥ 権限もなく気軽に女性に指示するな，⑦ 職場内家庭内で連続性のある人間であれ，⑧ 酒の席で重要なことを決めるな，⑨ 決断力・判断力，方向性をもて，⑩ 女性を対等なパートナーとして認めよ．であった．

　男性が"女性の十戒"としてあげている主な項目としては，① 夫よりでしゃばるな，男を立てよ，② 都合のいい時だけ，女を前面に押し出すな，③ 細やかな気配りをせよ．他人の気持ちを考えよ，④ キャリアウーマン的顔をするな，⑤ 女性の繊細さ，やさしさを発揮し，職場を和ませる存在になれ，⑥ 男性におごってもらうことを当然とするな，⑦ 経済的に自立せよ，⑧ 涙を武器にしてはならない，⑨ 家庭にやすらぎを与え，家庭を守り，内助の功をつくせ，⑩ 共働きのときは夫を教育せよ，であった．

　これらの項目から，女性が男性に期待し，改めてもらいたい意識変革の叫びが聞こえてくるし，また，男性が女性に何を期待し改めてもらいたいのかというステレオ・タイプ化されたジェンダー観が鮮明に浮きあがってきている．とくに，男性の女性への優位性を示す意識構造は，今日でもなお，セクシズムをはびこらせる基底になっていることがうかがえる．

　このようなステレオ・タイプ化されたジェンダー観がセクシズムを生むのであり，それがセクシュアル・ハラスメントやストーカー行為に発展していくと考えられる．

セクシュアル・ハラスメントの現実

　セクシュアル・ハラスメントは，1970年代から80年代にかけてまずアメリカで社会問題化してきた．1980年にアメリカのEEOC（雇用機会均等委員会）は，セクシュアル・ハラスメントに関するガイドラインを策定し，セクシュアル・ハラスメントは公民権法第7編703条が禁止する雇用条件における性差別になるとした．アメリカにおけるこのような見解を確立させるための法的研究に貢

献したのは，キャサリン・A・マッキノン（Catharine A. Mackinnon）である．マッキノンはセクシュアル・ハラスメントはたまたま女性に属する個人的な問題でなく女性全体の経験する共通の問題であり，性差別の社会問題であると主張した（マッキノン，1999）．セクシュアル・ハラスメントは相手の意思に反する性的な言い寄りや性的な要求，その他性的内容の言葉あるいは行動をいい，それに対する対応によって，職務上の地位や権限を利用して不利益や利益を与える．たとえば，部下が交際に応じないので仕事中無視した・部下の女性が交際に応じないため解雇した・人事権をちらつかせて部下に性的関係を迫った・交際中の部下と別れたので，退職勧奨した・交際中の部下の人事考課を良くした・出張先で部下の女性に性的関係を迫った・車のなかで部下の手を触った・商談の際に性的関係を条件にされたなどは，「対価（代償）型ハラスメント」という．またそれを繰り返すことによって労働環境や就業環境をいちじるしく悪化させること，たとえば，女性社員の胸やお尻を毎日のように触る・社内にヌードカレンダーを貼った・女性社員のプロポーションをじろじろ眺めた・男性同士大声で性的な会話をした・社内や取引先の社員と異性との噂を意図的に流した・女性社員を「女の子」「おばさん」等とよんだ・懇親会の座席を男性上司の隣にするよう強制した・懇親会の後で，部下に性的関係を迫った・社員旅行で，女性社員に裸踊りをみせつけた・取引先社員が宴席で，女性社員の身体に触るのをみてみぬふりをしたなどは，「環境型セクシュアル・ハラスメント」という（「職場におけるセクシュアル・ハラスメントに関する調査研究会」労働省　1997）．

　セクシュアル・ハラスメントの2つのタイプ，対価（代償）型タイプと環境型タイプについてマッキノンが明解な分析をしているが，日本では，1997年男女雇用機会均等法の改正によって対価型・環境型ハラスメントの防止のための事業主の配慮義務を定める21条を新設し，勧告に従わない企業名の公表を明記している．しかしながら，アメリカでも1991年10月，連邦最高裁判所判事にクレアランス・トーマスの指名のための上院公聴会が開かれるまでは，まだその

輪郭は明確化していなかった．セクシュアル・ハラスメント問題はアニタ・ヒル）（ヒル，2000年）が1980年代初めにEEOC（雇用機会均等委員会）の委員長で，彼女の上司であったトーマスが，セクシュアル・ハラスメント的行為をしたと証言したことで，セクシュアル・ハラスメント問題が，アメリカ全国にマス・メディアによって報道されて，世界的に注目されるようになったのである．（2000年11月のアメリカ大統領選挙でゴア副大統領とブッシュ・テキサス州知事との間の投票結果の裁定でこのアメリカ連邦最高裁判所は注目されたが，彼はこの裁定を下した判事のメンバーである．）

　日本で初めてのセクシュアル・ハラスメントによる損害賠償請求訴訟は1989年8月に福岡地方裁判所で起こされた．原告はある出版社に勤務する女性だったが，編集長の男性から個人的な性生活をうかがわせるうわさ話を流され，女性がこのことを上司に報告すると，「君は会社の和を乱したので明日から出社するな！」といいわたされた．福岡セクシュアル・ハラスメント判決は，加害者，ならびに，セクシュアル・ハラスメント発生後に苦情をうけても適切な対処をしないで，被害者である女子社員を退職させたこの管理職らの不法行為に対して，企業の使用者責任を認めた．これが前例となって，後の判例にも大きな影響を与えた．その後裁判所は2年3カ月の審理を終えて，1992年4月に，慰謝料150万円弁護士費用15万円計165万円を編集長と会社が連帯して原告の女性に支払うよう命じる原告勝訴の判決を下した．これによって，セクシュアル・ハラスメントは，憲法上の基本的人権，女性の人権の尊厳の侵犯問題であるということが認められ，立証されたのである．その後，1990年に静岡事件以来，大阪，奈良と全国で次々に起こり，キャンパス・セクシュアル・ハラスメントの事件も含めると30数件のセクシュアル・ハラスメントの裁判例が出ている（大阪市女性協会，1999）．

　また，男女の平等を"機会の平等"だけでなく"結果の平等"を目ざすための法的な整備もされてきた．1989年に日本が批准した「女子差別撤廃条約」，1999年4月「改正男女雇用機会均等法」，1999年6月「男女共同参画社会基本

資料1　キャンパス・セクシュアル・ハラスメントの事例

大阪市大でセクハラ，7人に24件
助教授を懲戒免職
本人は不服申し立てへ

　大阪市立大学理学部の男性助教授（56）が10年以上前から女子学生に対しセクシュアル・ハラスメント（性的嫌がらせ）行為を繰り返していたとして，28日，大阪市から懲戒免職処分を受けた．同大学によると，助教授は7人の女子学生に対し，研究室などで肩を抱いたり，キスをしたりしたほか，女子学生に関する虚偽の性的風評を流すなど，計24件のセクハラ行為をしたとされる．

　助教授は「セクハラの事実はなく，一方的な処分だ」とし，近く市人事委員会に不服申し立てをする．

　同大学庶務課によると，昨年2月，助教授の研究室に所属していた女子大学院生が学生部のセクハラ相談員に訴えて発覚した．

　大学は昨年4月，過去20年間に研究室に属していた卒業生約70人のうちアンケートに応じた15人について調べたところ，別に6人の被害が発覚したという．

　児玉隆夫学長は「大学として深く反省している」とのコメントを出した．児玉学長は28日，事態の責任を問うとして理学部長と前同部長を厳重注意処分にした．

出所）「朝日新聞」2000年11月29日付　朝刊

法」が制定された．これらはアメリカの「アファーマテイブ・アクション（積極的差別是正措置．たとえば，従業員の何％は女性を採用するという割当て制度の義務化など）」の方法をある程度反映したものである．

　さらに改正均等法の企業のセクシュアル・ハラスメントの防止規定に対応して，国家公務員についても1999年4月「セクシュアル・ハラスメントの防止に関する人事院規則」，教育機関・学校においては「文部省におけるセクシュアル・ハラスメントの防止等に関する規程」が制定施行されている．

📞 キャンパス・セクシュアル・ハラスメント

　資料1の例が示すように，キャンパス・セクシュアル・ハラスメントは大学を舞台に起こるセクシュアル・ハラスメントを指す．また，小・中・高校では

スクール・セクシュアル・ハラスメントという．就労の場だけでなく教育機関においてもセクシュアル・ハラスメントが注目されてきたのは，1994（平成6）年に京都地裁ではじまった元京都大学教授による元秘書に対するセクシュアル・ハラスメント裁判が大学におけるセクシュアル・ハラスメントの実態を衝撃的に訴えてからのことである．

　この裁判以来「意に反した」性的な言動で苦しめられてきた学生，大学院生，非常勤講師という大学の構造のなかで弱い立場に置かれた人たちが加害者や大学を告発しはじめた．それらの訴えはレイプや不快な接触という身体への暴力，固定的な性役割を強要するジェンダー・ハラスメント，性的からかい，アカハラ（アカデミック・ハラスメント）などであるが，被害者はそのために勉学の意欲をそがれ，研究者の道を断念してきた．しかし，被害者たちは告発することで，むしろ自分が批判されたり，単位習得や，卒業や進学が困難になることを恐れ，沈黙してきたのだった．このようなセクハラが大学に起こる要因には，学問の自由ゆえに他者の介入を阻む教員の権威づけ，大学の閉鎖性，性の解放や性差別への無理解，女性教員が10％という男性中心社会（国立大学の教授から常勤講師までの女性は6.6％，公立大学14％，私立大学12.2％（1998年）で，国立大学協会はこれから10年で女性教員の割合を20％にする目標を定め，アメリカの6分の1にすぎない現状を，女性を積極的に登用する「ポジティブ・アクション」を採用し，保育施設を充実させることなどをして改善していくことを求めている．），セクハラの場となる研究室や教室の密室性，そして社会全体の性差別の支配などが考えられる．

　キャンパス・セクシュアル・ハラスメントは共学4年制大学で比較的多く，学生の被害状況でもっとも多いのがアルバイト先で全体の51％を占めている．学生のセクシュアル・ハラスメント体験は「授業・大学行事」（18.8％），「コンパ・合宿」（15.8％），「課外活動」（9.6％）で，被害状況からみると，教室や研究室で指導教員から，クラブ活動等での先輩，同級生からが多いことがわかる（渡辺和子「女性学教育ネットワーク，1997）．

資料2　スクール・ハラスメントの現状

わいせつ処分最多の115人
昨年度の問題教員

　昨年度1年間に懲戒や訓告など処分を受けた公立の小，中，高校などの教員は4936人にのぼった，と文部省は26日，調査結果を発表した．わいせつ行為による処分は，前年度の約1.5倍，115人に達し，過去最多を更新した．一方，学校内のセクシュアル・ハラスメント（性的いやがらせ）を防止する要綱などが自治体の教育委員会に整備されつつあるが，子どもに防止策の内容を説明したのは6県，3指定都市の教委にとどまっていた．

半数は教え子に

　文部省によると，昨年度は懲戒処分が2038人（免職92人，停職154人，減給206人，戒告1586人）で，訓告などが2872人，諭旨免職が26人．総数は前年度に比べ2400人増えた．広島県で勤務時間中の組合活動をしたり，その調査を拒んだりしたとして，2409人が戒告や厳重注意などの処分を受けたために急増した．

　処分理由は，交通事故1433人（前年度1371人）▷体罰387人（383人）▷わいせつ行為115人（77人）▷日の丸，君が代の取り扱い96人（161人）—などの順．

　わいせつ行為による処分の内訳は，懲戒免職が56人，停職が24人，減給が12人など．全体のうち56人は勤務先の児童や生徒に対しての行為で，他校生に対しての19人にのぼるなど，子どもを相手にした行為が目立った．文部省が児童生徒へのわいせつ行為や体罰などには特に厳しい対応を求めたこともあり，子どもにわいせつな行為をした教員の大半は懲戒処分にされた．

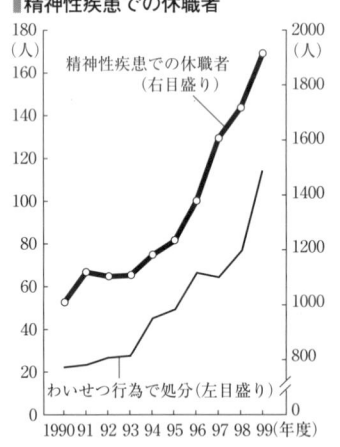

　わいせつ事件には至らないまでも相手に不快感を与える性的な言動，いわゆるセクハラを防止する要綱や規定は，今年度中には都道府県と12指定都市すべての教委に整備される見込みだ．だが，17の自治体教委は子どもは保護の対象にしていない．

　島根県教委がパンフレットを作って児童生徒全員に配布したり，福島県教委がすべての保護者に向けて公報で防止策を説明したりしていたが，子どもや親に説明した自治体は少数だった．また，防止のため教員に講習会などを行っているのは34自治体教委，全教員を対象にしているのは8自治体教委に限られた．

　一方，精神的な病気による休職者が1924人と，10年前の倍近くまで増えたのも特徴的だ．ほかの病気が横ばい状態を続けており，病気休職した教員のうち精神性の疾患が43％に達した．

出所）「朝日新聞」2000年12月27日付　朝刊

第5章　セクシュアル・ハラスメント，ストーカー　93

資料3　「ストーカー殺人」の事例

ストーカー殺人に無期
名古屋地裁
判　　決
「動機，自己中心的」

　愛知県知多市で1998年12月，南山大学4年の山本綾香さん（当時22）にストーカー行為の末，逆恨みして刺し殺し，山本さんの母はるみさん（48）にも重傷を負わせたとして，殺人と殺人未遂などの罪に問われた同県阿久比町植大，無職竹内研被告（24）に対し，名古屋地裁は16日，求刑通り無期懲役の判決を言い渡した．石山容示裁判長は「自分勝手な欲求が満たされないことを逆恨みし，復しゅうを果たそうなどと考えた自己中心的な動機に酌量の余地は全くない」と述べた．

　被告弁護人は「判決文をよく読んで，控訴するか検討したい」と話している．

　竹内被告は公判で起訴事実を認め，弁護人は「計画的な犯行ではなく，当時は心身耗弱状態だった」と減刑を求めていた．これに対し，石山裁判長は精神鑑定結果を採用し，完全な責任能力を認めた．

　判決によると，竹内被告は高校二年生だった93年秋，隣のクラスにいた山本さんが自分に好意を寄せていると思い込み，交際を申し込んだ．その場で断られたが，その後も校内や登下校時につきまとった．

　受験を控えた山本さんが登校拒否をするようになり，はるみさんが担任に相談．竹内被告は山本さん宅に謝罪に来たが，その際，山本さんからつきまといを非難され，うらみを抱くようになった．

　山本さんの大学入学後は接触が途絶えたが，98年10月，たまたま山本さんに似た女性を見かけたのをきっかけに竹内被告はストーカー行為を再開．無言電話をかけたうえ，手紙で交際を申し込んだ．山本さんに断られ，「ストーカーだ」と非難されたことから，同年12月22日，知多市南巽が丘一丁目の山本さん宅に押し入り，登山ナイフで山本さんの腹や背中を33回突き刺し，失血死させたうえ，はるみさんの左胸などを刺し，約1カ月のけがをさせた．

出所）「朝日新聞」2000年10月16日付　朝刊

　また，1999年7月に三重大学医学部男子学生が，女子学生に集団で乱暴した事件，慶応大学医学部での同様な事件で，大学はこれをセクシュアル・ハラスメントと捉えて学生に退学などの処分を行なっているが，これは性暴力犯罪であって，「セクシュアル・ハラスメント」という言葉で性暴力を隠蔽するため

の道具にしてはならないということも認識しなければならないだろう（牟田和恵，2000）．

　つぎにスクール・ハラスメントは，資料2が示すように，2000年度1年目に公立の小・中・高校などの教員でわいせつ行為による処分をうけた教員は，懲戒免職が56人，停職が24人，減給が12人で，前年度より1.5倍に増加している．大阪市教育委員会は1997年全国で最初に「セクシュアル・ハラスメントの防止に関するガイドライン」を策定しているが，セクハラを防止する要綱や規定は全国の都道府県，12指定都市における教委で整備されつつある．しかし子どもや親，全教員に防止のための説明や講習会を行っているところは少ない．学校教育の場で「現実の差別（セクシズム）」問題を考えていくカリキュラムが設定され，学生，生徒，教員の意識変革をはかることが急務だと思われる．

☎ ストーカー

　「ストーカー規制法」が2000年11月24日施行された．ストーカー行為は，つきまとい，監視，面会や交際の強要，乱暴な言動，無言電話，汚物などの送付，名誉を傷つける行為，性的しゅう恥心の侵害の8種類に分類されている．これらの行為を繰り返された場合，被害者は警察に相談して，警察署長名による警告や都道府県公安委員会による禁止命令などを求めることができる．警察は被害者から告訴をうけ，加害者を逮捕して刑事責任を負わせることもできる．罰則は1年以下の懲役または百万円以下の罰金を科するとなっている．

　セクシュアル・ハラスメントと同じように，ストーカー問題もかつては「愛情関係のもつれから，女性を刺殺」といった見出しの記事でマスコミなどで報道されていたのであり，その被害に多くの女性は泣いていたのであった．ストーカーによるつきまとい行為が社会問題化したのは，1990年代末になってからである．

　1999年10月に起きた埼玉県桶川市のJR桶川駅での女子大生刺殺事件，2000年4月の静岡県沼津市のJR沼津駅自転車駐輪場での女子高生刺殺事件など，

ストーカーによる残虐な殺人事件が相次ぎ，社会の関心が高まった．99年に警察がうけたストーカー被害の相談件数は8021件で，相談者の大半は女性からのものである（資料3）．

警察庁が1997年1月から1999年6月までのあいだに，各都道府県がうけたつきまといに関する案件のうち，悪質だが検挙に至らなかった822件を分析したところ，その87.8%は女性からの相談で，相談者とストーカー行為を働いた者との関係は，86.2%が何らかの面識関係があったケースで，交際相手（元も含む），および元夫婦（内縁関係も含む）だけで，前者は31.4%，後者は7.0%と全体の4割近くに達している．こうした傾向はアメリカも同様で，ストーキング事件の8割強が夫，元夫，あるいは親しい関係にあった者の犯行である．しかもそれは単なる一時的な怒りの爆発といった生やさしいものではなく，相手女性に対する計画的な威圧，支配のパターンなのである（図5-2．鹿嶋，2000）．

そもそも「ストーカー」（stalker）という言葉は，ストーク（stalk）の動作者名詞であり，stalkには（獲物などに）忍び寄る，そっと近寄る，こっそり追跡するという意味がある．

「ストーカー」として，特定の相手に一方的に病的な執着を寄せて追いかけ回す人のことで，相手が嫌がっているにもかかわらず，その気持ちを無視して監視，追跡を計画的に繰り返す．つまり，相手の意志に反して，執拗に，繰り返し，そして絶え間なく，つけ回すのが，ストーカーであり，妄想に駆られた追跡者とも捉えることができる．

ストーキングの被害者は女性だけに限らない．男性が被害をうけることもあるし，同性同士のストーキングもある．ストーカーの目的はつけ狙った相手に取りついて，その人間を精神的に追いつめていき，人格を破壊して，自分の思い通りに支配すること．相手が自分の思うままにならないと，怒りを爆発させ，相手に対して，脅迫や暴力などの有形・無形の危害を加えるようになる．相手の拒絶を受け入れられない．この精神性こそがストーカーの特徴である（岩下，

図5-2 「つきまとい」をする理由

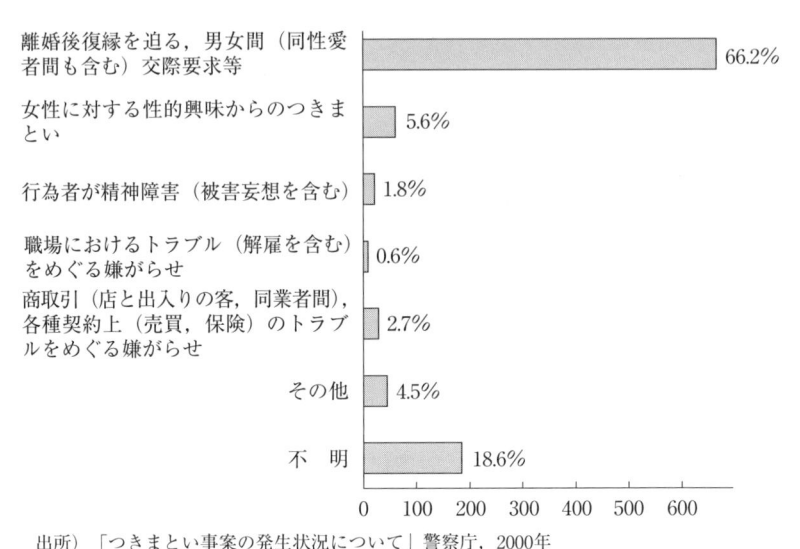

- 離婚後復縁を迫る，男女間（同性愛者間も含む）交際要求等: 66.2%
- 女性に対する性的興味からのつきまとい: 5.6%
- 行為者が精神障害（被害妄想を含む）: 1.8%
- 職場におけるトラブル（解雇を含む）をめぐる嫌がらせ: 0.6%
- 商取引（店と出入りの客，同業者間），各種契約上（売買，保険）のトラブルをめぐる嫌がらせ: 2.7%
- その他: 4.5%
- 不明: 18.6%

出所）「つきまとい事案の発生状況について」警察庁，2000年

1997).

　ストーカーの被害者は，セクハラの被害者と同じような対応策が必要である．「ノー」とはっきり意思表示すること．また自分だけで悩みを抱え込まず，親兄弟，友人知人，警察にも相談する．脅迫電話などがあればテープに取る．押しかけ行為があれば，その詳細を記録しておく．こうした被害の記録は，警察が行為者を警告したり検挙したりする際の重要な証拠になるからである（鹿嶋，2000).

　ストーカー問題がともすれば凶悪な犯罪にもつながる深刻な社会問題であり，ストーカー行為が男性優位社会を反映した犯罪という観点から捉えるならば，セクハラの被害者と同様に精神的なトラウマ（PTSD・ポスト・トラウマティック・ストレス・ディスオーダー（Post-traumatic Stress Disorder　心的外傷後ストレス障害）の深刻な被害に対する対策も考えられなければならない．

　このようにセクハラの問題，ストーカーの問題には女性がこうむる深刻な問題として共通した側面がある．

第5章　セクシュアル・ハラスメント，ストーカー　97

法の整備，社会制度の充実，職場，学校，家族，地域社会など，あらゆるレベルで，男女が対等なパートナーとして，ジェンダーに拘束されることなく，セクシズムから解放され，すべての人の人権が尊重され，だれもが人生のステージをいきいき生きえる真に豊かな社会を構築するためにどうすればよいのかを，私たちは常に問いかけ続けなければならないだろう．

📖 引用・参考文献

ニジョーレ・V・ベノクレイティス＆ジョー・フィーギン著（千葉モト子訳）『セクシュアル・ハラスメントの社会学－モダーン・セクシズム』法律文化社　1990年

千葉モト子「女性の人権」大阪市職員研修所『いちょう―特集「人権」』41号所収　1998年

千葉モト子「セクシュアル・ハラスメント」四方壽雄編著『家族の崩壊』ミネルヴァ書房　1999年　182-202ページ

キャサリン・A・マッキノン著（村山淳彦監訳／志田昇ほか訳）『セクシャル・ハラスメント　オブ　ワーキング・ウイメン』こうち書房　1999年

「職場におけるセクシュアル・ハラスメントに関する調査研究会」資料　労働省　1997年

アニタ・ヒル著（伊藤佳代子訳）『権力に挑む――セクハラ被害と語る勇気』信山社　2000年

大阪市女性協会『セクシュアル・ハラスメントを考える』大阪市市民局生活文化部女性施策推進課　1999年

渡辺和子・女性学教育ネットワーク編著『キャンパス・セクシュアル・ハラスメント―調査・分析・対策』啓文社　1997年

（財）東京女性財団編　大谷恭子・牟田和恵・樹村みのり・池上花英著『セクシュアル・ハラスメントのない世界へ』有斐閣　2000年

鹿嶋敬『男女摩擦』岩波書店　2000年

岩下久美子『人はなぜストーカーになるのか』小学館　1997年

Paul E. Mullen, *Michele Pathé, Rosemary Purcell "Stalkers and Their Victims"* Cambridge University Press, 2000.

第6章 自　　殺

病院に自殺科　ハンガリー

インタビューの席についた女医は，ひんぱんに病棟に呼び戻された．白衣には抱きしめた患者の，涙や鼻水の跡が新しいシミになっている．ハンガリーの首都・ブダペスト市内にあるエルジェーベト病院．ここには，自殺未遂者を専門に治療する「自殺科」がある．

精神科医のチセール・ノラさんをはじめ，自殺科には11人の医師と5人の心理学者がいる．

すべての診療科目がある総合病院の中で，自殺科の病棟は2つ．薬物自殺などに対応して内科医が胃洗浄などを行う50床と，精神科を中心にした自殺科の40床が連携している．1980年代には年間1万人前後が入・通院していたというが，昨年は約7千人．入院は平均で2週間ほどだが，その後3カ月間は定期的にチェックする．

エルジェーベト病院は成人を専門にしているが，市内にあるヘイムパール子供病院には16歳までを対象とした「青少年自殺科」が置かれていた．年間120人が入院するという青少年自殺科では，自殺未遂の子供の治療と共に，親や家族のケア・指導にも力を入れている．

大人が自殺を試みる場合，周囲に何らかの「シグナル」をだしているケースが多い．時には，自殺をほのめかす．しかし，子供の場合は大人ほどストレートではなく，「体調が悪い」「頭が痛い」といった訴えや，表情の微妙な変化の場合が少なくない，という．

「朝日新聞」2000年9月14日付　朝刊

🔑 キーターム

自殺者(数) 　厚生省の統計による自殺死亡数と警察庁のそれには差異がある．調査対象，調査時点，心中事件に関する死因の取り方，事務手続き上等の違いによるもので，たいてい，警察庁の統計による自殺者数のほうが，厚生省のそれを上回っている．

自殺死亡率(自殺率) 　人口10万人に対する自殺者数を示した数値で，以下の計算式で算出される．厚生省と警察庁では自殺者数に差異があるから，当然，自殺死亡率(自殺率)も違ってくる．また，自殺訂正死亡率と自殺年齢調整死亡率は，以下の計算式で算出する．

$$自殺死亡率(総数・男・女) = \frac{年間の自殺死亡数(総数・男・女)}{10月1日現在の日本人人口(総数・男・女)} \times 100{,}000$$

自殺訂正死亡率
$$= \frac{(観察集団の年齢階級別自殺死亡率 \times 基準にする人口集団の年齢階級別人口)の総和}{基準にする人口集団の総数}$$

自殺年齢調整死亡率
$$= \frac{(観察集団の年齢階級別自殺死亡率 \times 基準人口集団の年齢階級別人口)の総和}{基準人口集団の総和}$$

年齢階級 　一定の年齢層別に特徴をみるため区分される．5歳階級別，10歳階級別というように区分する．

自殺とは

デュルケーム（Émile Durkheim）は，『自殺論』のなかで，自殺の定義をつぎのようにのべている．

「死が，当人自身によってなされた積極的，消極的な行為から直接，間接に生じる結果であり，しかも，当人がその結果の生じうることを予知していた場合を，すべて自殺と名づける．このように定義される行為でありながら，死という結果をまねくまえに中止されるものが，自殺未遂である」（デュルケーム，p. 22）.

このように定義すると，自殺は動物にはみられない人間だけにみられる行為ということになる．なぜならば，動物の知能について知られている限りでは，動物には前もってみずからの死を表象する能力，ことに死を招来する能力は認められないからだとものべている．

動物にそのような能力がまったくみられないのか．とくに類人猿などの知能の高い動物にそうした能力があるのかないのかについては結論を留保すべきだと思うのだが，たしかに，自殺は高度な記憶力と複雑な思考能力をもつ人間において特徴的にみられる行為であろう．

ショウペンハウエル（Arthur Schopenhauer）は，『自殺について』のなかで，「人間の場合非現在的なものや未来的なものにまで思考が及ぼされる結果，憂慮とか恐怖とか希望とかいうようなものがはじめて本来的に登場してくるのであって，これらのものは快楽や苦悩の現在的な実在性──動物はこれだけにかかわっている──がなしうるよりも遥かに強力な作用を人間に及ぼすことになるのである．歓喜や苦悩の蓄積装置の欠けている動物には，回想や予見にたよる人間の場合と異なって，歓喜や苦悩が蓄積せられるということはありえない．ところが人間の場合には，反省やその他それに関連したものを媒介として，人間が動物と共通にもっているかの同一の要素のなかから，おのれの幸福と不幸とに関する感覚の一種の昂揚が展開してくる．そしてこの昂揚は，往々にして致死的でさえもあるような瞬間的な陶酔やないしはまた絶望的な自殺にまでも人

間を導いてゆくことがありうるのである」(ショウペンハウエル,1952, p. 52一部省略)とのべている.

また,続いてこのようにもいっている.「動物に欠けているところの思考が人間に付け加わることによって,動物ももっているような苦悩と歓喜の同じ狭い地盤の上に,人間的幸福と不幸とのかくも広大な高層建築が聳え立つにいたった.そしてそれとの関連において人間の心情はあのようにも強烈な激情と情熱と感動とにさらされ,それらの跡は拭いえない刻印となって人間の顔面に刻みこまれて誰にも読まれうるようになっている.ところが結局のところ,その実質たるや,動物が人間とは比較にならぬほど少量の激情と苦悩を費やして獲得しているものとまったく同じ内容のことを問題にしているにすぎないのだ.しかるに以上すべてのことの結果として,人間においては苦痛の量が快楽の量を遥かに上まわるようになってきている.さらにこの苦痛の量は,人間が現実に死のことを知っているという特殊の事情によっていちじるしく増大されている」(ショウペンハウエル,p. 54).

こうしたショウペンハウエルの説は,デュルケームの定義を補強するし,自殺は高度な記憶力と複雑な思考能力をもつようになった結果,動物とは比較にならないほど多くの精神的苦悩を抱くようになった人間において特徴的にみられる行為であることを明らかにしてくれる.

時代・社会にみる自殺

このように自殺は人間に特徴的にみられる行為であるが,それをどう評価するかについては社会や時代によって違いがある.たとえば,ユダヤ教,キリスト教,イスラム教は自殺を罪悪とみなして禁止しているので,これらの宗教が支配的な社会では,時代によって自殺に対する評価は厳しかった.

ヨーロッパでキリスト教社会が形成されたとき,自殺は厳禁された.5世紀,6世紀の宗教会議では,自殺は犯罪とみなされ,自殺者はミサ聖祭において,いかなる追憶の祈禱も与えられてはならないし,その遺体の葬送は賛美歌によ

って送られてはならないという決定が下されている．17世紀，18世紀のフランスでは，それまでの慣習にもとづき法制化された自殺者に対する刑罰で，死体はうつぶせにすのこに乗せて大道や四辻を引き回され，ついで吊るされるか，あるいは廃物のなかに捨てられ，その財産は没収されたという．

イギリスでは，10世紀に公布された教会法で，自殺者は盗賊や暗殺者や各種の犯罪者と同列におかれ，自殺者の死体に棒を突き通して道の上を引きずり回し，なんの葬儀もせずに大道に埋めるという慣行が19世紀前期まで行われていたという．昔のチューリヒでは，もし人が短刀で自殺したときには，その頭の近くに木片を打ちこんで，そこにナイフを突きたてた．もし投身自殺なら，水ぎわから五歩離れた砂のなかに埋めたという．プロイセンでは，19世紀後期に刑法ができるまで，自殺者の埋葬は，すげなく宗教上の儀式ぬきで行われなければならなかったし，ロシアでも，キリスト教徒としての埋葬がこばまれたという．

イスラム社会においても，キリスト教社会におとらず自殺は堅く禁止されてきた．神意への絶対的服従が何よりまさる徳とされるイスラム教徒にとって，「人は，その生の終わりを定めている書（『コーラン』）に従い，ただ神の意志のみによって死に就く」と説くマホメットの教えに従うことは義務であり，不従順と反逆の行為である自殺は，この根本的義務に対する違反とされたのである．

しかし，こうした一神教が支配的になる以前の，ギリシャ・ローマ時代では，自殺は，国家によってそれが許可されないのに行われたときにだけ，不当であるとみなされたという．アテナイでは，個人があらかじめ所轄の当局の許可をもとめずに自殺をすると，正式の埋葬の栄誉を拒否され，死体の手は切りとられて，別々に埋められたが，自殺にさきだち，生を耐えがたいものとしている理由を評議会に申し立てて許可を願い出て，その要求が正規に許されると，自殺も正当な行為とみなされ，毒薬が与えられることもあったという．

ローマでは，縊死（首つり）した者はだれであろうと埋葬が許されず，野生

の鳥獣のえじきにしておくことがあったし，世人の意識は自殺に非難をあびせた．しかし，その一方で，自殺を欲する市民は，その理由を元老院に申し立てることができたし，元老院はその理由が妥当であるか否かを決定し，妥当であるとみなした場合には，死の方法にまで指示を与えたという．

キリスト教化以前のヨーロッパでは，どうだったろうか．デンマークの戦士たちは，老衰や病でベッドのなかで死ぬことを恥辱とし，この不名誉をのがれるためにみずから命を断ったという．ゴート族も，自然死をとげた者は毒をふくんだ動物のうようよしている洞穴に永久に閉じこめられる運命にあると信じ，年老いた者は生に疲れると，「祖先たちの岩」とよばれるそそりたつ岩から身を投げたという．また，ケルト人は，みずから死を課した者には美しいついのすみかを，病や老衰で死んだ者には悲惨な地の底を，それぞれ割りあてたという．

一神教すなわちユダヤ教に起源をもつ宗教に比べて，仏教やヒンドウ教などインド起源の宗教においては，自殺を犯罪とみなし，強く非難することは相対的にみれば少ない．ヒンドウ教にはガンジス河その他の聖なる河に身を投じて死ぬ習わしがあり，この慣習は19世紀初頭になってもまだ完全にすたれてはいなかったという．またインドにはかつて，ジャガルナートの神車にひき殺されると極楽往生ができるという信仰から，その車輪の下に身を投ずる慣習があったという．亡くなった夫に殉じて，妻が火葬の炎に飛び込む「サティ」という慣習も存在した．

仏教では一般に，殺生は十悪の一つに数えられており，盗み・邪な性行為・嘘・飲酒とともに在家信者が行ってはならない五戒の一つともされているので，自殺もまたこれに触れるものとして禁止されている．しかし，死の床にある病人が，自らの苦しみと，他者への迷惑を考え，自発的に断食・断衣・断薬などで死を早めることは禁止されなかったというし，仏の供養や他者を救うために我が身を捨てる捨身は尊い行いとされたことがあった．

日本では，真言密教の即身成仏，すなわち修行者が死を待つことなく生身の

まま成仏するという考えに従い，行者が食を断ち，みずからの肉体をミイラ化させて即身仏となることも行われた．また，平安中期以降熊野を中心に行われた補陀落渡海は，観世音菩薩が住むと考えられた南海の補陀落をめざす，生還を期さない船出であった．『平家物語』には，一の谷の戦いに敗れ，逃れた屋島から脱出し，出家した後，妻子への思いを残しながら，極楽往生を信じ，27歳で那智の沖に入水した三位中将維盛の哀れな出来事が語られている．

また，切腹は太平洋戦争中の「かみかぜ」，すなわち特攻とともに日本人の自殺志向の強さの象徴的な表現形態として，欧米でも知られている．日本の切腹は，武士が敵の手にかかるよりも自ら死を選ぶ自害の方法として発達したもので，恥を嫌い名誉を重んじる武士道の美風として称揚された．ここで気をつけなければならないことは，切腹という慣習が，あたかも日本人全体に自殺志向が強いことの象徴として扱われかねないことである．切腹はあくまでも武家社会の規範による慣習であり，貴族や農民・庶民にはみられなかったし，武士といえども，いとも簡単に切腹したわけではなく，死が免れないものと自覚したときの最後の手段として行ったのである．

自分の所属する社会から異なる社会に赴き，その異なる文化のなかで特異な風習に出会ったとき，それを理解することは難しいものだ．またその特異な風習がその社会全体に蔓延しているものと誤解することも多い．それが他人からの伝聞であればなおさらのことである．このことは切腹の問題に限らず，前に述べたローマ人によって野蛮とみなされたゴート族やケルト人の風習についても，インドや日本における宗教的行為についてもいえることで，こうした例をすぐさま一般化して自殺志向が強いと決めつけてはならないのである．

そうしたことを踏まえると，自殺志向が全体に蔓延している社会などは考えられないのだが，しかし，自殺をどう評価するかについては，社会や時代や状況によって差異があり，英雄的行為とみなされたり，名誉ある死とされる場合から，犯罪者と同列におかれ，死後はずかしめをうける場合までさまざまあることがわかるであろう．

自殺の国際比較

　1966（昭和41）年に書かれた中久郎の「日本人の自殺」の冒頭は，「日本は戦前から世界でも有数の自殺多発国である」という文章で始まっている．たしかに1954（昭和29）年から1958（昭和33）年にかけての時期には，日本の自殺死亡率は世界のトップを記録している．とくに，1958年には，人口10万人比で25.7（男30.7，女20.8）と当時世界最高で，戦前戦後を通して国内最高の数値を記録している．また，こうした数字に加えて，前にのべた切腹や戦時中のかみかぜ攻撃や玉砕のイメージが，外国から自殺の多い国，あるいは自殺の好きな国民とみられる原因となっていたようだ．

　現在はどうであろうか．WHO（国連世界保健機構）の"World Health Statistics Annual"で，1995年の諸外国（主要22ヵ国）の自殺死亡率（人口10万対）を比較しよう．

　男女各年齢を合わせた総数で自殺率がもっとも高いのはロシアの41.5で，以下，ハンガリー32.9，フィンランド27.2，デンマーク22.3（1993年），オーストリア22.2，スイス21.4（1994年），フランス20.8（1994年），ベルギー18.7（1992年），日本17.2と続き，日本は主要22ヵ国中9位である．

　これを男女別に分けてみると，男が，ロシア72.9，ハンガリー50.6，フィンランド43.4，オーストリア34.2，フランス31.5（1994年），スイス30.9（1994年），デンマーク29.3（1993年），ベルギー26.7（1992年），ポーランド24.3，日本23.4と続き，日本は主要22ヵ国中10位となる．

　女は，中国17.9（1994年），ハンガリー16.7，デンマーク15.6（1993年），ロシア13.7，スイス12.2（1994年），フィンランド11.8，日本11.3と続き，日本は主要22ヵ国中7位である．

　つぎに年齢階級（10歳階級）別に，青少年，中年，高齢者の自殺率をみてみよう．青少年の自殺率を15～24歳で，中年の自殺率を45～54歳で，高齢者の自殺率を65歳以上と75歳以上で，それぞれ男女合わせた総数，男，女別で比較してみる．

まず，青少年について15～24歳の自殺率でみると，総数で自殺率がもっとも高いのはロシアの32.2で，以下，ニュージーランド23.0（1993年），フィンランド22.8，スイス17.9（1994年），オーストラリア15.8（1994年）と続き，日本は8.4で主要22ヵ国中17位とむしろ下位に位置している．

これを男女別に分けてみると，男が，ロシア53.7，ニュージーランド39.4（1993年），フィンランド36.6，スイス30.3，オーストラリア27.0（1994年）と続き，日本は11.3で主要22ヵ国中17位と下位である．

女は，中国20.1（1994年），ロシア9.8，フィンランド8.4，ニュージーランド5.9（1993年），日本5.5と続き，日本は主要22ヵ国中5位に位置している．

つぎに，中年について45～54歳の自殺率でみると，総数で自殺率がもっとも高いのはロシアの67.3で，以下，ハンガリー51.8，フィンランド37.6，デンマーク35.9（1993年），フランス28.5（1994年）と続き，日本は24.6で主要22ヵ国中9位に位置している．

男女別では，男は，ロシア121.7，ハンガリー84.2，フィンランド57.4，デンマーク44.6（1993年），ポーランド43.7と続き，日本は36.0で9位に位置している．女は，デンマーク27.0（1993年），ハンガリー21.7，ロシア18.4，中国17.4（1994年），フィンランド17.2と続き，日本は13.1で11位である．

終わりに，高齢者の自殺について，65歳以上の高齢者全体の自殺率と，75歳以上の後期高齢者に限った自殺率の両方をみてみよう．まず，65歳以上について，総数ではハンガリー68.2，中国54.8（1994年），ロシア46.4，デンマーク45.0（1993年），オーストリア43.0と続き，日本は30.9で9位に位置している．

男女別では，男が，ハンガリー112.9，ロシア90.8，オーストリア77.4，フランス66.9（1994年），スイス66.2（1994年）と続き，日本は38.2で11位となり，中間に位置しているが，女については，中国49.3（1994年），ハンガリー41.2，デンマーク33.7（1993年），ロシア27.2，日本25.9と続き，日本は5位である．

つぎに，75歳以上の後期高齢者についてみると，総数ではハンガリー96.0，中国72.3（1994年），オーストリア57.1，スイス50.6（1994年），フランス48.1

（1994年）と続き，日本は41.1で，ドイツと並んで，9位である．男女別では，男が，ハンガリー168.9，オーストリア121.4，フランス97.8（1994年），スイス95.8（1994年），ロシア93.9と続き，日本は53.2で11位の中間に位置している．女は，中国64.2（1994年），ハンガリー60.0，ロシア34.8，日本34.4，デンマーク31.6（1993年）と続き，日本は4位である．

　この統計から以下のことがわかる．男女各年齢を総合してみると，自殺率のもっとも高い国はロシアであり，それにヨーロッパの諸国が続き，日本は主要22ヵ国中9位で，世界有数の自殺多発国という言葉はもはや当たらないであろう．

　また，年齢階級別では，青少年を男女総合でみると，もっとも高いのはロシアであり，それにニュージーランド以下の諸国が続き，日本は主要22ヵ国中17位とむしろ低いほうである．しかし，女については5位に位置している．中年を男女総合でみると，ロシアを筆頭に，以下はヨーロッパ諸国が上位を占め，日本は9位で中間的位置にいる．高齢者では，65歳以上の高齢者全体と75歳以上の後期高齢者に限った場合と，いずれをみてもハンガリーが高い自殺率を示しているが，女については，中国がもっとも高く，日本も上位に位置している．

　ところで，自殺率の高い国についてのべてきたが，自殺率の低い国についても一言ふれておくと，主要22ヵ国中，総数で自殺率のもっとも低いのはイスラエルの6.5（男9.4，女3.6）で，2位がイングランド・ウェールズの6.9（男11.0，女3.0），3位がイタリアの8.2（男12.7，女4.0）（1993年）の順となっている．

　以上のべてきた自殺率の国際比較を，表6-1で確認したい．ここでわかるのは，一般に，性別では女よりも男のほうが自殺率が高く，また，年齢別では，ロシアのように中年に高い傾向がみられる国もあるが，全体としては年齢が高くなるほど自殺率が高まる傾向があるということだ．

　また，各国の自殺率の年次推移について，ここでは詳しくのべないが，ロシア，ハンガリー，中国についてだけふれておく．まず，自殺率世界一のロシアの統計は1965年の17.1（男28.4，女7.7）から開始されているが，1990年までは

表6-1　性・年齢（10歳階級）別自殺死亡率（人口10万対）の国際比較　―1995年―

国 年齢	日本	アメリカ合衆国	フランス	ドイツ連邦共和国	イタリア	イングランド・ウェールズ	カナダ	ハンガリー	中華人民共和国	ロシア
総数										
総　数	17.2	12.0	20.8	15.8	8.2	6.9	13.4	32.9	16.1	41.5
5～14歳	0.5	0.9	0.3	0.6	0.5	0.1	1.1	0.6	1.0	1.9
15～24	8.4	13.8	10.3	8.7	4.3	6.0	15.0	11.7	14.8	32.2
25～34	14.2	15.4	21.3	12.8	7.3	9.9	18.0	23.1	17.3	52.0
35～44	16.4	15.3	28.6	17.9	7.7	10.7	19.2	44.6	14.9	60.7
45～54	24.6	14.4	28.5	20.4	9.1	8.6	18.5	51.8	17.7	67.3
55～64	27.1	13.4	26.5	21.0	12.0	7.2	15.1	44.3	24.1	55.5
65～74	24.3	15.3	31.3	22.9	14.3	7.3	12.1	53.2	46.8	45.7
75～	41.1	21.8	48.1	41.1	21.8	9.1	12.2	96.0	72.3	47.9
男										
総　数	23.4	19.8	31.5	23.2	12.7	11.0	21.5	50.6	14.3	72.9
5～14歳	0.6	1.2	0.4	0.8	0.7	0.0	1.1	1.2	1.1	3.0
15～24	11.3	23.4	16.1	13.3	7.1	9.7	24.7	19.2	10.0	53.7
25～34	20.1	25.6	33.6	20.0	11.7	16.8	29.9	37.2	12.9	91.5
35～44	24.1	24.1	44.3	27.5	12.1	17.0	30.0	72.9	13.9	107.5
45～54	36.0	22.1	40.8	30.1	13.7	13.4	28.3	84.2	17.9	121.7
55～64	39.2	22.0	37.3	30.2	18.1	11.1	22.9	68.9	25.0	104.7
65～74	30.4	27.7	50.0	35.4	22.1	11.0	19.8	88.0	52.5	89.8
75～	53.2	50.7	97.8	83.3	44.6	15.2	26.6	168.9	84.5	93.9
女										
総　数	11.3	4.5	10.7	8.7	4.0	3.0	5.4	16.7	17.9	13.7
5～14歳	0.3	0.5	0.2	0.3	0.3	0.1	1.1	0.9	0.7	
15～24	5.5	3.7	4.3	3.9	1.4	2.0	4.9	3.8	20.1	9.8
25～34	8.2	5.1	9.0	5.1	2.9	2.7	5.8	8.6	22.1	11.4
35～44	8.6	6.7	13.0	7.8	3.4	4.2	8.3	16.8	16.0	15.0
45～54	13.1	7.0	15.9	10.4	4.6	3.7	8.6	21.7	17.4	18.4
55～64	15.7	5.6	16.4	12.0	6.4	3.5	7.4	24.8	23.0	17.9
65～74	19.5	5.4	16.3	14.4	8.1	4.2	5.6	29.9	41.6	23.0
75～	34.4	5.6	22.1	23.9	8.8	5.8	3.7	60.0	64.2	34.8

注）イタリアは1993年の数値、アメリカ合衆国、フランス、中華人民共和国は1994年の数値である。
原典）WHO「World Health Statistics Annual 1994, 1995, 1996」
出所）厚生省大臣官房統計情報部編『自殺死亡統計』財団法人厚生統計協会、1999年

旧ソビエト連邦の数値である．ソ連時代でもっとも高かったのは1880年の26.9（男45.4，女10.8）で，1990年の21.1（男34.5，女9.1）をもってソ連の統計は終わっている．注目すべきは，ロシアになってからの数値で，1991年26.6（男44.5，女10.7），1992年31.1（男53.2，女11.6），1993年37.9（男66.2，女12.9），1994年41.8（男74.1，女13.3），1995年41.5（男72.9，女13.7）と，5年でほぼ倍増している．なかでも男の自殺率の高さは，15～24歳以上のどの年齢階級でも共通しているが，とくに中高年の自殺率の高さは顕著である．ソ連崩壊後の社会と経済の混乱が背景にあるのであろう．

ハンガリーは1986年の45.3（男66.1，女25.9）を頂点として，その後いくぶん下降傾向を示しながら，1993年に35.9（男55.0，女18.3）となってロシアと逆転するまでは，自殺率世界一であった．1995年の32.9（男50.6，女16.7）という数値もいぜん世界2位の高さであるが，民主化以降ははっきりと減少傾向を示している．

中国の統計は1987年の17.6（男14.9，女20.4）から開始され，1994年の16.1（男14.3，女17.9）に至るまで，それほど大きな変化はないのであるが，中国の特徴は，女の自殺率が世界一だという点にある．とくに青少年の15～24歳の年齢階級においては，1987年32.7，1990年22.2，1994年20.1と下降しているものの，いぜん他国と比較するときわめて高い．また，65歳以上の高齢者においても女は，1987年58.5，1990年42.0，1994年49.3と推移していて非常に高率である．

現代日本の自殺

(1) 日本の自殺率の推移

日本における自殺の動向について，厚生省の『自殺死亡統計』によってみよう．

19世紀末から20世紀末まで，ほぼ百年間にわたる日本の自殺率の年次推移をみると，統計は1899（明治32）年の13.7（男16.9，女10.4）から開始されているが，戦前は，1901（明治34）年の17.7（男21.8，女13.5）から1938（昭和13）年

の17.2（男21.6，女12.9）まで，ほぼ17〜20の間を推移している．この間のピークは1932（昭和7）年の22.2（男27.8，女16.6）で，その前後の1930〜36（昭和5〜11）年は21〜22台で，緩やかな高原状態を示しているが，戦時下の時局が緊迫するにつれ，自殺率は低下を始め，1940年代前半は12〜13台（1944〜6年は大戦末期と敗戦直後で記録がない）で推移し，1943（昭和18）年には12.1（男14.7，女9.6）と戦前戦後を通しての最低を記録している．

　戦後の記録は，1947（昭和22）年の15.7（男18.6，女12.9）から始まる．1950年代にはいると上昇をはじめ，前にのべたように，1958（昭和33）年には25.7（男30.7，女20.8）と当時の世界最高で，戦前戦後を通して最高の数値を記録している．この時期の1955〜58（昭和30〜33）年の間は24〜25台で推移しており，ピーク時であったが，その後，1960年代にはいると減少に転じ，1967（昭和42）年には14.2（男16.2，女12.2）と戦後の最低を記録している．しかし，1970年代からまた上昇を始め，1972〜82（昭和47〜57）年の10年間は17〜18台で推移し，1983〜87（昭和58〜62）年の5年間は19〜21台に上昇し，1986（昭和61）年には21.2（男27.8，女14.9）を記録している．ところが，その後の5年間は再び減少に転じ，1991（平成3）年には16.1（男20.6，女11.8）となったが，1990年代は上昇に転じ，1997（平成9）年には18.8（男26.0，女11.8）となっている．

　図6-1は1899〜1997（明治32〜平成9）年の総数および男女別の自殺死亡率，それに総死亡率の推移をあらわしたものである．これをみると，総死亡率は第二次世界大戦後急激に低下しているが，自殺死亡率は，ほぼ一貫して人口10万人あたり20人前後で推移している．そのため，近年は自殺死亡率の総死亡率に占める割合が大きく増加していることがわかると思う．

(2) **年齢階級別からみた自殺**

　図6-2は性・年齢（5歳階級）別自殺死亡率を，1950（昭和25）・1960（昭和35）・1970（昭和45）・1980（昭和55）・1990（平成2）年・1997（平成9）年と年次比較したものである．これをみると，1950（昭和25）年と1960（昭和35）年では，男女ともに20〜24歳を中心に大きなピークができているのがわかる．

第 6 章 自　殺　111

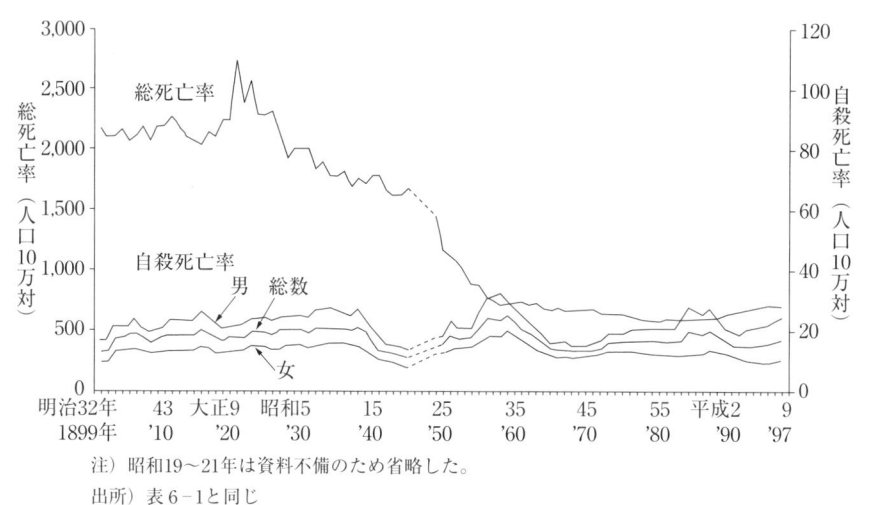

図 6-1　総死亡率および自殺死亡率の年次推移　—明治32～平成 9 年—

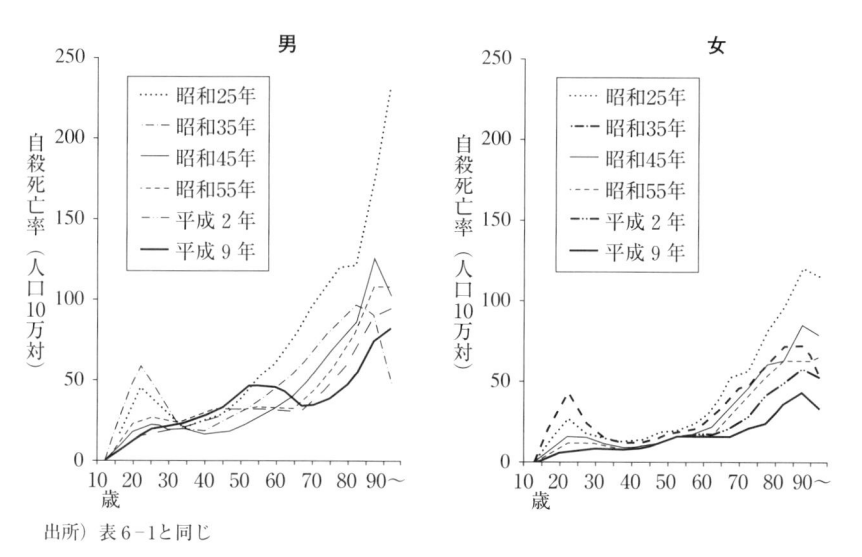

注）昭和19～21年は資料不備のため省略した。
出所）表 6-1と同じ

図 6-2　性・年齢（5 歳階級）別自殺死亡率の年次比較　—昭和25・35・45・55・平成 2・9 年—

出所）表 6-1と同じ

表6-2 性・年齢（5歳階級）別自殺死亡率（人口10万対）
　　　―1997（平成9）年―

年　齢	総　数	男	女
総　数	18.8	26.0	11.9
0～4歳	―	―	―
5～9	0.1	0.1	0.1
10～14	0.7	0.9	0.5
15～19	4.9	6.9	2.8
20～24	11.5	15.1	7.7
25～29	14.2	19.6	8.6
30～34	15.9	21.6	10.1
35～39	17.3	25.2	9.2
40～44	18.6	28.4	8.7
45～49	23.4	35.0	11.7
50～54	30.5	45.0	16.1
55～59	31.1	47.0	15.8
60～64	30.0	43.4	17.4
65～69	25.1	34.4	16.8
70～74	27.7	36.4	2.1
75～79	31.8	42.1	25.6
80～84	42.9	53.4	37.2
85～	51.8	76.8	41.3
65～（再掲）	31.6	41.0	25.0
80～（再掲）	46.7	62.4	39.0

出所）表6-1と同じ

　この2つの年は，間に1955～58（昭和30～33）年の自殺率のもっとも高かった時期をはさんでいるが，青少年の自殺の多発が，この時期の自殺率を高めていたと考えられる。

　ところが，1970（昭和45）年以降になると，青少年の自殺の多発はおさまり，1980（昭和55）年には45～49歳，1990（平成2）年・1997（平成9）年には50歳代の男を中心に，中年の自殺が目だつようになってきている。また，高齢者は，

他の年齢層と比較して，一貫して自殺率がもっとも高いが，近年は男女ともに低下傾向を示している．

つぎに，表6-2は1997（平成9）年の性・年齢（5歳階級）別自殺死亡率（人口10万対）を示したものである．これによって，青少年，中年，高齢者の自殺率の状況をみよう．

まず，青少年の自殺率は15～19歳で4.9（男6.9，女2.8），20～24歳で11.5（男15.1，女7.7）となっていて，青少年の自殺が多発した1955（昭和30）年の15～19歳31.7（男37.2，女26.1），20～24歳65.4（男84.1，女46.8）と比較すると激減している．近年，青少年の自殺がセンセーショナルに報道されることがあるが，実態としては自殺死亡数・死亡率ともに大きく減少傾向にある．

つぎに，中年の自殺率は45～49歳で23.4（男35.0，女11.7），50～54歳で30.5（男45.0，女16.1）となっていて，自殺多発期の1955（昭和30）年の45～49歳24.2（男32.1，女16.5），50～54歳28.1（男37.6，女18.6）にひってきし，とくに男の自殺率の高さは，当時をしのいでいる．

終わりに，高齢者の自殺率は65歳以上の高齢者全体で31.6（男41.0，女25.0），80歳以上だけでみると46.7（男62.4，女39.0）となっていて，自殺多発期の1955（昭和30）年の65歳以上63.8（男85.4，女56.4），80歳以上101.0（男123.8，女89.4）と比較すると半減している．

以上，青少年と高齢者の自殺については，1955～58（昭和30～33）年の自殺率のもっとも高かった時期以降は，減少傾向にあるのに対して，中年の自殺，とくに男に関しては，近年，増加傾向がみられることがわかる．

(3) **配偶関係からみた自殺**

有配偶（結婚している）であるか，未婚であるか，配偶者と死別しているか，離別しているかによって，自殺率に差がみられるであろうか．1995（平成7）年の統計でみると，男の有配偶者の自殺率は22.4，未婚者は25.7，死別した者85.3，離別した者135.8となっている．有配偶者と未婚者はいずれも年齢が高くなるほど自殺率が高くなる傾向があるが，未婚者はとくにその傾向が強く，50

〜59歳で99.9，60歳以上では107.5と高くなっている．配偶者と死別・離別した者は，有配偶者や未婚者と比較して，年齢にかかわらず自殺率が高いが，死別者の50〜59歳は86.2，60歳以上は85.2と未婚者の同じ年齢階級の数値を下回っている．また，離別者の50〜59歳は169.4で，性・年齢（10歳階級）・配偶関係別でみた自殺死亡率のなかでもっとも高い．

女の有配偶者の自殺率は10.2，未婚者は10.1，死別した者30.0，離別した者27.1である．女の場合も未婚者は年齢が高くなるほど自殺率が高まる傾向があるが，60歳以上で31.1となっていて，男ほどではない．また，死別者の60歳以上は31.2で，女の年齢（10歳階級）・配偶関係別でみた自殺死亡率のなかでもっとも高い．

(4) **職業からみた自殺**

15歳以上の男について，職業（大分類）別自殺訂正死亡率（人口10万人対）を，1985（昭和60）年の統計でみると，就業者総数では23.5なのに対して，無職の者は151.7と6倍以上にもなっている．また，就業者を職業（大分類）別にみると，採掘作業者が120.9でもっとも高く，農林漁業作業者57.0，サービス職業従事者29.4と続いている．それに対して，自殺率の低い職業には，技能工・生産行程作業員および労務作業者17.5，専門的・技術的職業従事者18.1などがある．やはり，無職も含め，生活保障の不安定なものほど自殺率が高くなるといえよう．

(5) **都道府県別からみた自殺**

都道府県別自殺年齢調整死亡率（人口10万対）（都道府県ごとの年齢構成の差を取り除いて比較したもの）を，1995（平成7）年の統計でみると，自殺率の高い県は，男では，1位が秋田36.6，2位が沖縄35.7，3位が岩手31.6で，以下，宮崎31.4，島根30.5と続いている．女では，1位秋田15.0，2位島根12.4，3位宮崎12.0で，群馬11.4，新潟11.3がそれに続いている．それに対して，自殺率の低い県は，男では，奈良14.6，滋賀17.0，岡山17.5，宮城17.6，岐阜17.7と続き，女では，沖縄6.3，静岡6.6，岡山7.0，滋賀7.8，福岡7.9の順になっている．

ここで男の1位と2位を占める秋田と沖縄は，1975（昭和50）年には前者が32.9，後者が23.0であった．20年間で増加しており，とくに後者の増加傾向は顕著である．秋田は女の自殺率も1位であるが，1975（昭和50）年には20.8であったので低下傾向を示している．沖縄は女の自殺率は全国最低となっている．

(6) 原因・動機からみた自殺

警察庁生活安全局地域課「自殺の概要」から，1997（平成9）年に発生した自殺の原因・動機をみると，もっとも多かったのは病苦等で全体の37.1％を占め，以下，精神障害17.8％，経済生活問題14.6％，家庭問題8.6％，勤務問題5.0％，男女問題2.6％，アルコール依存症1.0％，学校問題0.8％，その他5.7％，不詳6.6％となっている．男女別では，男が，病苦等33.3％，経済生活問題19.5％，精神障害14.0％，家庭問題7.6％，勤務問題7.0％の順で，女が，病苦等45.1％，精神障害25.8％，家庭問題10.7，経済生活問題4.4％，男女問題3.0の順となっており，男の場合は経済生活問題や勤務問題が相対的に高い率を占めるのに対して，女の場合は病苦等，精神障害，家庭問題で80％を超えてしまうのが対照的である．また，年齢別でみると，病苦等は年齢が高くなるほど多くなり，精神障害は50歳代がもっとも多い．経済生活問題は50歳代，ついで40歳代に多く，男において顕著である．

(7) 手段・場所・月別からみた自殺

1997（平成9）年に発生した自殺の手段・場所・月は以下の通りである．自殺の手段としてもっとも多いのは縊首（首をくくって死ぬこと）で男で64.1％，女で55.5％といずれも過半数を占め，次いで，飛び降りが男で9.5％，女で13.3％となり，以下，男はガス6.9％，薬物4.9％，溺死3.3％，飛び込み3.1％，女は溺死9.0％，薬物8.5％，飛び込み4.1％，ガス2.1％の順となっている．

自殺の場所でもっとも多いのは自宅で49.5％と半数に近い．自宅以外の場合はさまざまであるが，海（湖）河川7.8％，山6.2％，高層ビル5.9％，乗物4.7％となっており，河川・海・湖沼では溺死，山では縊首，高層ビルでは飛び降り，乗物は車中でのガス自殺が多い．

自殺の多い月は，4・5・6月であり，とくに5月は1日平均自殺死亡数70.2人でもっとも多い．一方少ない月は，1月の1日平均56.5人と2月の同57.0人である．

おわりに

以上，自殺についてその定義，歴史，国際比較，現代日本における特徴などについてのべてきたが，それらを通して大部分の社会や時代に共通することと，ある社会や時代の特殊性に照らし合わせて考察しなければならないことの2つの側面が存在することがわかると思う．たとえば，性別では女よりも男のほうが自殺率が高いということや，年齢別では，年齢が高くなるほど自殺率が高まる傾向があるということなどは前者のよい例であり，一般化できる点であると考えられる．この2つの点にも社会的要因が作用するが，生物学的条件から起因する要素もまた作用しているからであろう．それに対して，近年のロシアにおける自殺率の急増や，ハンガリーにおける漸減傾向などについては，ロシアやハンガリーの社会や時代の特殊性に照らし合わせて考察しなければならないだろう．近年の日本における漸増傾向についても同じことがいえる．

自殺はなんとかして減らさなくてはならない社会現象である．どうすれば自殺の少ない社会を実現できるであろうか．デュルケームは『自殺論』のなかで，つぎのようにのべている．

「要するに，凝集度の高い活気にみちた社会では，全体から各個人へ，また各個人から全体へと観念や感情のたえざる交流があり，これがいわば精神的な相互のささえとなって，個人を自分ひとりの力に還元してしまわず，集合的なエネルギーに参加させ，自分一個の力がつきたときにもその集合的エネルギーのなかで活力を回復させることができる」（デュルケーム，1985, p.249）．

このような社会が実現されたとき，社会現象としての自殺は減少する方向に向かうことであろう．

引用・参考文献

デュルケーム,É. 著（宮島喬訳）『自殺論』中央公論社　1985年
ショウペンハウエル, A. 著（斎藤信治訳）『自殺について他四篇』岩波書店　1952年（1979年改版）
中久郎「自殺」大橋薫・大藪寿一編『社会病理学』誠信書房　1966年　79-97ページ（「日本人の自殺」と改題して宝月誠・大村英昭・星野周弘編『リーディングス日本の社会学13　社会病理』東京大学出版会　1986年に再録　104-116ページ）
厚生省大臣官房統計情報部編『自殺死亡統計』財団法人厚生統計協会　1990年，1999年
警察庁生活安全局地域課「自殺の概要」各年版
宮島喬『デュルケム自殺論』有斐閣　1979年
米川茂信『現代社会病理学──社会問題への社会学的アプローチ』学文社　1991年

Part II

家族と社会をめぐる生活問題

第7章　パートナー関係

家族的生活者と非家族的生活者

　ここに引用した文は，大正14年の『社会政策時報』62号に載った戸田貞三の「家族的生活者と非家族的生活者」の最後部である．この論文は，大正9年10月に実施された第一回国勢調査の結果を考察したものであるが，驚いたことに，私たちが，今直面している家族の変化の方向をすでに予見している．

　あなたは，この文章が第二次世界大戦前の電算機（コンピューター）もなかった時代に手で集計された結果から導き出された知見であることが信じられますか？

　我國民一般の生活形式が次第に都市化せんとしつゝあるのを以て觀るならば，此東京市の非家族的生活者存在の傾向は，やがて將來我國民全般の上に來るべきものを，或る程度に於て暗示しつゝあるのではなからうか．

　此様に考へて來ると，我國は家族的集團生活，近親者の團體生活に非常な興味を嘗て持ち，又現在持つて居るとは云へ，（好んでか又は止むを得ずしてかは暫く別として），將來に於ては，事實上自己の家族的集團の内に生活しないものが，相當多く出來るのではなからうか．又或は全く自己の家族團體なるものを持たないものが，比較的多く出來るのでなからうか．此様な非家族的生活者の増加は，やがて家族生活其自身に對する興味の減殺を伴ひ易いものではなからうか．此點に關しては尚多くの疑問が存在し得るとは云へ，兎に角非家族的生活者の増加は，家族生活に對する執着を減退せしむる，一放水路となり得るのではないか．　　　　（八月十日稿）

　　　　　　　『戸田貞三著作集』第一巻　大空社　1993年

第 7 章　パートナー関係　121

絵：猿田晶子

キーターム

非　婚　結婚していない独身状態のこと．いつか結婚することを前提として結婚していない人のことを「未だに結婚していない（未婚）」と表すのではなく，結婚する意思がない人も含めて「結婚している状態には非ず（非婚）」というように表すために使う．「未婚」という表現が一般的であるため，非婚を使う場合は，結婚する意思がないことを積極的に表す場合が多い．

晩婚化　初婚年齢の平均がだんだん高年齢になっていく現象や傾向を表わす．婚姻せずに子どもを産む女性の比率が現在でも低い日本では，晩婚化が出生児数の低下を引き起こす主要因と考えられているので，この脈絡で話題にされやすい．

パートナー関係の「生活問題」とは何だったのか

「家族と社会をめぐる生活問題」として，パートナー関係にはどのような課題が考えられるのだろうか．

1970年代後半であれば，「生活問題」と家族の関係でテーマとなったのは，経済的な貧困問題，労働災害をうけた家族の困窮といった労働問題に原因のある困難が躊躇なくあげられたに違いない．また，「パートナー関係」といえば夫婦関係を意味していて，その関係の破綻である「離婚」は，家族解体の原因でもあり結果でもある病理と捉えられた．

ところが，ここで列記したような「生活問題」を，「現代の生活問題もここにある！」と21世紀に突入した今日，リアリティをもって実感することができるだろうか．たとえば夫婦関係の破綻という意味から「離婚」を考えても，離婚に至るまでの葛藤やその後の生活の変化についての問題点や困難は指摘できるだろうが，離婚したこと自体を逸脱や「家族の病理」と捉える視点はすでに支持されなくなっている．

さらに今日，パートナー関係を考えるならば，家族と関わりあるところに限ってみても，非婚・同棲のカップルや同性愛カップルのパートナーシップについても触れたくなってくる．しかし，これらのパートナー関係を「生活問題」という視点から捉えた場合，存在そのものを問題視するわけにはいかない．なぜなら非婚であれ，同棲のカップルも同性愛カップルも存在それ自体は，逸脱行為とも「社会病理」とも捉えられないからだ．

それでは，「家族と社会をめぐる生活問題」として，パートナー関係にはどのような課題が考えられるのだろうか．賢明なみなさんはもうおわかりになったに違いない．本章で扱う「生活問題」は，新たに登場してきた家族内の暴力といった「不幸」と直接につながりうる，衆目の一致するような社会問題ではなく（家族内の暴力については，第8章で取り上げられる），一見「個々人の勝手」でやっている普通の出来事の問題性を取り上げることとしたい．言い換えると，これは「よその家のこと」，「お国が考える問題」（少々古い表現だが……）と思

っていることが，実は私たち自身の「生活」のゆくえを左右する「問題」だったと知ることが課題だ，ということだ．ただし今日でも，日本の社会における生活の単位はやはり「家族」にあるので，「生活問題」を「家族問題」と関わるパートナー関係に絞ってみていくこととした．

未婚化はどんな「問題」なのか

　家族の形成という視点から捉えると，結婚は重要なテーマである．だから結婚していない人の割合，すなわち未婚者の割合（未婚率）が高くなっていく傾向「未婚化」が進行しているということは，家族形成のあり方に何らかの変化が起こったのではないか，その兆しなのではないか，と考えやすい．

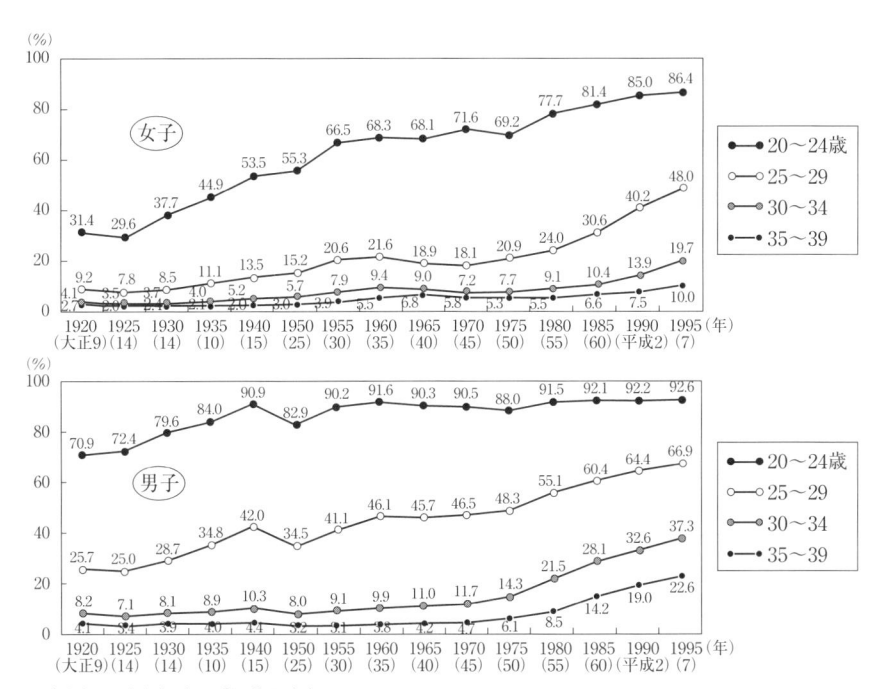

資料）総務庁統計局「国勢調査」
出所）厚生省監修『厚生白書』（平成10年版）ぎょうせい，1998年，24ページ

図7-1　年齢別未婚率の推移

10年くらい前から「未婚化」という用語が，政府の統計や国勢調査，「～白書」のような出版物のなかでもよく取り上げられるようになってきて，何らかの課題をもつ変化であることはわかる．しかし，国勢調査の結果（『厚生白書』，1998）（図7-1）からもわかるように，未婚率の上昇は1970年代から始まっていて，10年前から急に進行したわけではない．それでは，なぜ未婚化が10年くらい前から注目されるようになったのだろうか．
　未婚化が進む要因として，生涯結婚をしないというような「非婚」化が進むことと，これまでであればすでに結婚している人の割合が高くなっている年齢層の人たちがまだ結婚していない「晩婚」化が進むことが考えられる．前者の「非婚」は，後で詳しくみていくが，既存の統計等からは把握しにくいものであり，実際の数も少数である．また結婚の替わりに非婚や同棲というライフ・スタイルを選ぶ人たちが増加するといった現象も，西欧諸国では進んでいるが，日本の社会ではさほど進展していない．とするなら，日本の未婚化現象で問題視されているのは，「晩婚化」ということになる．
　それでは晩婚化は，どのように進んでいるのだろうか．
　国勢調査結果（図7-1）をみると，1995年時点で30歳代前半の男性の37.3％，女性の19.7％が未婚である．これは現在30歳前後の人たちの親世代が30歳代にさしかかった時期に相当する1965年の30歳代前半男性や女性の未婚率（男女ともおおよそ1割）と比較すれば，非常に高い数値であることがわかるだろう．個人にとって，結婚するしないは重大な出来事ではあるが，結婚しないからといって「不幸」な人生になるとはいえないし，結婚適齢期といった考え方もだんだん廃れてきて，したいときが結婚適齢という考え方も支持されるようになってきた．にもかかわらず晩婚化を問題視するのはなぜだろうか．
　それは，結婚することは個人的な出来事ではあるが，それと同時に個人の意図や目的とはかかわりなく，結婚が社会に対してもつ客観的な作用・機能があるからなのだ．たとえば，結婚するときや子どもを産むとき，その目的を自分たちの生活する社会の維持のために，また社会成員の確保にむけて「国民の責

務」を果たすと考える人はいない．しかし社会成員がどんな個人的な意図や目的をもって子どもを産んだとしても，社会にとっては，社会成員の確保という目的の達成という客観的な機能が果たされたことになる．

婚外子出産が極端に少ない日本社会では，結婚時期が遅くなることが出産開始時期を遅らせることになっている．だから晩婚化は，出生率を引き下げる原因となるから，少子化を促す主要因として，ひいては人口の高齢化を推進する要因となるので問題視されるのだ．

非婚化は進むのか

非婚についてももう少し詳しくみてみよう．非婚は生涯1人で生きていくライフ・スタイル，法律婚はしない（婚姻届は出さない）が異性との共同生活を継続していくライフ・スタイルや同性（たとえば同性愛カップル）との共同生活をするライフ・スタイルなど，今日ではどのライフ・スタイルも以前ほどは否定的な調子で扱われるわけではなくなってきている．しかしこれらは従来の標準とされるライフ・スタイルとは異なるので，標準家族（世帯）を基準に行われる政府関連の全国調査には統計上の分類項目にはのってこない．

たとえばアメリカのように同棲世帯率（男女の共同世帯中に占める同棲世帯の割合）が1994年には6.3％になり，1980年から1984年の間に結婚した人の同棲経験率が初婚者でも44％，再婚者は60％になる社会では，結婚前に同棲することは珍しいことではなくなっていて，「同棲世帯率」が統計上明らかになっているように，同棲という事態そのものが常態視されている．さらにスウェーデン社会では，結婚した人の99％が同棲を経験しており，1987年には『同棲法』（『サムボの共同住居に関する法律』）が制定されて，婚姻とは違った非法律婚の男女の短期的ではない同棲（サムボとよばれる）関係に適用されている（善積，1997・1998）．このような社会であれば，日本では実態が把握されにくい同棲ですら，多数派に転換するだけでなく，公的な機関によって実態が把握されることも当たり前になってくる．

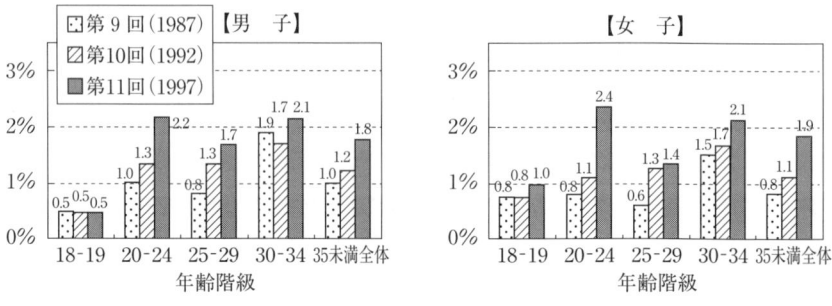

注）対象は18歳以上35歳未満の独身男女（離別者，死別者を含む）で男子第9回（1987年）3,379人，第10回（1992年）4,328人，第11回（1997年）4,073人，女子第9回 2,695人，第10回 3,787人，第11回 3,770人．
出所）岩澤美帆「人口統計分析手法独身青年層の同棲の現状」『統計』50-6，1999年，71ページ

図7-2　独身者に占める現在同棲している者の割合

　それでは，現在の日本において同棲の実態はどのように把握できるのだろうか．今のところは非法律婚も，同棲についても，アメリカやスウェーデンのような公式の全国統計には項目がないのが実状だ．そこで「出生動向基本調査」からみられる限りで捉えてみると，独身者のうち現在同棲している者の割合は，日本においても実数・割合ともに上昇してきている．ただし1997年11回調査でさえ35歳未満全体で男性の1.8％，女性の1.9％と全体のなかでは少数派にすぎない．

　さらに，同調査では現在同棲中の未婚男女に「生涯の結婚の意思」を尋ねているが，男性で94％，女性で98％が「いずれ結婚するつもり」と回答している（岩澤，1999）（表7-1）．このような結果からは，アメリカやスウェーデンのように婚姻に替わる結婚のスタイルとして同棲という形態がもうひとつの選択肢となっていく変化とは読みとれない．

📞 シングル・ライフのゆくえ

　日本のような皆婚社会では，結婚することが当たり前で，「一生結婚するつもりがない」という意志を貫く生き方は問題視されてきた．前出の「出生動向基本調査」（第11回，1997年）の独身者調査でも，「自分の一生涯を通じて考え

表7-1 未婚者の生涯の結婚意思

生涯の結婚について	男子				女子			
	第8回(1982年)	第9回(1987年)	第10回(1992年)	第11回(1997年)	第8回(1982年)	第9回(1987年)	第10回(1992年)	第11回(1997年)
いずれ結婚するつもり	95.9%	91.8%	90.0%	85.9%	94.2%	92.9%	90.2%	89.1%
一生結婚するつもりはない	2.3	4.5	4.9	6.3	4.1	4.6	5.2	4.9
不詳	1.8	3.7	5.1	7.8	1.7	2.5	4.6	6.0
総数(標本数)	100.0%(2,732)	100.0%(3,299)	100.0%(4,215)	100.0%(3,982)	100.0%(2,110)	100.0%(2,605)	100.0%(3,647)	100.0%(3,612)

設問 「自分の一生を通じて考えた場合,あなたの結婚に対するお考えは,次のうちのどちらですか.」
 1.いずれ結婚するつもり, 2.一生結婚するつもりはない
出所)国立社会保障・人口問題研究所
 『第11回出生動向基本調査・独身者調査の結果概要』1997年,2ページ

た場合,あなたの結婚に対するお考えは,つぎのうちどちらですか」という結婚の意思を聞く質問に対して,「一生結婚するつもりはない」と回答した者は,第8回調査から第11回調査までみても,男性で微増の動きはあるものの,割合では全体の5～6%に過ぎない.およそ9割は「いずれ結婚するつもり」と回答していて,生涯1人で暮らすことを積極的に選択する者は現在でも少数である(表7-1).

シングル・ライフの浸透という点を考えるならば,今日の家族をめぐるパートナー関係に変化を促す要因となりそうな変化はむしろ,一人暮らしの高齢女性の増加と,外観からはシングル・ライフとは捉えられないが,親に寄生して生活している未婚の子ども層の存在であろう(佐藤,2000).

子どもを産まない夫婦はどれくらい存在するか

一時期マスコミでDINKs（Double Income No Kids）と表現されるライフ・スタイル,すなわ夫・妻ともに収入があり,子どもをもたないライフ・スタイルが話題となったが,日本の場合,生涯にわたって子どもをもたなかった夫婦は

表7-2 調査別にみた結婚持続期間別,出生子ども数0人の夫婦割合

結婚持続期間	第8回 (1982年)	第9回 (1987年)	第10回 (1992年)	第11回 (1997年)
0～4年	38.9%	32.5	38.9	42.6
5～9年	4.3	4.8	8.6	10.3
10～14年	2.5	3.3	4.8	5.5
15～19年	3.2	2.8	3.1	3.7
20～24年	2.2	2.1	2.8	2.3
25年以上	3.8	2.2	1.9	1.3

出所) 国立社会保障・人口問題研究所
『第11回出生動向基本調査・夫婦調査の結果概要』1997年

表7-3 調査別にみた結婚持続期間別,平均出生児数

結婚持続期間	第8回 (1982年)	第9回 (1987年)	第10回 (1992年)	第11回 (1997年)
0～4年	0.80人	0.91	0.80	0.71
5～9年	1.95	1.96	1.84	1.75
10～14年	2.16	2.16	2.19	2.10
15～19年	2.23	2.19	2.21	2.21
20～24年	2.24	2.31	2.21	2.24
25年以上	2.32	2.36	2.31	2.19

出所) 表7-2と同じ

どのくらいいるのだろうか.

「出生動向基本調査」(第11回 1997年)の夫婦調査によれば,子どもをほぼ産み終えたと考えられる結婚持続期間15～19年の夫婦で,子どものいない夫婦の割合は3.7%にすぎない.この調査の第8回から11回まで結婚継続期間別に出生子ども数が0人の夫婦割合(表7-2)をみると,第9回(1987年)以降は少しずつ多くなってきている.しかしこの傾向は,必ずしも,生涯子どもをもたないという意思やその実態を表すものではない.結婚継続期間が0～4年,5～9年の夫婦の出生過程も遅れてきているので,晩産化の現れともとれる変化である(表7-3).

さらに,夫婦の完結出生児数は1970年代以降2.2人と安定していることも見

落としてはならない．合計特殊出生率の低下が指摘されて，「女性が子どもを産まなくなった」と出生数や出生数の低下を問題視する人もいるが，夫婦の間に産まれている子どもの平均数は，変わっていないことを示している．このような統計的な動向を総合してみると，「子どもを産まない」ライフ・スタイルを選択した人たちは現在においても増加傾向にあるとはいえないかもしれない．

未婚化や非婚・晩婚化，事実婚，子どもを産まない夫婦はどのような「社会問題」か

　生活問題が，社会問題の一部分であるとすれば，今日では未婚や非婚，晩婚化，事実婚，子どもを産まない夫婦それ自体はどのような社会問題と位置づけられるのだろうか．個人の選んだライフ・スタイルとして許容されつつあるこれらの形態は，はたして「社会問題」なのだろうか．

　今日の家族の変化を「ひとつの支配的な家族モデルから別の支配的モデルへ」の変化の最中とみるか，「ひとつの支配的家族モデルの時代からいくつもの多様な家族のかたちが共存する時代への変化」とみるかによって，これまでみてきた非婚，非法律婚，子どもを産まない夫婦の存在が違った意味を帯びてくる（渡辺，1990）．

　現在の日本社会において，非婚，非法律婚，子どもを産まない夫婦の存在は少数派であり，急速な量的拡大を経て多数派になっていく兆候がみられるとはいいがたかった．もし時代が，「ひとつの支配的な家族モデルから別の支配的モデルへ」の変化という帰結をたどるとすれば，今後主流となる家族モデルと非婚，非法律婚，子どもを産まない夫婦といったスタイルがどれほどズレているかを問い，モデルからのズレが大きければ大きいほど，深刻な社会問題（病理）と位置づけられるだろう．しかしながら今日の変化は「ひとつの支配的家族モデルの時代からいくつもの多様な家族のかたちが共存する時代への変化」であるとすれば，今日では少数派のスタイルであったとしても「社会の変化にともなうさまざまな事態に対応できる家族の選択肢」の有力な一形態と位置づ

けられることになろう．この場合，「今後主流となる家族モデル」の想定は意味をもたないし，現在主流派と考えられている，「夫婦と 2 人の子どもからなり，夫が働き妻が家事育児を担うという家族を中心としたライフ・スタイル」からどれほど離れた形態か，というズレを指標として位置づけをしたところで，モデルを設定すること自体の有効性が低下し，社会の機能要件もかわるので，「問題」が無化していくこととなるだろう．しかしこれが家族「問題」の解決と考えるわけにはいかないし，個々の「困難」が解消されることを意味しているのでもない．ただ同時に，全体社会が「離婚」を家族の病理と捉えなくなっていても，ある特定の個人が準拠している集団（たとえば，離婚はとても悪いことだと考えている人が多い親戚）のなかで生活していれば，当の個人の離婚は，親族内では逸脱行動と捉えられ，そのサンクションはうけることになる．また家族内役割の代替えができなかった事例となればそれもまた生活し続ける「元」家族にとっては，解体的状況に他ならない．これらの出来事は，時代を超えて「困難」として生じ続けるだろう．

　個々人の生活上生じる「困難」と社会解体につながる潜在的社会問題とを見分けていくことはむずかしいが，生活上の困難が，「誰にとって」，どのような「基準」から捉えられる生活「問題」かを意識して顕在化してみることが，個々人の生活上の「困難」の解消にも，とりあえずは有効であろう（神原，1988）．それは，家族のあり方にかかわる価値観の変化を相対化し検討するこころみでもあり，変化のただなかにある日本の家族には，この変化をどう捉えるかが「問題」を「問題」として決定することにもなるのだから，「困難」解決の戦略にもなるだろう．

　離婚自体が解体的であるかどうかは，自分たちの生活している社会がどのような価値を家族に課しているのかによって異なってくることは，同棲や離婚の意味が，日本と違うアメリカ社会やスェーデン社会の例からも推察できるだろう．再婚率の高いアメリカでは離婚が家族の解体であるとはもはやいえないが，結婚自体の画一的モデルがみあたらなくなったために，さまざまな家族の試み

が繰り返される事態となっていることも忘れてはならない．このように家族のモデルの確認しにくい社会では，家族という存在が心理的な安定の場を作り出す機能をもつという，日本の社会ではまだ信じられている要件でさえ無効にしてしまうことにも気づかねばならない（岡田，2000）．

非婚についても，皆婚制の社会であれば，一生涯「シングル」であることは，特殊なライフ・スタイルで問題視される存在であるが，家族生活が人の一生のなかで，ある時期に，ある特定の個人的つながりをもつ人びととでつくるもので，生涯を通じて家族のメンバーで居続けることが当たり前ではない社会となってくれば，現在感じているような「困難」は軽減されていくだろう．

このような社会では，配偶者選択やパートナー形成が婚姻だけに特定される社会ではなくなるだろうし，さりとて結婚が脱制度化すなわち，結婚に関する規範（慣習）を無規範化しているわけではないが，少なくとも唯一の強固な規範から相対的に緩やかなそれへと変化することは確かだろう．

引用・参考文献

厚生省／監修『厚生白書』（平成10年版）　ぎょうせい　1998年

岩澤美帆「人口統計分析手法　独身青年層の同棲の現状」『統計』50‐6号　1999年

国立社会保障・人口問題研究所『第11回出生動向基本調査　結婚と出産に関する全国調査　夫婦調査の結果概要』
　http://www.ipss.go.jp/japanese/doukou11/doukou11.htmL

国立社会保障・人口問題研究所『第11回出生動向基本調査　結婚と出産に関する全国調査　独身者調査の結果概要』
　http://www.ipss.go.jp/japanese/doukou11/single.htmL

善積京子『〈近代家族〉を超える　非法律婚カップルの声』青木書店　1997年

善積京子編著『スウェーデンの高齢者福祉―変わる家族の絆―ビデオサブテキスト』M&Kメディア文化研究所　1998年

善積京子編『結婚とパートナー関係――問い直される夫婦――』（シリーズ　家族はいま…1）ミネルヴァ書房　2000年

佐藤友光子「第6章　シングル・ライフ」増子勝義編著『新世紀の家族探し―おもしろ家族論』学文社　2000年

渡辺秀樹「家族変動の中の家族問題」岩内亮一編著『社会問題の社会学』学文社

1990年
神原文子「第3章　社会解体論　a夫婦の解体」四方壽雄・山口透・藤田弘人編著『現代の社会病理学』学文社　1988年
岡田光世『アメリカの家族』(岩波新書)　岩波書店　2000年

第 8 章　夫婦間暴力と児童虐待

北京宣言及び行動綱領実施のための更なる行動とイニシアティブ
（いわゆる「成果文書」）

　今なお女性は様々な形態の暴力の被害者である．女性や少女に対するあらゆる形態の暴力の根本原因に関する理解が不十分であることが，女性や少女に対する暴力根絶の妨げとなっている．適当な場合には，暴力によらずに問題を解決できるようにする計画を行うなど，加害者を対象とした包括的な計画が欠如している．また，暴力に関するデータも不十分で，情報に基づいた政策や分析ができない．差別的な社会文化的風潮や経済力の差が，社会において女性を従属的立場に追いやっている．こうした土壌があるため，女性や少女は，殴打，家庭内の女児に対する性的虐待，持参金に関連した暴力，夫婦間のレイプ，女性性器の切除その他女性に有害な伝統的習慣，配偶者以外による暴力及び搾取絡みの暴力を含む，家庭内で起こる肉体的，性的及び心理的暴力といった，様々な形の暴力を受けやすくなっている．医療制度，職場，メディア，教育制度，司法制度間の暴力に対する調整を図った学際的取組が，まだあまり進んでいない国が多い．夫婦間の性的暴力を含むドメスティック・バイオレンスがいまだに私的な問題として扱われている国もある．ドメスティック・バイオレンスの影響，その防止方策及び被害者の権利に対する認識がいまだ不足している．改善はしているものの，ドメスティック・バイオレンスや児童ポルノなど女性や子供に対する様々な形の暴力根絶のための，特に刑事司法における法的及び立法的措置が弱い国が多い．また，依然として予防戦略が統一性を欠き事後対応的である上に，こうした問題に対応する計画が欠如している．また，女性や子供のトラフィッキング（人の密輸）やあらゆる形態の経済的・性的搾取のために，新しい情報・通信技術が利用されることから問題が発生している国があることも報告されている．

国連特別総会「女性2000年会議」（2000年6月5日～10日）のアドホック全体会合に関する報告書（2000年9月公表）から

総理府仮訳

🗝 キーターム

人権 人間が人間として固有にある権利．実定法が制定される以前の自然状態にすでに認められた人としての基本的な権利．日本国憲法では第11条に基本的人権の定めがある．

心的外傷（トラウマ） 生活において苦痛や脅威と感じられるような，思いもかけない出来事のこと．出産外傷，性的虐待，身体的暴力，手術，交通事故などがその例である．

外傷後ストレス傷害（PTSD） 心的外傷（トラウマ）となる危機体験に直面あるいは目撃することによって強い恐怖感や無力感をおぼえ，その出来事が突然フラッシュバックとして再体験（再演）されたり悪夢となったりするなどの症状が3カ月以上持続するような精神障害．

暴力の連鎖 ひとつの暴力が，他の家族成員に転化して出現したり，次世代の家族関係のなかに伝達されたりする現象．

用語の問題

　夫婦間暴力も児童虐待も家庭という空間のなかでふるわれる暴力（ないしは不適切な取り扱い）という点で共通している．しかし，わが国で家庭内の暴力といえば，1970年代ころから注目されるようになった思春期・青年期の子どもたちによる親への暴力のことを指し，それは「家庭内暴力」という名称でよばれていた．ところが最近になって，夫婦の間（とくに夫から妻へ）の身体的精神的暴力や，親や養育者から子どもへの暴力もしくは不適切な養育が大きな社会問題として注目されるようになった．とくに前者については，夫やパートナーから女性の人権を侵害するさまざまな暴力を，「ドメスティック・バイオレンス（DV）」という言葉で表現されことが多くなっている．

　しかしながら，ドメスティック・バイオレンスを日本語に直訳すると，「家庭内暴力」と翻訳できるため，ドメスティック・バイオレンスという言葉が子どもから親への暴力を指すかのように誤解されかねない危険がある．そこで本章では，用語の混乱を避けるため，夫婦の間でふるわれる暴力はそのまま「夫婦間暴力」とよび，親から子どもへの暴力や不適切な養育については，これまでのように「児童虐待」とよぶことにする．

　本章では最初に，これら夫婦間暴力と児童虐待が今日までにどのように問題視されるようになってきたかについての歴史的経緯を大まかに振り返る．そしてその後，最近公表された調査結果等を参考にしながらこれらの実態や特徴を把握し，さらにこれら家庭内で起こる2つの病理現象の接点を探っていきたい．

市民運動と法制化の動向

(1) 夫婦間暴力の動向

　私は，かつてアメリカのオークランドという都市で家族と暮らしていたことがある．4階建てのコンドミニアムの2階に住んでいた．ある日のこと，同じ階に住むアメリカ人夫婦の妻が血相をかえて私たちの部屋に駆け込んできた．電話を貸してくれというのである．いつもはきちんとした身だしなみをしてい

る女性だったが，そのときばかりは勝手が違っていた．顔はアザだらけで憔悴しきっており，尋常でないことは一見してわかった．彼女は私の部屋に入るなり，すぐに警察に緊急電話をかけた．それからまもなくして，私たちの住むコンドミニアムの入り口付近にパトカーが何台もやってきて，彼女から事情を聞いた警官数名がすぐさまその夫婦の居室になだれ込み，部屋にいた夫を逮捕した．まことに手際がよかった．逮捕の理由は，妻に対する夫の暴力である．1993年の寒い日のことだった．

　夫婦間暴力は，1970年代のアメリカの女性解放運動により社会問題として認知されるようになり，暴力の被害に遭った女性のためのシェルター（緊急一時避難所）が各地に設置され，被害者に対する救済運動が広まった．そして，1980年代には夫婦間の暴力を禁止する法律が整備され，被害女性への公的支援とともに，暴力にさらされた子どもへの援助，さらには暴力をふるう男性への援助と，その活動範囲を拡張していった．

　このような動きは世界に波及し，1985年に「国連婦人の10年」ナイロビ世界会議で虐待されている女性の問題が取り上げられ，1993年の「ウィーン世界人権会議」で公私における女性への暴力撤廃に向けての取り組みの重要性が強調され，さらに同年11月の国連総会では「女性に対する暴力撤廃宣言」が全会一致で採択された．そして，1995年には北京で第4回世界女性会議が開かれ，女性に対する暴力廃止を含む北京宣言および行動要綱が採択され，それをうけて2000年6月の国連特別総会「女性2000年会議」においていわゆる「成果文書」が発表された．

　わが国でも，ようやく最近になって，家庭内での女性に対する暴力が女性への人権侵害であるとの認識が広まり，民間の支援団体の努力によって暴力の被害に遭った女性のためのシェルターが各地に設置されはじめた．1996年には東京都が「女性に対する暴力」の大規模な調査を開始し，その成果が2年後に公表された．2000年7月には総理府男女共同参画室による全国規模での実態調査の結果を受け，同室審議会が内閣総理大臣あてに「女性に対する暴力に関する

基本的方針について」という答申を提出した．現在では，いわゆる人権派の弁護士や市民団体を中心に法制化が模索されている．

(2) 児童虐待の動向

一方，児童虐待は歴史的にみると夫婦間暴力よりも早く社会問題として認知されてきた経緯がある．古くは1874年にアメリカのニューヨークで起こったマリー・エレンの事件がきっかけという（池田，1987a）．彼女は継親に虐待され，瀕死のところを救い出されたが，この事件をきっかけに欧米各地で児童虐待を防止するための団体が作られた．その後しばらくは児童虐待の問題が世間の表舞台に出ることはなかったが，1960年代にアメリカの小児科医ケンプら（Kempe, C. H. et. al., 1962）が，病院に運ばれてきた子どもたちの負傷の多くが親や養育者によって引き起こされたものであることに気づき，これらの子どもたちを「殴打された子ども症候群（battered child syndrome）」と名づけたことから，ふたたび児童虐待が社会的問題として注目されるようになった．

ケンプによると，親や養育者から虐待をうける子どもには，① 4歳以下の低年齢の子どもが多いこと，② 健康状態が悪いこと，③ 清潔でないこと，④ アザや新旧の骨折が多いこと，⑤ 親がのべていることと子どもの身体所見とに矛盾があること，といった共通の特徴があるという．ケンプの指摘は，アメリカでは医療だけでなく，福祉や司法の分野などにも大きな衝撃を与え，さまざまな領域で児童虐待に関する研究活動や調査報告，さらには実践活動が繰り広げられるようになった．そして，1960年代には虐待を知った者による通告義務を課す法律や子どもの保護のための虐待防止法といった関連法規がいち早く整備された．

わが国では，アメリカから帰国した池田（1987b）が主として医者の立場から児童虐待の問題に取り組んだ．しかしながら，当初は児童福祉司や家庭裁判所調査官が実際の事件で遭遇した事例を通して実践的な対応をしてきたものの，全体としては児童虐待に対する問題意識はなかなか高まらなかった．ところが，1989年11月に第44回国連総会で「子どもの権利条約（Convention on the Rights of the Child)」が採択されたころから子どもの人権や福祉に対する社会的関心が徐々に高まり，1990年代になると，都市部を中心に虐待から子どもたちを守るための民間の支援団体（たとえば児童虐待防止センター）が設立されるなど，児童虐待の実態報告，虐待を受けた子どものケア，研究活動などが盛んに行われるようになった．マスコミもこぞって児童虐待の問題を取り上げ，児童虐待が急速に世間の耳目を集めるようになった．そして，現行の児童福祉法を補強する形で，虐待をうける児童の権利や保護を明確に規定し，児童相談所の権限強化，公的機関の連携といった内容が盛り込まれた「児童虐待の防止等に関する法律」（以下，児童虐待防止法と略称する）が2000年に施行された．今後の動向が注目される．

暴力や虐待の実態と特徴

(1) 夫婦間暴力

夫婦間暴力は，きわめて密室性の高い家庭内の出来事であるとされていたがゆえに，あるいはよその家庭に他人が口出しするものではないという社会通念があったがゆえに，長い間その実態がほとんど閉ざされていた．わずかに家庭裁判所の調停で夫の暴力を理由として計上される事件数や民間の単発的な調査によって暴力の様子が垣間見られる程度だった．その意味で，1998年6月に東京都生活文化局から発表された「女性に対する暴力」調査報告書は，かなり信頼性の高い統計データを収集するのに成功している．これは，都内に住む20歳から64歳までの男女を対象に，夫やパートナーからの暴力についてのアンケート調査（意識調査）や，夫やパートナーから暴力を受けた女性との面接調査などから成っている．

アンケート調査で明らかになったことは，現在の夫やパートナーから「何を言っても無視する」「交友関係や電話を細かく監視する」「押したり，つかんだり，つねったり，こづいたりする」「平手で打つ」など半数以上の項目で10～20％以上の女性が暴力の被害を受けていたということが，まずあげられる（図

第8章　夫婦間暴力と児童虐待　139

N=1183

項目	何度もあった	1, 2度あった
何を言っても無視する	10.9%	33.7%
「だれのおかげで、お前は食べられるんだ」と言う	5.2%	16.9%
交友関係や電話を細かく監視する	4.1%	16.7%
押したり、つかんだり、つねったり、こづいたりする	4.5%	16.2%
「おれが家にいる時は外出しないように」という	3.9%	14.0%
平手で打つ	2.9%	14.7%
げんこつなどでなぐるふりをして、おどす	4.2%	12.5%
避妊に協力しない	2.7%	12.3%
けったり、かんだり、げんこつでなぐる	3.2%	11.6%
身体を傷つける可能性のある物を、投げつける	2.1%	29.6%
見たくないのに、ポルノビデオやポルノ雑誌を見せる	0.3%	8.4%
大切にしているものを、わざと壊したり捨てたりする	1.4%	6.3%
身体を傷つける可能性のある物で、たたく	1.7%	3.6%
おどしや暴力によって、意に反して性的な行為を強要する	1.5%	3.6%
立ち上がれなくなるまで、ひどい暴力を振るう	1.0%	2.1%
首を締めようとする	0.3%	1.9%
包丁などの刃物を突きつけて、あなたをおどす	0.2%	0.8%

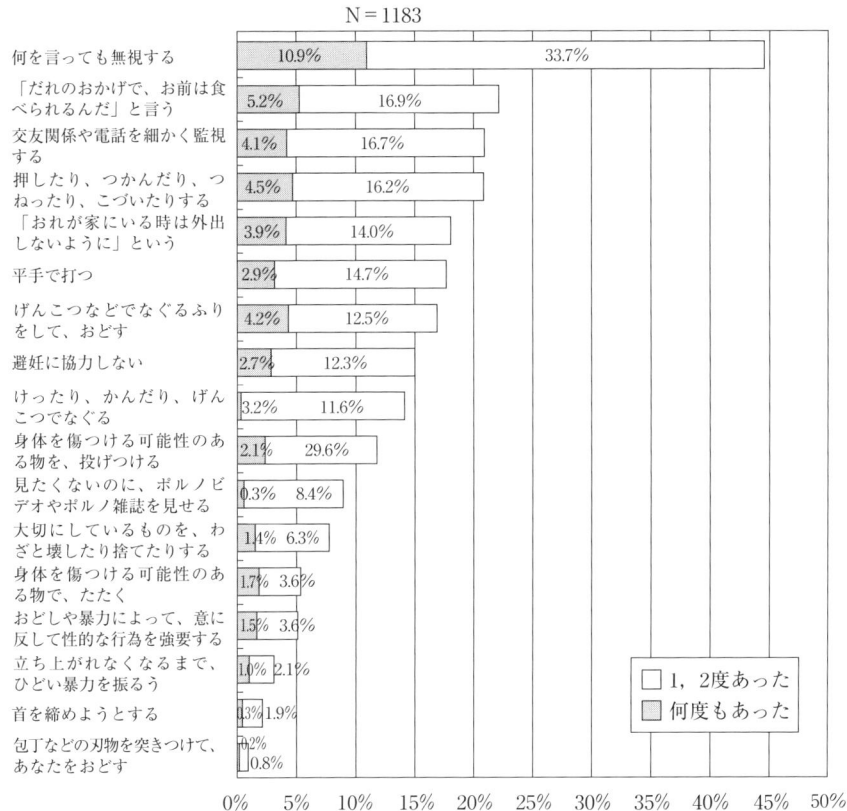

出所）東京都生活文化局『「女性に対する暴力」調査報告書』1998年，49ページ

図8-1　夫やパートナーからの暴力経験の有無

8-1）．この数値には，すでに別れた夫やパートナーは調査の対象外であり，離別原因に男性からの暴力の可能性もかなりあるだろうということを考え合わせると，暴力による女性の被害経験は相当数にのぼる可能性がある．

　また，面接調査の結果から夫やパートナーによる暴力を内容別にみると，① 精神的暴力（「暴言」「無視」などの威嚇や強制で相手の自尊心を傷つける行為）が55.9%，② 身体的暴力（身体に危害を加える行為で，「殴る」「蹴る」などのほか，物を使っての暴力や身体に危害を加える脅しなど）が33.0%，③ 性的暴力（性的関係を強要するなど，性的に相手を侵害し，安全を脅かす行

為）が20.9％となっている．夫婦間暴力にはこのほか，④ 経済的暴力（収入をわざと入れない，金銭管理による経済的支配など），⑤ 対物暴力（直接的には相手の身体に危害はおよぼさないが，周囲の物を破壊することで打撃を与える行為）といった間接的暴力も含まれる．家庭裁判所の調停場面では，夫の暴言や経済制裁といった暴力はかなり頻繁に耳にする．当人たちが暴力だと意識しないこの種の暴力もかなりの割合で生起しているのではないかと推測される．

夫婦間暴力にはこのように5つの種類が含まれるわけだが，これらがいくつも重なり合って行使されることも珍しくない．私は家庭裁判所の離婚調停でつぎのような夫婦のカウンセリングを行ったことがある．妻が自宅の掃除をしていて床を少しでも傷つけると，夫は「お前だれのおかげでここに住まわせてもらっていると思っているのか」と妻を怒鳴りつけ（精神的暴力），妻がそれに少し納得のいかない顔をすると夫は反抗されたと思い，暴力を踏みとどまるどころかますます興奮して妻の大事にしていた人形をとって投げつけ（対物暴力），じっと耐える妻に手ごたえを感じることができず，拳骨で思いっきり妻の顔面を数回殴りつけた（身体的暴力）．身の危険を感じた妻は，赤くはれ上がった顔のままで救急車に運ばれた．暴力が複合して行使されると，被害者の痛手はさらに深刻になる．

面白いことに，妻の治療のために救急車をよんだのは暴力の張本人である夫なのである．緊張感が一気に爆発した後，夫は後悔の念にさいなまれ，妻をまるで恋人時代のときのようにやさしく扱った．ウォーカー（Walker, L. E., 1979）は，夫婦間暴力には「緊張の高まり」「激しい虐待」「優しさと悔恨，そして愛情」という3相をなすサイクルがあるといっているが，この夫の救助行動は「激しい虐待」相の後の「優しさと悔恨」相における行動だった．夫が暴力をふるうといっても四六時中暴力をふるっているわけではなく，このようなハネムーンのような時期があるために，妻は生死の危険があるほどの被害をうけていながら離別にまで踏み切れない．この夫婦も結婚して7年目になるが，夫から妻への暴力は結婚前の交際のときから反復されていた．被害者がどれだけこ

まやかな気配りをしても，加害者は暴力によって生み出される支配—服従関係によらずして自らの存在を確認しえないと信じているため，被害者のそうした配慮はむしろあだになる．

暴力をふるう男性というのは，以前は「暴力亭主」「仕事をしない，飲んだくれ」という特殊な人物イメージで捉えられていたふしがある．しかし実際には，年齢，学歴の程度，収入の多少などは，暴力をふるう夫であるかどうかとは無関係であることが東京都の調査で明らかとなった．この事例でも夫は社内でも評判の商社マンだった．むしろこうした男性は，家の外では「穏やかで人当たりのよい人」という評価すらある．

このように，夫婦間暴力というのは，① 暴力といっても被害者に苦痛を与える広範なものを内に含んでいること（種類の多様性），② いくつかの暴力が複合的に行使されやすいこと（複合性），③ 暴力をふるう男性がいつでもだれに対しても乱暴をするわけではないこと（場面や対象の限定性），④ 暴力は一瞬の出来事にとどまらず，数年あるいは数十年にもおよぶ場合があること（反復性），といった点にその特徴が見い出せる．わが国では，夫婦間暴力が「犬も食わない」夫婦喧嘩と同一線上にあるものとして軽くあしらわれてきた風潮があるが，これらの特徴をみるだけでも，夫婦間暴力が単なる夫婦喧嘩の域を超えたものであることが理解されよう．

(2) 児童虐待

児童虐待の実態についてはすでにさまざまな文献によって紹介されているが，ここでは最近厚生省から公表された統計資料をもとに大まかな状況を眺めてみたい．表8-1は，1990（平成2）年から1999（平成11）年までの全国の児童相談所の相談処理件数を示したものである．これによると，児童相談所における児童虐待の相談件数は，この10年で10倍以上の相談件数となっており，この増加傾向はここ2，3年の間に急速に加速している．これは，最近になって児童虐待が増えてきたというよりも，近年の児童虐待への社会的関心の高まりによって，医療や福祉の関係者が以前とは比較にならないほど早期の段階で児童

表 8 - 1 　児童虐待に関する相談処理件数

平成2年度	平成3年度	平成4年度	平成5年度	平成6年度	平成7年度	平成8年度	平成9年度	平成10年度	平成11年度
〈100〉	〈106〉	〈125〉	〈146〉	〈178〉	〈247〉	〈373〉	〈486〉	〈630〉	〈1,056〉
1,101	1,171	1,372	1,611	1,961	2,722	4,102	5,352	6,932	11,631

注) 上段〈　〉内は，平成2年度を100とした指数（伸び率）である．
出所) 厚生省「平成11年度厚生省報告例年度報（児童福祉関係）について」

相談所に通告する傾向を反映したものと思われる．今回制定された児童虐待防止法により，強化された児童相談所の権限を期待した通告件数は今後も増えることだろう．

　夫婦間暴力と同様に，児童虐待にも虐待内容によっていくつかの種類がある．このたびの児童虐待防止法は，わが国ではじめて児童虐待の種類を法文により定義したものであるという点でも意義深い．その第2条の各項で児童虐待の種類が定義されている．第1項が「身体的虐待」に関するもので，「児童の身体に外傷が生じ，又は生じるおそれのある暴行を加えること」とされ，骨折や打撲傷など身体に危害が加えられるものがこれにあたる．第2項は性的行為を強要するような場合で，「性的虐待」という．第3項は子どもの衛生管理が不十分だったり子どもに必要な栄養を与えなかったりするような場合で，「保護の怠慢ないし拒否」という．そして第4項は「心理的虐待」に関する規定で，「死んじまえ」などといって子どもの心を深く傷つけるような言葉の暴力を指す場合である．つまり，児童虐待とは，殴打（battering）や暴力（violence）といった被害が比較的目にみえやすいような行為だけをいうのではなく，親や養育者による世話の怠慢（neglect）や不適切な扱い（maltreatment）といった，被害や虐待行為との因果関係が一見するだけではなかなか判然としない行為までをも含む広い概念である．

　それだけに，親の行為が虐待にあたるのかどうかは慎重に判断されなければならないのは当然である．しかし一方で，虐待が疑われながらも対処や保護が遅れたために，不幸にして子どもの生命を奪ってしまったという報道も最近よく耳にする．私は以前，虐待あるいは保護の怠慢としてよいかどうかに迷う事

例を担当したことがある．この子（7歳）には被虐待児に特有な栄養面での不備や発達面での遅れ（とくに退行現象），さらには言語障害，チック症状などの複合した症状があった．生徒の様子がおかしいと思った担任教師が子どもを病院に連れていった．診察を担当した医師は児童虐待を疑い，すぐさま児童相談所に通告した．児童相談所は事態を重くみて即刻この子を保護したが，その知らせを聞いた親は子どもを奪われたと激しく抗議し，子どもを自宅に連れ帰った．その後，子どもの状況は悪化の一途をたどり，子どもの発達に害のある環境から強制的に連れ出さなければならないと判断した児童相談所は，家庭裁判所に親権喪失宣告を申し立てた．家裁の決定によりこの子はその後施設暮らしをはじめたが，虐待を理由に親権を奪われた親はそれから裁判所に不服申し立てをするなどして係争している．

　この事例では，親権喪失宣告により子どもを無事保護することができたが，親は自らの虐待事実を否認し，長年にわたる裁判闘争に明け暮れている．そしてその間，親子関係は断絶されたままである．このような状態がはたして子どもの福祉にかなうものなのかどうかを考えるとき，誰しも割り切れなさを感じるのではなかろうか．児童虐待の援助には，子どもの最善の利益と家族機能の再構築という2つの側面を同時に視野に入れた困難な作業が必要になる．

　ところで，虐待する親の特徴としては，依存性，衝動性，攻撃性，社会的未熟さ，子どもへの過剰期待などがあるが，いまのところこれといった決定因はない．むしろ，親の離婚や頻繁な別居，母親の育児ストレス，失業や転職による社会的ストレスといったいくつかの要因が複雑に絡み合いながら子どもの虐待を生むとするのが一般的になりつつある．ただし，このなかで児童虐待が起こるもっとも典型的なパターンというのは，母親の子育てや育児ストレスのはけ口が子どもに向けられるときのようである（坂井，1998）．このことは，虐待者の半数以上が実母によるものであり（表8-2），性的虐待を除き，被虐待児の80%近くが8歳以下の幼い子どもに向けられている（甲能，1999）という資料からもうかがえる．

表8-2　主たる虐待者

	総　数	父		母		その他
		実　父	実父以外	実　母	実母以外	
平成9年度	(100%) 5,352	(27.0%) 1,445	(9.1%) 488	(55.0%) 2,943	(3.8%) 203	(5.1%) 273
平成10年度	(100%) 6,932	(27.6%) 1,910	(8.2%) 570	(55.1%) 3,821	(2.8%) 195	(6.3%) 436
平成11年度	(100%) 11,631	(25.0%) 2,908	(7.0%) 815	(58.0%) 6,750	(2.3%) 269	(7.7%) 889

出所）　表8-1に同じ

　しかしながら，母親の子育てや育児ストレスが虐待として子どもに向けられるとしても，それは母親だけに帰属されるべき問題ではない．むしろこのような母親は，わが子を育てようと懸命にがんばっていることがほとんどである．それだけに育児や子育ての悩みは深いのであるが，同時にそうした悩みを分かち合う相手が家族や地域におらず孤立している．夫はいても子育てを共に担うパートナーとなりえないばかりか，子どもの扱いで妻をなじるストレス源と化していることもある．そして夫婦関係における最たるストレスが，実は，つぎにのべるように夫婦間暴力なのである．

暴力や虐待が被害者に与える影響

　先の東京都の調査によると，夫の暴力によって妻は，顔や頭への身体的外傷だけでなく，ノイローゼ，萎縮，無感動，自己評価の低下といった精神的ダメージを受けていることが明らかとなった．暴力の被害に遭うという出来事が「心的外傷（トラウマ）」となり，初期反応として，驚愕反応や不安・恐怖，さらには暴力と無縁の場面での恐怖感の再体験が起こる．暴力を繰り返し受けると，長期反応として，「もうどうでもよい」といった無気力や感情麻痺，自信喪失や自己コントロール感の剥奪に襲われる．暴力による長期的ダメージは，戦争や災害といった強烈なストレスに遭遇した人たちの反応ときわめて類似しており，最近ではこれらの障害は「外傷後ストレス障害（PTSD；Posttraumatic

Stress Disorder, DSM-Ⅳ, 1994)」によるものであると理解されている.

これと同様に，児童虐待も子どもにとってトラウマとして体験され，子どものその後の人生に大きな影響をおよぼす．しかも親の間でふるわれる暴力を目撃するだけでも，それは子どもにとってのトラウマ体験となる（Holden, G. W., 1998）．本来いちばん安心できる場であるはずの家庭が安全基地とならなくなったとき，子どもは「安全」という感覚を剥奪される．そうした安全感覚を奪われた子どもは，慢性的な不安に襲われ，萎縮して抑うつ的になり，臆病で反応性の乏しい子どもになる．逆に，攻撃する親に同一化し，衝動的で乱暴になり，弱い者いじめなどの攻撃行動を示すこともある（池田，1987b）．知的発達の遅れを指摘する者もいる（西澤，1994；斎藤，1998）．しかも，摂食障害，失禁，チック，緘黙といった心身症状，虚言，学習意欲の欠如，徘徊といった問題行動，そして長期的には「解離性障害（dissociative disorder）」といった重度の障害を引き起こすこともある（Briere, 1992；西澤，1994）．

児童虐待は，発達途上にある人生早期の反復的被害体験であることから，夫婦間暴力の被害以上の深刻な問題を抱えると指摘する者もいる（複雑性PTSD；Harman, J. L., 1992）．いずれにしても，児童虐待と夫婦間暴力という家庭内の2つの病理現象は，過去の外傷体験がフラッシュバックとして再体験（再上演）されるという反復性，無気力，感情麻痺，各種の心身症状の発症，他者への暴力の転化といった共通の反応を被害者に与える．

夫婦間暴力と児童虐待との共存と連鎖

ウォーカー（1979）は妻に暴力をふるう男性の53%は子どもにも暴力をふるうという．また，東京都の調査（1998）では妻に暴力をふるう夫の約3分の2が子どもにも暴力をふるっていたというが，さらに，夫から暴力を受けたことで妻が子どもに暴力をふるうようになったとの報告もある．

このように，夫婦間暴力が子どもへの身体的暴力を伴うことがある．たとえば，アペルとホルデン（Appel, A. E. & Holden, G. W.）は過去20年のデータの整

理から，夫婦間暴力と平行して起こる子どもへの暴力につぎのような5つのモデルの存在を提示する（岡堂，1999）．①主として夫が妻子に暴力をふるう「ひとり加害者モデル」．②夫婦間暴力の被害者である妻が子どもに暴力をふるう「八つ当たり的加害者モデル」．③夫が妻子を虐待し，その上妻が子どもに暴力をふるう「二重加害者モデル」．④夫婦が互いに相手に対して暴力をふるい，子どもがそのとばっちりをうける「夫婦間暴力モデル」．⑤子どもが親に反抗的，不服従といった態度をとることが親の暴力をさらに誘発する「家族機能不全モデル」．どの家族がどのモデルとなるかは，親や子どもの年齢，同居関係，子どもの数，子どもの性別，夫婦の力関係などによって一様ではなかろうが，とりわけ「八つ当たり的加害者モデル」に関していえば，夫婦間の拒否的な関係がそのまま妻の子どもに対する拒否的な態度となったり，暴力が他者を支配する手段であると妻が学習した結果，子どもを体罰でしつけたりするという．つまり，暴力が介在する夫婦関係のあり方が子どもへの暴力と密接な関係にあるということがここでも確認される．

　また，夫婦間暴力があることそれ自体で，子どもにとって虐待であるということもここで再確認しておきたい．それは，夫婦間暴力が上記のように子どもを暴力に巻き込むこと，暴力の横行する家庭環境は子どもにとってストレスの強い環境であること，既述したように夫婦間暴力を目撃することがすでに子どものトラウマとなること，というのがその理由である．

　最後に，夫婦間暴力や児童虐待は年月の経過とともに再生されるということを指摘しておきたい．その1つに最近ようやく問題視されるようになった「高齢者虐待」の問題がある．高齢者虐待は，要介護老人とその介護を担う妻や娘との間で起こりやすいといわれている．田中（1995）によると，特別養護老人ホームに入所した被虐待老人とその家族の調査を行った結果，要介護状態となった被虐待老人に，昔元気だったころに妻や娘に暴力や虐待を加えた過去のあることが認められた．年寄りの世話をするたびに，妻や娘は昔の被害体験を思い出し，どうしても復讐心にかき立てられてしまうのだという．つまり，高齢

者虐待には，以前の夫婦や親子の力関係が時間の経過とともに逆転し，今度は被害者が加害者に「仕返し」をするという構図がある．

　2つは暴力の世代間伝達の問題である．暴力や虐待は過去の家族のなかだけでなく，子どもが新しく築いた家族関係のなかにも持ち込まれる．親の夫婦間暴力を目撃した子は，配偶者との間に暴力関係を再現しやすい．それと同様に，親から虐待を受けた子は，自分の子どもを虐待する傾向がある（西澤，1994）．したがって，暴力や虐待関係にある夫婦や親子を援助する専門家は，いかにしてこれらの連鎖を現段階で食い止め，その連鎖を断ち切るかに援助面での重大な使命を負う．

　以上のように，夫婦間暴力や児童虐待は，最近になってようやくその実態が明らかにされつつある段階だが，被害者に与える影響がとてつもなく大きく，しかも姿や対象をかえながら再生産されてしまうところにその恐ろしさがある．それに加え，親密で分かちがたい人間関係のなかで起こる出来事であるがゆえに，その援助には，繊細さと大胆さ，迅速さと長期的展望といった複眼的視点が要求される．福祉や医療や司法といった多領域にわたる連携も欠かせない．このような困難な問題を克服していくことが21世紀の家族に課せられた課題なのである．

引用・参考文献

東京都生活文化局『「女性に対する暴力」調査報告書』1998年

Walker, L. E., *The Battered Woman*, Harper & Row Publishers, 1979.（斎藤学監訳・穂積由利子訳『バタードウーマン：虐待される妻たち』金剛出版　1997年）

総理府『北京宣言及び行動要綱実施のための更なる行動とイニシアティブ（いわゆる「成果文書」）』（仮訳）2000年

American Psychiatric Association, *DSM-IV*, Washington, 1994.（高橋三郎ほか訳『DSM—Ⅳ：精神疾患の診断・統計マニュアル』医学書院　1996年）

Briere, J. N., *Child Abuse Trauma: Theory and Treatment of the Lasting Effects*, Newbury Park, 1992.

斎藤学編『児童虐待（臨床編）』金剛出版　1998年

Harman, J. L., *Trauma and Recovery*, Basic Books, New York, 1992.（中井久夫訳

『心的外傷と回復』みすず書房　1996年）

Kempe, C. H., Silverman, F. N., Steele, B. F., Droegmuller, R. E., & Silver, H. K., The Battered child syndrome, *Journal of the American Medical Association*, 181, 1962. pp.17-24

西澤哲『子どもの虐待』誠信書房　1994年

池田由子a『乳幼児虐待の現状と展望：家族精神医学の観点から』精神科MOOK, 17号, 1987年

池田由子b『児童虐待：ゆがんだ親子関係』中公新書　1987年

吉田恒雄編『児童虐待への介入：その制度と法』尚学社　1999年

岡堂哲雄ほか編『ファミリー・バイオレンス：家庭内の虐待と暴力』（現代のエスプリ 383号）至文堂　1999年

田中荘司『老人虐待の調査実態からみえてきたもの』保健婦雑誌, 51巻7号　1995年

Holden, G. H., Geffner, R., Jouriles, E. N., *Children Exposed to Marital Violence: Theory, Research, and Applied Issues*, Washington D. C., American Psychological Association, 1998.

第 9 章　教育崩壊をめぐる問題

偽りの現実と閉ざされた社会

　「この人生はどこかおかしい」と多くの日本人が感じている．なぜだろうか？　驚くほど大勢の日本人が，自分の人生はおかしいと感じている．こうした思いは，世代を問わず，ほぼすべての階層の日本人に共通している．

　不満の原因は，人生につきものの個人的な問題や家庭のいざこざだけではない．周囲の社会の現実のせいで，日本人は漠然とした不満を抱いているのだ．

　なぜ，日本にはサラリーマン社会を揶揄する漫画があり，中流階級の日本人男性の苦々しい思いを映しだしているのか？

　なぜ，日本には学校嫌いの子供がこれほど多いのか？

　なぜ，日本の大学には，憂鬱で退屈そうでうつろな表情を浮かべた学生がこれほど多いのか？

……中略……

　こうした現実をかかえる国は，世界でも珍しい．日本人のつくり笑いや，わざとらしい陽気な態度に隠された素顔を垣間見た外国人には，日本が実はうちひしがれた人びとの国であることがわかる．

K.V.ウォルフレン（鈴木主税訳）『人間を幸福にしない日本というシステム（新訳版）』新潮社　2000年

🗝　キーターム

ゆとり教育　1977年の学習指導要領改訂以後文部科学省が推し進めている政策の1つで，1998年改訂では週5日制の完全実施や教科内容の3割削減を行い，「生きる力」の育成を目指している．

新しい学力観　知識偏重教育への反省から文部科学省が提唱しているもので，主体的・創造的な能力や「生きる力」を重視する文字通り新しいタイプの学力をさす．

GPA　Grade Point Average を略したもの．アメリカの大学生の全履修科目平均点で，基準点以下になると容赦なく退学させられる．

日本的学卒採用慣行　日本特有の採用システムのことを指し，企業は採用後の企業内教育を前提に，採用時には学部学科不問など大学教育の成果に対し概して無関心であることを特徴としている．

教育崩壊への視点

今，日本の教育が批判にさらされている．家庭でのしつけ不在や甘やかし子育て，地域社会の教育力低下はもとより，学校教育自体も学級崩壊や学力低下などさまざまな問題状況が指摘されている．もちろんこれらは，一つひとつの問題としてそれぞれ分析可能ではある．しかし社会が複合化しボーダーレス化した現在，個々の問題だけを断片的に取り上げてみたところで，問題の本質はなかなか把握できない．とくに教育にかかわる問題は，社会のあらゆる要因と無関係ではなく，そしてまた私達の気づかないうちにそれらの要因から影響をうけていることが多い．たとえば戦後日本の政治状況，景気の浮き沈み，家族の変容，価値観の変化などが，子どもや親や教師はいうまでもなく，国民一人ひとりの教育観そのものを大きく変えてきたと思われる．

この章では，以上のような認識のもとにあえて学級崩壊と学力低下を取り上げ，日本の教育崩壊の様子を探ってみたい．ただし，ここでいう学級崩壊はケースとしてはけっして多くはないものの，近年マスコミ等でセンセーショナルな話題として登場するなど，きわめて新しい社会現象である．また学力低下も社会的でホットなテーマではあるが，学力の定義とも絡んで文部科学省はまだその事実を認めているわけではなく，実体は不透明ともいえる社会現象である．しかし社会現象は，往々にしてそれが大きく変化する前に何らかの兆候をみせることが多い．折しも今日，少なからずの国民の目に日本の教育のどこかがおかしい，つまり教育崩壊の兆候が感じ取られているのも事実である．とすれば，学級崩壊や学力低下の姿を垣間見ることにより，社会のより大きな流れとしての教育崩壊に迫っていくことの意義は，誰しも否定できないであろう．

学級崩壊

(1) 小学校の場合

学級崩壊を実体に即して詳しく説明したものとしては，つぎのような定義がある．それによると「学級がうまく機能しない状況」として，「子どもたちが

教室内で勝手な行動をして教師の指導に従わず，授業が成立しないなど，集団教育という学校の機能が成立しない学級の状態が一定期間継続し，学級担任による通常の手法では問題解決できない状態に立ち至っている場合」を想定している（文部科学省委嘱研究『学級経営をめぐる問題の現状とその対応』学級経営研究会，平成12年3月）．

　この定義に基づき，実際に学級崩壊がどのような状況でどの程度あらわれているのか調査した結果をみてみよう．たとえば東京都教育委員会の報告『小学校における学級経営にかかわる調査について』（平成12年7月）によれば，問題状況としてつぎのようなケースがあげられている．それらは，①授業開始後も着席せずおしゃべりをしている，②担任が注意すると反抗する，③体育などの集合時刻に遅刻する，④担任が個別指導している間他の児童が学習以外

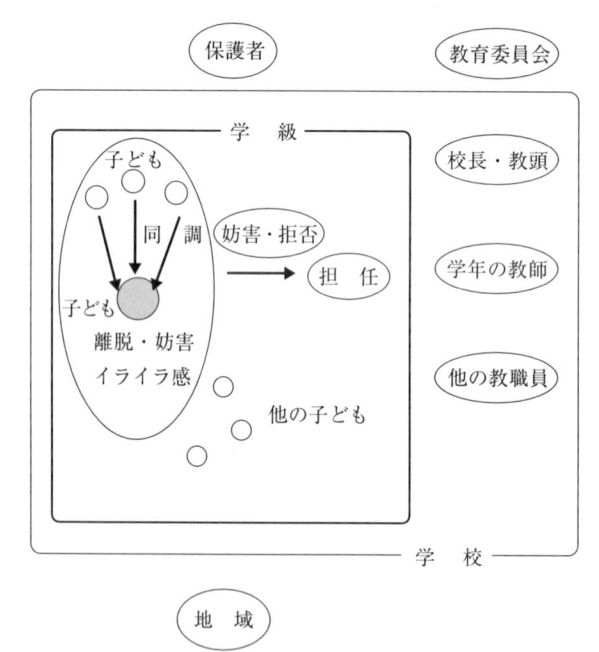

出所）東京都立教育研究所・研究報告書『子どもたちの揺れ動く心と学校のあり方』2000年3月，4ページ

図9-1　学級崩壊の概念図

のことを始める，などである．この調査では，こうしたケースに該当する学級は全学級の1.5％であり，少しでもそのような学級をかかえている学校は全学校の16.1％と報告されている．同様な調査は現在必ずしも多くはなされていないが，小学校の学級ベースの値としては，たとえば埼玉県教育委員会で0.17％，広島県教育委員会で0.66％，広島市教育委員会で0.58％，などと報告されている．学級ベースでは一見して低い数値のようではあるが，学校ベースでみればけっして低いとはいえないし，事柄の性質上実体ははるかに裾野が広いと理解するほうが自然であろう．

とくに小学校段階での学級崩壊の特徴は，① 発達段階の違いもあり低学年と高学年とでは現れ方に微妙な違いがある，② 中学校の教科担任制と異なり学級担任制であることから現れ方が全方位的である，などがあげられる．図9-1は，学級崩壊が発生する様子を図式的に示したものである．集団行動に馴染めない子どもがイライラ感をつのらせ，それがストレスとなって教師や他の子どもへの拒否や攻撃反応となるメカニズムが読み取れる．

こうした図式で生じる小学校の学級崩壊のうち，最近世間の注目を浴びているのが「小1プロブレム」という現象である．これは小学校1年生が入学式の場面をはじめとして，最初のクラスにおいても自己中心的な行動で集団としての秩序が保てない事態のことをいう．というより，学級そのものが入学当初から形成困難ともいえる異常事態である．小学校高学年の学級崩壊は，昔から存在していたものが増加し先鋭化してきたとみられるのに対し，小1プロブレムのケースは学校教育以前の問題を連想させるという意味で，昨今の学級崩壊の根の深さを思わせる．

(2) **中学校の場合**

中学校の学級崩壊は，小学校の場合と異なりさまざまな要素が絡んでいるため実態把握が容易でない．先にも触れたとおり中学校では教科担任制であるため，崩壊現象のあらわれ方が教科によって異なり，何を基準に学級崩壊とみなすかは必ずしも明確ではない．したがって「学級崩壊」ではなく，「授業崩壊」

表9-1　学級崩壊の程度と体験の度合い (小・中教師からの回答)　(割合)

	小学校	中学校
学級・授業ざわつき（何となく授業がうまくいかない）	1.6割	3.1割
学級・授業の荒れ（生徒の気持ちが先生から離れる）	1.2割	2.5割
学級・授業の崩壊（生徒が反発して授業が成り立たない）	0.8割	1.4割

出所）深谷昌志編『徹底解剖「学級の荒れ」』学文社，2000年，92ページ

という表現を使用する場合もある．また中学生ともなれば発達段階も進み，社会との接触範囲も拡大し，学校内の行動といえども外界からの影響をさまざまにうけた結果であるとも考えられる．しかしここでは，あえて学級崩壊として包括的に眺めてみることにする．

　表9-1は，東京都内の小中教師に行ったアンケート結果である．ここでは，実際に自分のことではないが，自分の回りに授業ができない状態の教師がどの程度いるかを尋ねている．総じて小学校よりも，中学校のほうが教師にとって厳しい内容となっている．とくに学級崩壊状態を経験していると思われる中学教師は，平均1.4割すなわち14％と回答されている．さらに表9-2は，どういう状況であれば学級が荒れているといえるのかを中学教師に尋ねたものである．それによると，「授業中おしゃべりする」，「注意に反抗する」，「授業中うろつく」などが典型的な状況とされており，教師の権威が失われ授業の維持がもはや困難な状態であることがわかる．かつて1970年代末から1980年代にかけ，一般に中学校では暴力事件という形での荒れがみられた．しかし現在では，生徒がそれぞれ自分の世界に浸り切ることを先ず優先し，教師の権威低下もあって結果的に学級内がバラバラになっていることが確認できる．もちろん学級崩壊にまで至っているケースは，全体のごく一部である．しかし表9-1での回答のように，学級が何となく落ち着いていない状態はすでに3分の1程度みられるわけであり，小1プロブレムが象徴する〈崩壊の低年齢化〉が進んでいる今日，中学段階での学級崩壊も一段と深刻になる気配をみせている．

　こうしたなかで文部科学省は，学校内で悪質な授業妨害など問題行動を起こ

第9章 教育崩壊をめぐる問題　155

表9-2　学級崩壊の具体的状況 (中学教師からの回答)　(%)

	とてもよくあてはまる	わりとあてはまる	少しあてはまる	あまりあてはまらない	ぜんぜんあてはまらない
1．授業中注意されてもおしゃべりを止めない	57.8	29.2	10.6	1.2	1.3
2．先生の注意や叱責に反抗する	49.0	29.8	12.7	6.2	2.5
3．授業中教室を出たり入ったりする	44.7	28.7	15.8	6.9	3.9
4．先生の指示や質問を無視する	43.5	30.2	15.5	7.4	3.5
5．机や教室の壁に落書きがあったり教室が汚い	42.8	32.2	15.0	6.6	3.5
6．クラスにまとまりがない	41.6	31.6	17.1	8.3	1.3
7．教室の後ろに寝転んだり座ったりしている	35.6	24.3	18.5	11.1	9.9
8．授業が始まっても教科書を出さない	39.1	36.6	19.3	3.9	1.2
9．先生が言ったことにあげあしをとる	37.8	29.2	18.1	10.6	4.2
10．友だちの発言をなじったり笑ったりする	36.4	27.1	23.8	9.7	3.1
11．先生を批判するグループがある	34.9	30.8	20.2	11.0	3.1
12．あめ・ガムをこっそり食べている	31.5	24.8	23.8	11.6	8.3
13．マンガや小説を読んでいる	30.3	28.5	23.9	12.3	5.0
14．授業中ウォークマンなどで音楽を聴いている	29.6	20.1	15.4	16.4	18.5
15．手紙や交換日記を書いている	28.8	29.6	26.3	12.0	3.3
16．先生に対抗してクラスが一つにまとまっている	14.3	14.9	24.4	29.0	17.4

出所) 表9-1と同じ

す児童・生徒に対し，学校教育法第26条に定める「出席停止」処分の適用などさらなる厳しい対応で臨む姿勢を強めている．この方針の基本的考えには，他の児童・生徒の義務教育を受ける権利を保障することが狙いとしてあり，けだし当然といえよう．

(3) その背景

こうした学級崩壊は，どのような背景のもとに生じているのだろうか．まず小学校についてみてみよう．それを知る手がかりは，小学校の学級崩壊が話題となり始めた時期に求められる．尾木直樹はその時期を，1990年代の半ば頃としている（尾木，2000）．もし，小1プロブレムのような入学段階での学級崩壊が存在するとすれば，その原因は学校教育にあるというよりも就学前教育や家庭教育にあるとするのもひとつの見方である．ところで，1990年代前半期に幼児期を過ごした子どもたちのほとんどは，幼児の主体的活動や自発的遊びを重視する自由保育のもとで育ってきた．この考え方は，平成元年から平成12年3月まで施行されてきた幼稚園教育要領に盛られているもので，確かにひとつの教育論として有用ではあるものの，現実には自由の行き過ぎを招いたことは否定できない．すなわち，園児の自由奔放な行動を先生が理解し育てるという教育論は，ともすれば子どものわがままを助長することにつながりやすいし，そしてその弊害が小学校に持ち込まれる，という図式はありそうな話である．1990年代の半ば頃とは，その自由保育で育った子どもたちが小学校へ入学する時期に他ならない．実は，これに関してすでに文部科学省は平成12年4月から新しい幼稚園教育要領を施行させ，基本的な生活習慣や善悪の判断などを徹底する内容に改訂している．さらに，初等中等教育段階の学習指導要領が，昭和52年以降3度の改訂のなかで，「ゆとりの教育」「新しい学力観」「生きる力」などのキャッチフレーズのもとに，全体として子どもの自主性に委ねるスタンスを取ってきたことも無視できない．いわゆる「ゆとり教育路線」である．とくに小学校の現場でこのスタンスが着実に実施され，その負の副産物が学級崩壊であるとの見方も可能である．

中学校の場合は，もちろん上に述べた小学校での背景と共通するケース，あるいは小学校での問題状況が進学とともに持ち越されたケース，として理解できる．しかし，背景はそれだけではない．たとえば1970年代半ばには高校進学率が90％代に達し，1980年代以降はほぼ全員入学に近い状況となっている．言い換えれば，中学生にとっての進学目標や学習への動機づけは，近年確実に希薄化しているとみてよい．さらに，文部省のゆとり教育路線が，結果として低学力の子どもを生み出すとすれば，時として彼（彼女）らは高校受験を前にして早くもアイデンティティの拡散という自己喪失状態に直面する．とりわけ都市部では国立・私立の中高一貫校が躍進台頭する一方で，公立中学の置かれた立場は微妙なものがある．つまり公立中学には，学力格差をはじめとしたあらゆる多様性を受け入れざるをえない宿命があり，その多様性の一部が常にアイデンティティ拡散など問題状況を抱え込んでいる．そうした場合，ふとしたきっかけで学級崩壊が先鋭化することも十分ありうる．

とはいえ，学級崩壊の背景はこれらに尽きるものではない．興味深いのは，文部科学省と校長・PTA会長との間で学級崩壊の原因について大きな見解の相違がみられる点である．先に参照した文部科学省委嘱研究の報告によれば，学級崩壊を調査した結果「ケースの7割が教師の指導力不足」と結論づけている．これに対し，公立小中学校の校長・PTA会長へのアンケート調査（㈳「日本PTA全国協議会」のアンケート）によれば，学級崩壊の最大原因として「PTA会長の58.4％，校長の45.7％が家庭の教育力低下を上げ，指導力不足など教師側の問題とするのは1割程度にとどまった」と報告されている（「毎日新聞」平成12年2月8日付朝刊）．学級崩壊は，それだけ奥の深いそして実体把握のむずかしい社会病理といえよう．

学力低下

(1) 高校の場合

学力低下という場合，何をもって学力と定義するのか，そして何を基準にし

表9-3　科目別年間授業時間の主要各国比較・1998年度（中学校）　（時間）

	全体	国語	数学	社会	理科	外国語	技術家庭	美術音楽	体育	その他
平均	923	150	130	120	110	110	50	80	80	90
日本	875	123	105	105	96	114	70	96	88	79
イタリア	1,105	254	111	155	111	122	99	144	77	33
オランダ	1,067	137	137	150	109	191	68	96	123	55
オーストラリア	1,025	173	173	133	133	80	107	107	93	27
オーストリア	1,007	121	151	121	141	101	60	121	111	81
ニュージーランド	987	191	170	149	149	42	85	42	117	42
米国	980	167	157	118	137	69	29	69	118	118
フランス	928	170	140	130	120	110	70	80	110	0
スペイン	922	195	123	113	113	82	51	143	92	10
ドイツ	901	133	123	104	104	199	0	85	85	66
デンマーク	890	198	129	109	119	99	0	89	69	79
ポルトガル	878	114	114	149	132	88	0	88	88	105
韓国	867	131	112	103	112	112	47	93	84	75
チェコ	820	122	122	157	113	96	0	79	61	70

注）米国は中学3年．調査対象は26地域
出所）日本総合研究所・調査報告『急がれるIT対応型わが国教育改革』2000年9月，7ページ

て低下と判断するのか，実は教育関係者の間でも明確とはいいがたい．しかし近年多くの教育関係者が，子どもたちの学習態度や学習成果に対しきわめて憂慮しているのも事実である．ここではまず，高校でみられるそうした憂慮されるべき事態について眺めてみよう．

いうまでもないことであるが，学力は基本的に積み重ねによって習得される．もし高校での学力低下が問題であるとすれば，中学での学習状況も当然確認しておくべきであろう．表9-3は，中学での科目別年間授業時間を国別比較したものである．科目全体で比較すると，日本は各国平均より48時間少ない．また国数社理の基礎科目でみても，いずれも各国平均より少ない．この事態を「我が国の基礎学力の国際的劣位現象」と表現している場合もあるが，そのことの妥当性はともかく，現実に公立高校入試で驚くべき結果が報告されている．それは，1996年春の鹿児島県・公立高校入試での出来事であった．数学問題の1つで「1000－198」という簡単な設問に対し，受験者全体の7.9％，人数にし

て1,486人が正解できなかったというのである．当時このことは，〈1000引く198ショック〉として県の教育関係者の間で話題となったほどである（「西日本新聞」平成12年2月11日付朝刊）．

さらに，高校教師に対する学習状況アンケート調査（進学情報誌『ビトウィーン』による調査）によれば，9割以上の高校教師が自校生徒の学習意欲が低下していると感じている（「朝日新聞」平成12年6月19日付朝刊）．こうした雰囲気を裏づけたのが，苅谷剛彦らの調査である．それによれば，高校2年生の学習状況を1979年と1997年とで比較してみると，学校外での勉強時間（塾や予備校も含む）は減少傾向にあることが明白である．まず1日平均では，1979年が97分の学習であるのに対し，1997年では72分に減少している．3時間以上学習した生徒は17％から8％に激減し，逆にまったく学習しない生徒は22％から35％へ増加している（「朝日新聞」平成11年1月11日付夕刊）．こうしてみると，学校内での学習意欲の低下に加えて，学校外での学習時間の低下が進行しており，全般的な学力低下は避けられないようにも思える．

しかしこのような調査結果や現場の実感にもかかわらず，文部科学省の見解はむしろ逆である．すなわち学力を「生きる力」というように広い意味で捉えるならば，必ずしも低下したとはいえず，将来的にも憂慮される事態とまではいえないと指摘している（平成11年版および平成12年版『我が国の文教施策』文部科学省）．

(2) 大学の場合

大学生の学力低下については，高等教育の大衆化が進展するのと反比例するかのように，その深刻さが徐々に浮き彫りにされつつある．大手予備校である駿台予備学校の教育研究所が同校出身大学生にアンケートしたところ，つぎのような結果となった（「日本経済新聞」平成12年8月19日付朝刊）．すなわち1・2年の基礎科目で「理解できない」「ついていけない」とする学生が，文系の第2外国語で22％，経済・経営分野で12％，理系の数学分野で41％，物理分野で36％存在していたという．そして理系の数学分野で「理解できない」「つい

表9-4 算数の問題と文系大学生の全問正解率

問題1	8分の7 − 5分の4 =	国立 A 難関大学生	90%
問題2	6分の1 ÷ 5分の7 =	国立 B 難関大学生	83%
問題3	9分の8 − 5分の1 − 3分の2 =	私立 C 難関大学生	70%
問題4	3 × {5 + (4−1) × 2} − 5 × (6−4÷2) =	私立 D 難関大学生	66%
問題5	2 ÷ 0.25 =	私立 E 下位大学生	58%

出所）岡部恒治ほか『小数ができない大学生』東洋経済新報社，2000年，2－10ページ

ていけない」と回答した学生に，どの程度理解できないかを尋ねたところ，29％が「ほとんど理解できない」，55％が「半分程度は理解できる」，14％が「理解できない個所がある程度」と答えている．さらにその原因を数学分野で尋ねると，「自分の努力不足」が36％，「先生の教え方」が27％となっている．

　もちろんこうした学生側の反応は，教える側も同様に感じているわけであり，大学入試センターの全国学部長アンケートや朝日新聞社の全国学長アンケートなど多くの調査でも学力低下が指摘されているところである．事実，NHKのテレビ放送「クローズアップ現代」（平成11年5月24日放映）では，〈大学の授業が成り立たない〉をテーマに国立大学や私立大学での高校レベル補習授業を紹介していたほどである．ちなみに文部科学省によると，この種の補習授業は全大学の18％で行われているという（1998年度調査）．

　たしかに高校での学力低下でも触れたように，学生が大学入学以前の段階で基礎学力をつけるための努力を怠っていることは否めない．表9-4は，大学生に小学校の算数レベルの問題をテストした結果である．大学ごとの比率は，5問すべて正解であった学生の割合である．回答大学生の所属はいずれも文系学部ではあるが，Eを除いてすべて日本を代表する国立・私立のトップ校（文学部あるいはそれに類する学部）であることに注目して欲しい．いわゆる偏差値が高いということの本当の姿を，驚きをもって知るばかりである．しかもE大学回答者は下位大学とはいえ，実は経済学部の学生なのである．経済学が数学的知識を必須とする分野であることを思えば，にわかには信じがたい結果といわざるをえない．

では，学生たちを受け入れる側，つまり企業や社会の見方はどうであろうか．これまではともかく，ここ数年の関係者の思いは深刻である．たとえば日本の経済界を代表する㈳経済団体連合会は，『グローバル化時代の人材育成について』（平成12年3月）と題する意見書を発表している．そのなかで大学教育の充実に触れ，つぎのように述べている．「一方，大学生，大学院生の学力低下についての指摘も聞かれ，グローバル化時代の人材育成に支障をきたすことが懸念される．そこで，大学，大学院における教育の充実を図って学力向上につとめる必要がある」(pp.6-7)．そこには，少子化傾向のなかで否応なく人材の質が問われている現在，大学教育への危機感がストレートに込められているように思える．同様な観点から，産業界や学識経験者の集まりである㈶地球産業文化研究所も，『学力の崩壊を食い止めるための，教育政策に関する緊急提言書』（平成12年10月）を発表している．また，ビジネスパーソン対象の有力週刊誌『日経ビジネス』（平成12年6月5日号）も，「日本を蝕む学力崩壊」を特集して世に警鐘を鳴らしている．そして平成12年11月，読売新聞社は『「教育改革」読売新聞社提言』と題して新聞紙上で異例のアピールを発表し，そのなかで〈大学を学ぶ場に戻せ〉と熱く訴えていることも付け加えておこう．

(3) その背景

高校の学力低下と大学の学力低下は，もちろん共通する背景もあれば固有の背景もある．まず共通するものとしては，やはり昭和52年の学習指導要領改訂にはじまるゆとり教育路線の影響は無視できない．すなわち授業時間数の削減と内容の精選や必修教科の減少と選択教科の増大が，学校現場で着実に施行された結果，基礎知識の確実な習得というよりは基礎知識すらおぼつかない事態が現実のものとなったようである．ゆとり教育路線を小学校から体験した最初の世代は，すでに20歳代半ばになっている．いわゆる学力というものは，積み重ねによるところ大であるとすれば，中学・高校・大学とその波紋は実に大きいといわねばならない．

もうひとつの共通要因としては，少子化が上げられよう．この20年間に幼稚

園から大学生までの総在籍者数は，20％の減少である．義務教育の場合は，子どもの数に応じた学校統廃合が比較的容易である．しかし高校や大学の場合は，必ずしも柔軟に対応できない．子どもの減少に直面しても，むしろ存続する方向で努力されるのが普通である．とくに大学などは，逆に校数が増えている現状である．当然の結果として，高校入試や大学入試のハードルが非常に低くなってきているのである．これでは，学力向上への意欲が低下するのも無理はないともいえる．つまり教育の制度的な仕組みの要因と，人口学的な要因とが，学力低下を助長させる基本ベクトルを合成している．

では高校の学力低下に，直接影響している要因は何か．まず，大学入試制度の変化が指摘できる．すなわち1990年の現行大学入試センター試験発足以来，国・公・私立大学とも入試科目の削減を競ってきた事実がある．加えて入試の多様化の名のもとに推薦入試枠が拡大されるなど，大学進学希望の生徒にとって，少ない入試科目にしか目が向かなくなった．その一方で進学を希望しない生徒のなかには，学校側の穏便な教育的配慮を逆手にとり学習しないことに無頓着である者も増えている．それどころか，気分としては「高校生をやっているのが何よりも楽」（喜入，1999）というわけである．

大学の場合は，ある意味で明確である．というのは，入試科目を軽減化してきたことのツケが1番目の要因，次に一般に単位認定権の形骸化が蔓延しておりアメリカでのGPA方式のような厳格な成績管理に欠けることが2番目の要因，さらに企業などリクルートする側の採用基準がきわめて不明朗であり，かつ大学での学習成果に対してリクルート側が無関心である点が3番目の要因として上げられる．1番目と2番目の要因は，大学サイドの努力で改善できる余地があるのに対し，3番目の要因はむしろ外部の要因である．しかし学力低下を引き起こしている最大かつ根本的な要因は，何といっても企業を含めた社会の側が大学など学校教育に対し余り期待してこなかったことにある．とくに高度成長期以降，文系学生を中心に学部学科不問採用がまかり通ってきており，学生の専門性はほとんど顧みられてこなかった．ようやくにしてあらわれた企

業による学力危機感は，この意味でむしろ企業自身にも向けられねばならない．

教育崩壊を生み出す構造

　これまでみてきた学級崩壊や学力低下は，進みつつある教育崩壊現象のひとつの断面でしかない．あえていえば，本章でふれた断面は学校教育の場面に即したケースであり，それ以外のケースについては残念ながら割愛せざるをえなかった．しかし本章の冒頭でも述べたように，教育崩壊はすでに日本社会全体の社会病理現象となりつつある．つまり，構造的な動きと化しているのである．もちろんこの動きは，表層的な動きとしては近年特有の社会現象ではあるかもしれない．しかし構造的な動きとしては，一定の歴史的な流れのなかで顕在化したものとみなければならない．そこで図9-2によりながら，教育崩壊の構図について今一度整理しておこう．

　キイとなる要因は2つあり，第1は主として学級崩壊につながる戦後民主主義の形骸化であり，第2は主として学力低下を招いたゆとり教育の導入である．第1の要因から眺めてみよう．民主主義は，端的にいえば「自由」と「責任」

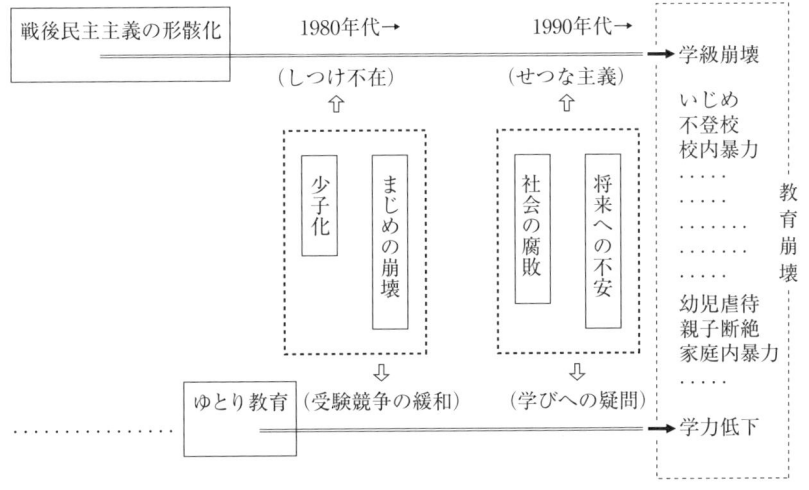

図9-2　教育崩壊の構図

が対になってこそ実現可能である．ところが戦後日本の民主主義は，「責任なき自由」ばかりが強調されるものに変形してしまった．これは，家庭教育においても同様である．すなわちしつけ不在という形の自由放任教育が横行したのである．このツケが無視できなくなったのは，とくに1980年代以降である．つまり少子化にともなう子どもの数の減少が，学齢期児童の減少として直撃し始めた時期である．甘やかされた親子の癒着関係が日常化し，子どもにとって努力することの意味が失われていった．千石保がいうように，まじめであることの意味は若者のみならず，次第に子どもの間でもダサイことに成り果てた（千石，1991）．そうしたなかで，バブル崩壊後の大企業倒産，エリートの度重なる不祥事，そして低迷する経済状況は，子ども心にも漠然とした将来への不安を感じさせるには十分であった．それは，先のことより今を大切にしたい，いわゆる「せつな主義」を醸成していったのである．学級崩壊は，発達段階の違いによる現れ方のバリエーションはあったとしても，基本的にはこのような構図のもとに展開していったと考えられる．

　第2の要因は，すでに本章でたびたび言及しているゆとり教育政策である．小学校での実施導入は1980年からであり，第1の要因よりは時間的に遅れることになるが，それにしてもすでに施行から20年以上を経過している．この場合も，ゆとり教育がストレートに学力低下を生んだというのではなく，少子化その他の社会的動向と微妙に影響し合いながら，結果として学力低下を招いたとみるのが妥当であろう．すなわち高校・大学受験ひとつ取ってみても，少子化によって受験競争は確実に緩和される．もとよりゆとり教育路線は，学びの内容の側面でも緩和を一層推し進める．また先にみたように，子どもの世界でまじめ崩壊的風潮がはびこるとすれば，〈学力向上派〉はマジョリティからマイノリティに転じてしまう．事実，新たにマジョリティとなった〈マイペース派〉でも進学目的は一応達成できたのである．こうした事態に拍車をかけたのが，例のバブル崩壊後の一連の顛末である．エリートの挫折や大企業の破綻を目の当たりにし，子どもにとっての学歴の効用は，もはや自明の理ではなくなりつ

つある．さらに戦後50年を経て，親から子への階層相続により社会の不平等状態が静かに固定化しつつある現実を，子どもたちは肌で感じ取っている．高度成長期に学齢期を過ごした団塊の世代たちは，明日を夢見て日々の学びにいそしんだ．しかし今日，多くの子どもたちは学習にさしたる意味を見い出せないまま，せつな的な生き方にとりあえず身を委ねているかのようである．学力低下が，加速されるはずである．

では，こうした教育崩壊の流れを逆転させるにはどうしたらよいのか．教育崩壊が歴史的，社会構造的な〈複合崩壊〉である以上，ミクロな教育制度の改革にのみ期待したところで多くは望めない．我われ一人ひとりが事の重大性を真摯に受け止め，社会再生の一環としての教育再生に国民的努力を傾注するのでなければ展望は開けないであろう．

引用・参考文献

岡部恒治ほか『分数ができない大学生』東洋経済新報社　1999年
ウォルフレン，K.V.著（篠原勝訳）『日本権力構造の謎・上下』早川書房　1995年
河上亮一『学校崩壊』草思社　1999年
尾木直樹『子どもの危機をどう見るか』岩波書店　2000年
深谷昌志編著『徹底解剖「学級の荒れ」』学文社　2000年
和田秀樹『学力崩壊』PHP研究所　1999年
大森不二雄『「ゆとり教育」亡国論』PHP研究所　2000年
喜入克『高校が崩壊する』草思社　1999年
千石保『「まじめ」の崩壊』サイマル出版会　1991年
川成洋『大学崩壊！』宝島社　2000年

第10章　高齢化と高齢者問題

豊かな能力と意欲持つ──高齢者は弱者払しょく
　　　　　　　　　　　　──厚生白書──

　津島雄二厚相は18日の閣議に2000年度の厚生白書を報告，了承された．（中略）高齢者を一律に弱者とみなす従来の画一的なイメージを払しょくし，「長年，知識・経験を培い，豊かな能力と意欲を持つ」という新しい高齢者像を示した．（中略）
　今回の白書の副題は「新しい高齢者像を求めて」．世帯単位の所得や資産を分析して，高齢者の経済実態を探った．
　世帯人員ひとり当たりの所得を比較すると，高齢者は200万円弱－220万円程度で，30代（211万円），40代（230万円）とほぼ同水準となっている．一世帯あたりの資産を見ると，（中略）いずれも世帯主が40代の場合の2倍程度で比較的裕福な高齢者の姿がうかがえる．
　その一方で，高齢者の7割は所得の半分以上を公的年金などの社会保障給付に頼っており，一人暮らしの女性や80歳以上の場合は，所得の7割以上を公的年金が占める．
　また，1985年以降の一人当たりの消費支出の推移を世帯主の年齢階層別で比較した場合，最も伸びたのは高齢者で1.4倍だった．（中略）
　こうした状況を踏まえ，白書は「現役世代から高齢世代という一方向的な考え方だけではなく，すべての世代がともに支えあうという視点も重要になってくる」と提案している．

「朝日新聞」2000年7月18日付　朝刊

第10章 高齢化と高齢者問題 167

🔑 キーターム

価値自由 社会科学的思考においては価値からの自由が求められる．しかし，いかなる認識も価値判断から完全に自由にはなれない．したがって事実判断に際しては，我々の認識を支えている価値の基盤を知り，その限界性を自覚する必要がある（ウェーバー）．

エイジズム セクシズム（sexism：性差別），レイシズム（racism：人種差別）にならぶ世界三大差別の1つで，年齢に基づく差別をいう．

逆機能 マートン（Merton, R.K.）によって，ある部分の作用は社会システム全体に対して機能的結果（プラスの貢献をする結果）と逆機能的結果（マイナスの貢献をする結果）をともにもつことが指摘されている．

人生でもっとも楽しかった時代

70歳になった自分を想像し，これまでの人生でもっとも楽しかった時代はいつだったかを答えてください——みなさんならこの問いかけにどのように答えるであろうか．宿題もなく，テストもなく，将来の進路などむずかしい選択も迫られなかった少年時代が楽しかったと答える人もいるだろう．自分がやりたいこと——夢——がみえてきて，それに向かって努力することができた青年時代であるとする人もいるだろう．家庭をもち，バリバリと仕事をこなしながら充実した時を過ごした壮年時代をあげる人も，もちろんいるであろう．子育ても終え，仕事も終え，時間やお金や自分の関心を，もっぱら自分のために自分のペースで使うことができた高齢期をあげる人もいることであろう．いずれの答えも，納得できるものであり，なにより，楽しかったと振り返ることができる人生を送れたならば，それはすばらしいことである．

ここで，みなさん——とくに青年期にあたるみなさん——に注目していただきたいことを2点指摘しておきたい．ひとつは，人生で最も楽しかった時代は高齢期であると答える高齢者もおり，それは青年期を挙げる若者がいるのと同じでまったく不思議なことではないということ．いまひとつは，一生懸命努力したり"バリバリ"活動できることが「楽しい時代」という評価につながるのと同じように，肩の力を抜いて自分のペースで過ごすこともまた「楽しい時代」という評価につながるということである．このようにあまりに当たり前のことを，なぜことさらに指摘しなければならないか．それは，高齢期，高齢者，高齢社会に対して紋切り型の画一的なイメージ（ステレオタイプ）を，我われは抱きがちだからである．ウェーバー（Weber, M.）の価値自由の概念を思い起こし，我われの認識を支えている価値の基盤が何であるのかを知り，その限界性を自覚しておきたい．

老人イメージに対する調査・研究

人びとは，高齢者に対してどのようなイメージをもっているのであろうか．

実際に行われた調査・研究をひもといてみよう．

老人イメージに対する研究はこれまで数多く積み重ねられてきた．その主要な研究はSD（Semantic Differential）法という方法によっていた．それは，「明るい―暗い」などの意味が対立する形容詞対（SD項目とよぶ）を複数（20〜50項目）あげ，測定したいイメージがどちらの形容詞に近いかを5段階の評定（1．非常に　2．どちらかといえば　3．どちらともいえない　4．どちらかといえば　5．非常に）により回答してもらうという方法である．分析は，① SD項目の因子分析を行い，得られた回答の背後に潜む要因を探り，イメージの構造を明らかにする，② 各SD項目の平均値を算出することにより，中立点（3点）を境として肯定的／否定的のいずれの方向に偏っているかを検討し，イメージの方向性を探る，③ イメージを規定する要因を探る，という3つの視点からなされる．以下では，主要な研究の知見について，この3つの視点からまとめてみたい．

保坂久美子らは，東京都内およびその近郊にある7大学の学生を対象として1986年に調査を行い，有効回答を得た567名について分析した．その結果，① 大学生が抱く老人イメージは，「有能性（劣った―優れた）」，「活動・自立性（静的―動的）」，「幸福性（空っぽな―満たされた）」，「協調性（主観的―客観的）」，「温和性（厳しい―優しい）」，「社会的外向性（消極的―積極的）」という6つの因子から成ることを指摘した（因子負荷量がもっとも大きかった形容詞対を（　）内に示した）．また，② 大学生が抱く老人イメージは，どちらかといえば否定的である，③ イメージを規定する要因としては老人への関心や祖父母との接触など個人の経験に基づく要因が重要である，と報告している（保坂ほか，1988）．

中野いく子らは，東京と埼玉の小中学校（3つの小学校，2つの中学校）の生徒を対象として1990〜1992年に調査を行った．有効回答を得た1822名を対象に分析を行った結果，① 小中学生が抱く老人イメージは，「評価（悪い―良い）」，「活動性（弱い―強い）」という2因子から成る，② 小学生，中学生と

も全体的にみれば肯定的イメージを抱いている，③ イメージを規定する要因としては，学年および老人との過去の経験があげられ，学年が低く，小さいときの交流経験が多い者ほど肯定的なイメージが形成されている，と指摘した（中野ほか，1994）．

古谷野亘らは，東京都練馬区に居住する45～64歳の男女を対象として1993年に調査を行い，617名を対象として分析を行った．その結果，① 中高年が抱く老人イメージは，「力動（不活発な─活発な）」，「親和（きびしい─やさしい）」，「洗練（落ち着きのない─落ち着きのある）」という3因子から成っていた，② そのイメージは全体として中立的で，中立点よりわずかに肯定的な方向に偏っていた，③ 力動性の次元には，女性より男性，高学歴者ほど否定的であるという性および学歴による差が認められた，と報告している（古谷野ほか，1997）．

小学生から中高年までに至る年齢層に共通して，老人イメージを形づくる因子として「活動性（静的─動的，弱い─強い，不活発な─活発な）」が存在していたことは注目に値する．それは，高齢者に対するイメージを形づくるひとつの重要な視点が「活動性」にあることを示しているからである．また年齢別にみると，最も否定的なイメージをもっていたのは，青年期にあたる人びとであったことにも留意しておきたい．青年期にあたる方々に対してはじめに注意を喚起した理由のひとつはここにある．青年期の方々にとって，高齢者に対するこのような否定的なイメージが，高齢期に対する否定的なイメージにつながっていると考えられるからである．そしてそれは，高齢者の比率が高い社会すなわち高齢社会を否定的に捉える傾向を生み出し，エイジズム（ageism：年齢に基づく差別）の温床となっている．

高齢化社会に関するステレオタイプ

否定的な老人イメージは，一体どのように形成されてしまうのであろうか．前述した3つの研究においてもイメージの規定要因が指摘されていたが，もう

表10-1　高齢化社会クイズ第4版

次の①～⑯の質問のそれぞれについて，1～3の選択肢のどれか1つに○をつけてください．なお，ここで高齢（者）という場合は，おおむね65歳以上（の人）を指しています．

① 現在，日本は，65歳以上人口の割合が世界一の高齢化国である．
　　1．そのとおりである　　2．世界で5番目くらい　　3．世界で10番目くらい
② 現在の日本における65歳以上人口は全人口の約2割である．
　　1．そのとおりである　　2．2割以上　　　　　　　3．2割未満
③ 日本では，100年後には65歳以上人口が約半数を占めると予想されている．
　　1．そのとおりである　　2．25％くらい　　　　　　3．約60％
④ 戦前では，同年生まれで65歳まで生きることができた人は女性でも約4割であった．
　　1．そのとおりである　　2．5割以上　　　　　　　3．2割以下
⑤ 現在の日本で80歳まで生きている人は，女性でも同年生まれの2割にすぎない．
　　1．そのとおりである　　2．5割以上　　　　　　　3．1割以下
⑥ 100歳以上の高齢者は全国で4,000人を越えている．
　　1．そのとおりである　　2．3,000人ほど　　　　　3．1,000人以下
⑦ 戦前の日本では，核家族世帯は約3割であった．
　　1．そのとおりである　　2．5割以上　　　　　　　3．2割以下
⑧ 昭和一桁生まれの女性は，結婚すると平均して4人の子どもを生んでいた．
　　1．そのとおりである　　2．5人以上　　　　　　　3．3人以下
⑨ 生涯子どもをもたない夫婦の割合は，明治，大正，昭和，平成と時代が下がるにつれて増加してきた．
　　1．そのとおりである　　2．かわらない　　　　　　3．減少してきた
⑩ この15年ばかりの間，一人っ子の家族の割合は急速に増えた．
　　1．そのとおりである　　2．かわらない　　　　　　3．減った
⑪ 全国の高齢者の約4割は子ども夫婦と同居している．
　　1．そのとおりである　　2．約6割　　　　　　　　3．約2割
⑫ 高齢者の約1割は一人暮らしである．
　　1．そのとおりである　　2．2割以上　　　　　　　3．数％
⑬ 高齢者の約1割は，老人ホームに入所している．
　　1．そのとおりである　　2．2割以上　　　　　　　3．数％
⑭ 高齢者の運転事故率は，他の年齢層の運転事故率よりも格段に高い．
　　1．そのとおりである　　2．同じ程度　　　　　　　3．低い
⑮ 65歳以上で働いている男性の割合は，この20年間，次第に増加してきた．
　　1．そのとおりである　　2．かわらない　　　　　　3．低下
⑯ 一人暮らしの高齢者の約8割は女性である．
　　1．そのとおりである　　2．6割　　　　　　　　　3．5割

注）本表は，クイズの項目と解答肢を示したもので，クイズ実施に際して用いたクイズ用紙の様式とは異なる．

出所）小田利勝「高齢化社会に関する事実誤認；「高齢化社会クイズ」第4版による分析」『老年社会科学』16号　1995年，127ページ

少し別の角度から論じてみたい．

　表10-1は，1993年～1994年にかけて研究に用いられた「高齢化社会クイズ（第4版）」である（小田，1995）．まずは，頭を当時に戻して，16項目からなるクイズに解答していただきたい．

　それでは正解を示しておこう．解答の基になるデータについては，小田の論文（小田，1995）を参照していただくこととして，ここでは研究が行われた当時の正解のみを示しておこう．①3，②3，③2，④1，⑤2，⑥1，⑦2，⑧3，⑨3，⑩2または3，⑪1，⑫1，⑬3，⑭2，⑮3，⑯1が正解である．

　小田は1993年5月から1994年2月にかけて，18～84歳の男女900人を対象として，この高齢化社会クイズを実施した．その結果，項目別の正解率は最低が5.8％（①），最高が59.4％（⑯），平均正解率が30.8％であった．正解・不正解の分布に，性別に関して差が認められた項目は少ないものの，年齢，学歴による差が多くの項目で認められ，とくに年齢別では若年層に誤りが多い項目数が多かったと報告している（小田，1995）．

　さらには，不正解な場合に特徴的なことは，否定的事柄に関しては事実よりも過大に，肯定的事柄に関しては過小に認識していることが指摘されている．たとえば，「現在の日本の人口高齢化の程度は，西欧先進諸国に比べて，なおかなり低い水準にあったにもかかわらず，ほとんどの人が日本が世界一の高齢化国であると思っている．そして，今日すでに高齢者の割合が2割以上になっていると思っている人が8割を占め，100年後には5割を超えると思っている人や，老人ホームに入所している割合を実際よりも過大に理解している人が多い．その反対に，生存率や100歳高齢者の数に関しては，事実よりもかなり過小に理解している人が少なくない」（小田，1995，p.133）のである．

✎ ステレオタイプと事実誤認

　1970年に，65歳以上の人口が総人口に占める割合（老年人口比率，高齢化

率）が7.1％となり，厚生白書に「高齢者問題」がテーマとして取り上げられた．すなわち，高齢者が"問題"とされるようになったのである．その後展開されたキャンペーンで取り上げられた問題のひとつは介護問題であった．キャンペーンが介護問題の解消を目指して早期取り組みの必要性を唱えれば唱えるほど，高齢者は「心身の機能が衰えた者」であるとみなされるようになり，それが意図せざる結果であったにしても，介護に対する負担感と恐怖感が人びとの間で増大するという結果をももたらした．

また，老年人口／生産年齢人口×100という計算式によって求められる老年人口指数が示しているように，高齢者は年少人口（15歳未満人口）と同様に「非生産年齢人口」として分類された．すなわち，生産年齢人口（15歳以上65歳未満人口）によって「経済的に援助される者」としてみなされるようになった．年金制度の早期見なおしの必要性が説かれるほど，青壮年層の経済的負担感は呼び覚まされることとなった．

高齢者に係わる問題を顕在化しその解決をめざそうとしたこれらの試みが，「社会的・経済的な弱者としての高齢者」という否定的なステレオタイプの流布を助長するという逆機能をもち，否定的事柄に関して事実より過大に認識しているという事実誤認を導き出してきたといえよう．そしてそのような事実誤認は否定的なステレオタイプの流布を加速していったと考えられる．身近に高齢者の存在が希薄となりイメージを打ち消す事柄と出会うことが少ない時期にあたる青年期において，老人イメージが最も否定的なものとなる理由のひとつはここにある．

画一的なイメージの払拭

2000年7月，「新しい高齢者像を求めて」をテーマとする『厚生白書』が刊行された．そこでは，高齢者を一律に弱者とみなす従来の画一的なイメージを払拭し，「長年，知識・経験を培い，豊かな能力と意欲を持つ」という新しい高齢者像を提示することが意図されていた．

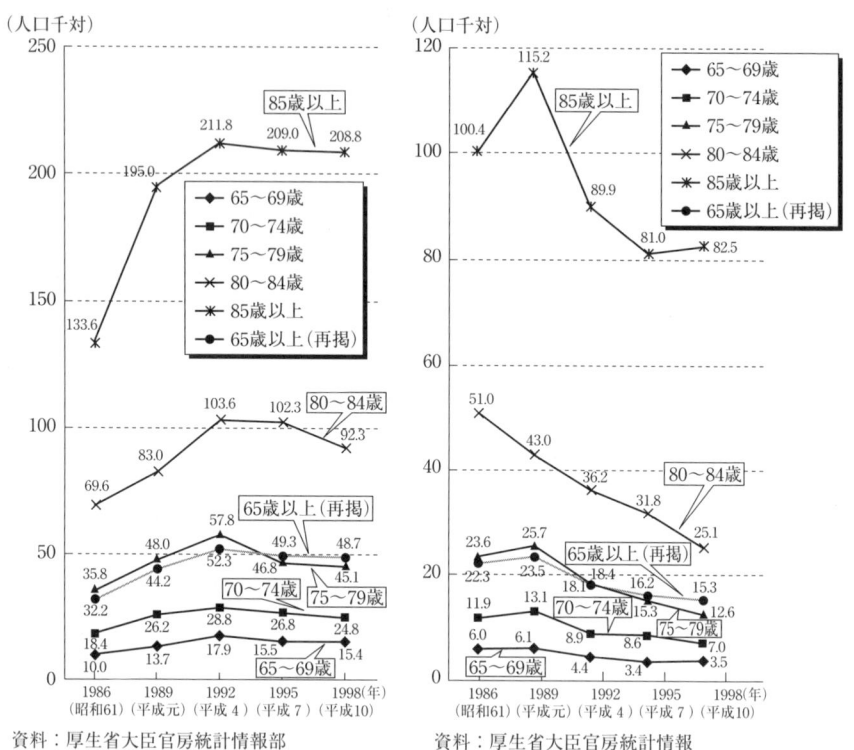

図10−1 在宅の年齢階層別要介護者率の推移

図10−2 在宅の年齢階層別寝たきり者率の推移

資料：厚生省大臣官房統計情報部「国民生活基礎調査」
注）1995年は兵庫県の値を除いたものである．
出所）厚生省監修『厚生白書』（平成12年版）2000年，61ページ

資料：厚生省大臣官房統計情報部「国民生活基礎調査」
注）1995年は兵庫県の値を除いたものである．
出所）図10−1と同じ，61ページ

「寝たきりや痴呆，虚弱となり介護や支援を必要とする高齢者は，2000（平成12）年には，約270万人と見込まれているが，これは65歳以上人口の約13％に当たる」（『厚生白書』p.60）とされている．逆にいえば，要介護高齢者は約13％にしか過ぎないのであり，約87％は介護や支援を必要としない高齢者なのである．在宅の年齢階層別要介護者率の推移を示した図10−1，在宅の年齢階層別寝たきり者率の推移を示した図10−2をみていただきたい．

これらのデータから『厚生白書』は「在宅で介護を必要とする者や寝たきり

の発生率について近年の傾向をみると，年齢が高くなるにつれて要介護率や寝たきり率が高くなる点は以前と同じだが，65歳以上の高齢者の各年齢層において，要介護率や寝たきり率は横ばいまたは若干下がっている傾向もみられるのである」（『厚生白書』p. 60）と指摘している．これらの結果は，今後さらに健康な高齢者の割合が増えていく可能性をも示唆している．また本章のコラムに挙げた記事に記されていたように，経済的にも豊かな高齢者が少なくないことも同時に指摘されている．この『厚生白書』は，高齢者を問題として捉えるのではなく，高齢者とともに暮らす社会のあり方を問題としており，高齢者問題の転換を示した点で特徴的であった．

けしかけられる"若々しさ"

『厚生白書』による提言を待つことなく，否定的なステレオタイプを払拭する試みは，1990年代前半においてすでになされていた．それは，「生き生きとした老後」に対する提案という形をとってあらわれた．

「〈老年期〉をどう生きたらいいかというはっきりした方策や智恵を，私たち人間はまだ持ち合わせていない」という問題意識から出発し，それへの回答を探すべく，新しい意味での〈老年期〉を活動的に生きつつある人びとが書籍を通じて紹介されたのは1990年代はじめのことであった（中村，1991）．

そのような人びとの紹介は，新聞・雑誌・TVなどのマスメディアを通しても，さかんになされた．たとえば，1996年の朝日新聞には，パラグライダーを楽しむ77歳の男性の紹介が写真つきで掲載されていた（1996年9月4日付朝刊）．氏は69歳からスカイスポーツの魅力にとりつかれ，70歳でパラグライダーと，機体に小型エンジンをつけた超軽量動力機操縦資格を取得し，年間5～6回はパラグライダーの飛行を楽しんできたという．記事のリードはこのように語りかける．「定年後をどう過ごすか．会社人間を通してきた人には難題だろう．（中略）好奇心や探求心をもって，何かに取り組む姿は若々しい」．

これらが示すように，1990年代前半に提示されてきた「生き生きとした老

後」とは，活動的に生きることであった．

高齢者の適応問題

　高齢者も活動的であるべきだとする視点は1960年代のアメリカで「活動理論（activity theory）」として生まれた．活動理論は「離脱理論（disengagement theory）」とならんで社会老年学の代表的な理論とされてきた．この理論を端的に要約すると「人間はつねに社会的相互作用の中に組み込まれ，活動しつづけることが望ましく，老年期においても中年期からの活動を何らかの形で維持し，あるいは代替的な活動を探すものである」（奥山，1986, p. 68）とされている．活動理論の体系は，自我の概念を取り入れたレモン（Lemon, B. W.）らによって，「活動度が大→役割支持が多→肯定的自我概念が多→生活満足が高」という因果図式に整理されている（Lemon, 1972）．

　これに対して離脱理論は，つぎのように説く．高齢者は社会的役割や活動の水準を低下させる一方，社会のほうも高齢者に対して多くを期待しなくなる．その結果，高齢者と社会とはしだいに相互に離脱していくこととなる．この過程は，心身ともに機能が低下した高齢者にとっては社会的責任や義務から開放される過程であり，そして社会にとっては社会的役割の担当者を活動能力がより高い青壮年層に置き換えていく過程であるとみなされる．したがって，この過程は高齢者にとっても社会にとっても機能的なものであり，その意味で，必然的かつ不可避な過程である．

　これらの理論を踏まえると，1990年代前半においてさかんに紹介され，提案されていた「老年期を活動的に生きる」という生き方は，まさに活動理論に立脚した生き方であったことがわかる．そこで提唱された生き方は，一方で中高年の登山ブームや市民講座受講ブームに結びついた．しかしながら，近年，逆方向のブームもまた同時に巻き起こっている．

論理の反転

　それはバブル崩壊後の日本に,「老人力」という概念を伴ってあらわれた.老人力とは,「物質があって,反物質があるという.それと同じように,努力があって,反努力がある.努力の反対,じゃあ怠けることか,というとちょっと違う.あえていうと,怠ける力,というより努力しない力ということになるのか.(中略)その反努力の力というのが,老人力の実体ではないのか.」と説明されている(赤瀬川, 1998, p. 142).この力は活動理論が求めるような"力"とは対極の力である.それは老人に残された力,すなわち肩をいからせて「まだまだ現役だ」などと主張する力ではなく,力みのない力である.貪欲に情報を吸収するような力―記憶力―ではなく,情報のしがらみから逃れるような力―忘却力―である.

　赤瀬川は,老化にともなう心身機能の低下に抗うようなことをしない.むしろそれを受け入れている.その上で,それは悪いことではないという反転した論理を用意することによって,「活動的であるべきだ」という活動理論に飲みこまれることから逃れている.しかしながら,社会から離脱することを説いているわけでもない.「(老人力は)プラス志向などでは決してつかめないものである.じゃあマイナス志向がいいのかというと,これが難しくて,プラス志向のまま早とちりしてマイナスに向かったものは,そのまま人生のどん底に落ち込んでしまう」(赤瀬川, 1998, pp. 28-29)という指摘は,社会から離脱することの危険性を指摘したものであろう.

　このような論理の反転は,海外の研究者によって1980年代半ばにすでに指摘され,日本にも1990年代はじめには紹介されていた.フェミニストの集会でエイジズムについての公式の発言が出た最初の集会は,1985年の全米女性学会大会であるといわれている.その最初の発言を行ったのが,バーバラ・マクドナルド(Barbara Macdonald)であった.戦闘的なレズビアン・フェミニストであるバーバラはある日,レイプに抗議して「夜を女の手に取り戻そう」という女性たちのデモにいつものように出かけた.しかしながらデモ隊の隊列にいる若

い女性たちから,デモに耐えない老人,保護されいたわられ,結局は足手まといになるほかない哀れな老人として決定的にみられている自分に気づいて,深く混乱したという(バーバラ,1992).老化に伴って心身機能が低下してくることは否めない.しかも,この変化は不可逆的,つまり戻ることはできない変化として我われにあらわれてくる.この変化を前にしたとき,我われが取りえる選択肢は2つである.拒否するか受容するか.バーバラは後者に立った上で,「女も年寄りも弱い.弱くてどこが悪い」と論理を反転し,活動的でなければならないという呪縛からの解放を目指したのである.

バーバラと赤瀬川は,このような論理の反転において重なる.両氏は,活動的でありつづけよという社会の要請に絡めとられない,しかしながら社会から離脱するのではない生き方を提示したのである.

アンビバレントな望ましい老後

「老人力というのはあくまで冗談なんだけど,もはや冗談じゃないのだ」(赤瀬川,1998, p. 62)と書かせるほどに老人力という言葉は大きな反響を呼び起こした.なぜそれほどまでに人びとに受け入れられたのであろうか.

児玉らは,都市部に居住する壮年が老後の暮らし方としてどのようなことを望んでいるのかを構造的に明らかにするために,東京都練馬区に居住する45～64歳の男女を対象に調査を行った(児玉ら,1995).有効回答を得た617名を対象に数量化Ⅲ類を用いて分析を行った.数量化Ⅲ類とは,空間内の距離によってカテゴリー間の関係の強弱を表そうとする多変量解析であり,変数の値(カテゴリー)を最少次元数の空間内に布置しようとする手法である.

その結果,望ましい老いのあり方として,「安定志向—変化志向(第1軸)」「同調志向—自己主張(第2軸)」という2つの筋道があることが示された(図10-4).

さらに興味深いことに,相当数の対象者が,2つの筋道の両極に相当する項目を選択していたことが指摘されている.これは「調査対象者となった都市の

数量化Ⅲ類による分析に用いたカテゴリーとカテゴリースコア

固有値	第1軸 0.11799	第2軸 0.07781
1. つらいことはすべて避けるようにしたい (51.2%)	0.35265	0.25660
2. 周囲に合わせて行動したい (66.8%)	−0.15377	0.31492
3. いろいろなことをやってみたい (72.3%)	−0.24707	−0.05752
4. 自分の好みを押し通したい (40.4%)	0.37559	−0.39311
5. 変化のある暮らしをしたい (39.5%)	−0.32380	−0.38555
6. 何事につけ人の意見に従うようにしたい (42.5%)	−0.15838	0.69214
7. 義理人情にしばられたくない (66.8%)	0.19077	−0.06237
8. 気のあった仲間とだけ付き合いたい (54.8%)	0.52489	−0.02298
9. 新しいことを始めたい (39.1%)	−0.47758	−0.46466
10. 家族や親族が頼りだ (60.1%)	0.12382	0.21110
11. 努力してがんばるような生き方をしたい (73.6%)	−0.22488	0.05230
12. 若い人とできるだけ付き合うようにしたい (76.5%)	−0.23917	0.00831
13. 社会のために尽くしたい (76.7%)	−0.21810	0.05207
14. 近所付き合いのわずらわしさを避けたい (49.6%)	0.58595	−0.15003
15. 人間関係を広げたい (59.3%)	−0.47238	−0.03560
16. 人間関係のわずらわしさを避けたい (73.3%)	0.36147	−0.01561

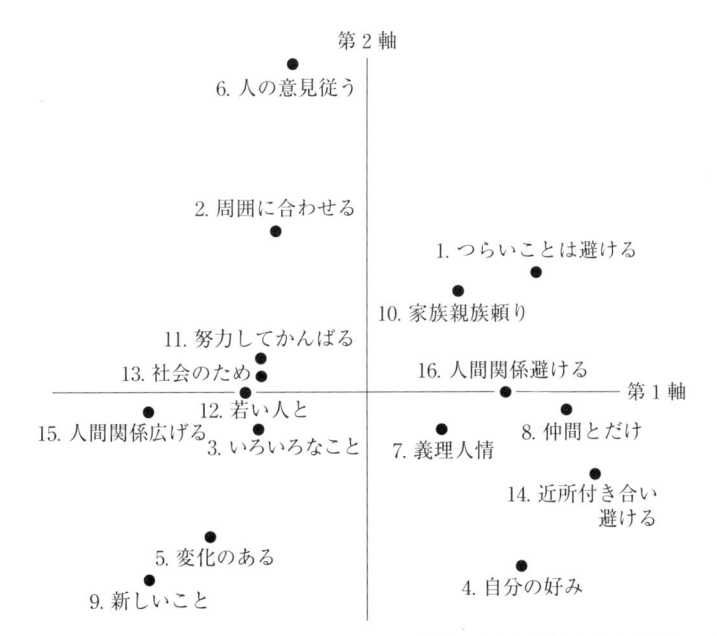

出所）児玉好信他「都市壮年における望ましい老後の生活像」『老年社会科学』17号，1995年，69ページ

図10-4　カテゴリーの構造図

壮年男女にとって，安定した生活を送ることは変化のある生活を送ることと同様に，また同調的であることは自己主張することと同様に，『望ましい老い』のあり方であることを意味している」と考えられる（児玉ら，1995, p.71）．

つまり，都市に暮らす壮年層の老後の生活に対する考え方はアンビバレント（ambivalent：両義的）であることが示唆されたのである．これは，活動的でありつづけよという社会の要請に絡め取られず，しかしながら社会から離脱するのではない生活という赤瀬川やバーバラによって提示された生活と近似するものであるといえよう．「世間一般も熟していたのだ．熟しきっていたというべきか．いまだ老人力という言葉はないまま，その内実の方がふくらんでいて，表面張力ぎりぎりまで行っていたところへ『老人力』という言葉がぷつんと刺さって，一気にあふれた」（赤瀬川，1998, p. 95）とは，まさに指摘の通りであった．

現代の高齢者問題

高齢者を弱者であると画一的かつ否定的に捉えることは避けなければならない．しかしながら，高齢者はみな活動的であるべきだと短絡的に捉えることもまた慎重に回避されなければならない．「今の若者は……」という発言に対して抵抗を示す若者がいるように，「今の高齢者は……」という言説に違和感を覚えている高齢者もまた存在するのである．高齢者を問題とする社会を問題化するまなざしのなかに，現代の高齢者問題は立ち現れているといえよう．

引用・参考文献

赤瀬川原平『老人力』筑摩書房　1998年
奥山正治「高齢者の社会参加とコミュニティづくり」『社会老年学』24号　1986年
小田利勝「高齢化社会に関する事実誤認；『高齢化社会クイズ』第4版による分析」『老年社会科学』16号　1995年
厚生省監修『厚生白書』（平成12年版）2000年
児玉好信・古谷野亘・岡村清子・安藤孝敏・長谷川万希子・浅川達人「都市壮年における望ましい老後の生活像」『老年社会科学』17号　1995年

古谷野亘・児玉好信・安藤孝敏・浅川達人「中高年の老人イメージ；SD法による測定」『老年社会科学』18号　1997年
中野いく子・冷水豊・中谷陽明・馬場純子「小学生と中学生の老人イメージ；SD法による測定と比較」『社会老年学』39号　1994年
中村雄二郎監修『平成老人列伝』NTT出版　1991年
バーバラ・マクドナルド（上野千鶴子訳・解説）「フェミニズムの中のエイジズム」樋口恵子編『ニュー・フェミニズム・レビュー④エイジズム』学陽書房　1992年
保坂久美子・袖井孝子「大学生の老人イメージ：SD法による分析」『社会老年学』27号　1988年
Lemon, B. W., Bengtson, V. L. and Peterson, J. A., An exploration of the activity theory of aging: Activity types and life satisfaction among in-movers to a retirement community, Journal of Gerontology, 27　1972年
川添登編著『おばあちゃんの原宿——巣鴨とげぬき地蔵の考現学』平凡社　1989年
倉沢進編『大都市高齢者と盛り場——とげぬき地蔵をつくる人びと』日本評論社　1993年
森岡清志・中林一樹編『変容する高齢者像——大都市高齢者のライフスタイル』日本評論社　1994年
東京都老人総合研究所社会学部門編『現代定年模様——15年間の追跡調査』ワールドプランニング　1993年
柴田博・芳賀博・古谷野亘・長田久雄『間違いだらけの老人像——俗説とその科学』川島書店　1985年
中村雄二郎監修『老年発見——「成長」から「老知」へ』NTT出版　1993年
副田義也編『講座老年社会学Ⅰ老年世代論』垣内出版　1981年

第11章　リストラ・失業・過労死

失業者300万人超す
　　4.6％，最悪更新　倒産・解雇で96万人

　総務庁が30日発表した労働力調査で，2月の完全失業者が313万人と，現行調査を始めた1953年以降最も多かった前月を15万人上回り，初めて300万人の大台に乗った．完全失業率も4.6％（季節調整値）で，最悪だった前月を0.2ポイント上回り，最悪記録を更新した．雇用者は前年同月に比べ72万人減と，13カ月連続のマイナスで，過去最大の落ち込み幅となり，企業の人員削減の波の高まりを裏付けた．米国がさきに発表した2月の失業率は4.4％で，日本の失業率は3カ月連続して米国を上回った．
　総務庁によると，男女別の完全失業率は男性が4.7％，女性が4.6％で，それぞれ前月に比べて0.2ポイント，0.4ポイント上昇し，いずれも最悪となった．／完全失業者のうち，企業倒産，リストラなど「非自発的離職」による失業は96万人で，厳しい雇用環境を反映している．／一方，より条件のいい仕事を求めるなどの「自発的離職」は113万人，主婦などが多くを占める「その他」は80万人だった．
　45～54歳の男性は3.2％で，1.0ポイント上昇．非自発的離職の割合が高く，相変わらずリストラのターゲットにされているという．また，世帯主の失業者が91万人と過去最多になるなど「家計を支えてきた人の失業が多く，深刻度が増している」（総務庁）という．
　　　　　　　　　　　　（「朝日新聞」1999年3月30日付　夕刊）
　完全失業者が300万人を超えたと発表された日，この新聞の東京・名古屋・大阪・西部の各本社は，300万という失業者数を「横浜市の人口にほぼ匹敵」「名古屋市の人口の約1.4倍」「大阪市の人口をも大きく上回る」「熊本，大分両県の合計人口を上回る」などと表現し，再就職のむずかしい中高年者たちのようすを伝える関連記事を載せた．

キーターム

失業率 正式には,「完全失業率」とよばれる.ただし,「不完全失業率」というものがほかにあるわけではない.完全失業率は,労働力人口(就業者と完全失業者)に占める完全失業者の割合.

失業者 労働力調査では,「仕事がなくて調査期間中に少しも仕事をしなかったこと」,「仕事があればすぐ就くことができること」,「調査期間中に,仕事を探す活動や事業を始める準備をしていたこと」の3つの条件を満たす者を完全失業者としている.したがって,アルバイトをしながら職を探している人や,離職後,調査期間中に求職活動をしなかった人は,統計上は失業者にならない.他方で,学校を卒業後も職が見つからず求職活動をしている人は,失業者に含まれる.

リストラ リストラクチャリング(restructuring)の省略語.日本では1992年ごろから,解雇とほとんどおなじ意味のことばとしてさかんに使われているが,もともとの意味は「事業の再構築」である.

「リストラ」と失業

(1) リストラと雇用調整

　1992年ごろからさかんに使われるようになった「リストラ」ということばは，1990年代の不況期を経た現在，日本の社会に完全に定着した．「ホワイトカラーのリストラ」などのいい方で，解雇と同義に使われている．このような用法は，冒頭の記事にもみられる．しかし，「リストラ」は，リストラクチャリング（restructuring）の省略語であり，その元来の意味は，現在ひろく一般に通用しているものとはかなり異なる．この点も含めて，「リストラ」について基本的なことを最初に確認しておこう．

　ある経営学書では，「リストラクチャリング（事業の再構築）」を「事業が成熟化し成長率の低下してきた企業を，新たな成長軌道に乗せるために，新しい事業を開発し，それを強化し，収益事業へと変えていくことによって，成熟分野から成長分野へ，低収益分野から高収益分野へと事業の重点をシフトさせ，事業構造を転換させていくこと」（加護野・角田ほか編，1993, p. 6）と定義している．企業を新たな成長軌道に乗せるために事業構造を転換させること，これがリストラクチャリングの原義である．事業構造の転換にともなって余剰人員を解雇することもあるが，もともとは，「リストラ」すなわち解雇という意味ではない．

　解雇などによる従業員の削減という意味での「リストラ」は，労働投入量を生産量の変動に対して調整させる雇用調整のひとつの方法である．企業は，今回の不況期にかぎらず，必要に応じてさまざまな方法によって雇用調整を行ってきた．労働省「労働経済動向調査」によると，1999年1～3月期には製造業事業所の45％が雇用調整を実施し，1990年代最多の6％の事業所が「希望退職の募集・解雇」を行った．しかし，「リストラ」ということばが使われる以前にも，不況期には「リストラ」が行われてきた．たとえば，第1次石油危機後不況期の1975年1～3月期には，7％の事業所が「希望退職者の募集・解雇」を行った（雇用調整実施事業所は74％）．

このようにいうと，日本企業は終身雇用だったのではないかという反論があるかもしれない．1980年代の末にある大企業の管理職も，こう発言している．「人をクビにできないとか，終身雇用だとか，あるいは年功序列があるとか，年寄りは敬うといった日本的経営からくる感覚」のために，日本企業は「本当の意味でのアメリカ的リストラクチャリングはできない」(情報文化研究フォーラム編，1989, p. 160)．たしかに，雇用調整を行なう際に日本の企業は，まず現在雇用している労働力の労働時間の調整から始め，非正規従業員の再契約停止や解雇，中途採用・新規採用の削減・中止，出向，一時休業，一時帰休などの方法を段階的に採用してきた．しかし，「どうしても既存従業員の人員削減が避けられない場合」(中馬・樋口，1997, p. 46)には，希望退職の募集，解雇も行なってきた．しかも，実際に雇用調整の主な対象となってきたのは，終身雇用・年功制のもとで優遇されているようにみえる中高年者であった (中馬, 1994；関, 1999)．日本企業において経営者も労働者も，終身雇用や年功制に価値を置いてきた．しかし，実際にすべての従業員に定年までの雇用が保障されたり，一律に年齢や勤続年数に応じた昇給・昇進が行われてきたりしたわけではない．

(2) **完全失業率の急激な上昇**

「リストラ」ということばがひろく日本社会に定着した1990年代は，完全失業率（キーターム参照）が過去に例のない勢いで上昇した10年間であった．高度経済成長期の失業率は低い値で安定していた．1973年の第1次石油危機後に企業が「減量経営」を採用するなかで，それまで1％台の前半だった失業率は，2％を上まわり，円高不況の1986年，87年には2.8％まで上昇した．1980年代末から90年代はじめの好況期には低下したが，その後の不況のなかで上昇しつづけて1995年には3.0％を，1998年には4.0％を超えた．1990年から1999年の10年間に，完全失業者は134万人から317万人へと2倍以上に増え，完全失業率も2.1％から4.7％へと上昇した（数値はいずれも男女計年平均）．

近年の失業率の上昇のすべてが雇用調整に帰せられるわけではない．しかし，

表11-1 年齢10歳階級別完全失業率

年平均	男性							女性						
	総数	15～24歳	25～34歳	35～44歳	45～54歳	55～64歳	65歳以上	総数	15～24歳	25～34歳	35～44歳	45～54歳	55～64歳	65歳以上
1990	2.0	4.5	1.8	1.2	1.1	3.4	1.4	2.2	4.1	3.1	1.8	1.5	1.4	0.0
1991	2.0	4.7	1.8	1.1	1.2	3.0	1.3	2.2	4.2	3.3	1.8	1.4	1.6	0.0
1992	2.1	4.6	1.9	1.3	1.2	3.2	1.6	2.2	4.1	3.3	1.9	1.5	1.3	0.6
1993	2.4	4.9	2.3	1.7	1.4	3.8	1.6	2.6	5.3	4.0	2.1	1.6	1.6	0.6
1994	2.8	5.6	2.6	1.8	1.7	4.6	1.9	3.0	5.3	4.7	2.4	1.8	1.9	0.6
1995	3.1	6.1	3.0	1.9	1.8	4.6	2.2	3.2	6.1	5.0	2.6	2.1	2.1	0.6
1996	3.4	6.8	3.3	2.1	2.0	5.1	2.1	3.3	6.7	5.2	2.6	2.0	2.6	0.6
1997	3.4	6.9	3.3	2.1	2.1	5.0	2.0	3.4	6.3	5.5	2.4	2.0	2.5	0.6
1998	4.2	8.2	4.1	2.8	2.5	6.3	2.6	4.0	7.3	6.2	3.3	2.3	2.9	0.6
1999	4.8	10.3	4.8	3.1	3.2	6.7	2.9	4.5	8.2	6.6	3.7	3.0	3.3	0.5

出所）総務庁「労働力調査」

「労働力調査」によって完全失業者を求職理由別にみると，「自発的な離職による者」は1990年の52万人から1999年の109万人とおよそ2倍の増加であるのに対して，解雇や倒産，定年などの「非自発的な離職による者」は33万人から102万人へと3倍以上に増加している．とくに男性の場合，1998年，99年は両者が逆転し，非自発的な離職が自発的な離職を上まわった．

近年の失業率の上昇については，非自発的な離職による失業の増加のほかに，将来の失業率や失業者の生活への影響の観点から，以下の点が注目されている．まず，表11-1のように，若年層の失業率が高いことと，技術・能力や賃金の点で求職側と求人側にミスマッチが生じることが多い中高年層の失業率が上昇していること，そして，世帯主の失業率が上昇していること（1990年1.5％，1999年3.3％）である（加瀬・田端編, 2000, pp. 258-259）．

問題としての失業

(1) 失業世帯の家計

職業活動において人びとは，自分自身や家族ではなく，それ以外の人びとに

よって消費されるものやサービスを生産している．そして，賃金などの経済的報酬によって，ほかの人たちが生産したものやサービスを購入して生活している．年金や利子を主な収入にしている人を除けば，失業は，生活の維持に不可欠な収入を失うことを意味する．なかでも，扶養家族を抱えた世帯主の失業は，本人だけでなく家族の生活にも大きく影響する．世帯主であることが多い中高年は，「リストラ」の主要な対象となる一方で，その年齢が再就職の障害になることなどの理由から失業期間が長期化しやすい．

『平成11年版 労働白書』では，総務庁統計局「全国消費実態調査」（1994年）の特別集計をもとに，世帯主の年齢が40〜59歳で仕事を探している失業世帯（世帯人員平均3.12人，世帯主の年齢平均51.7歳）を，世帯主の年齢が40〜59歳で世帯人員3人の勤労者世帯（世帯主の平均年齢は50.5歳）と比較している（労働省編，1999，108-113，p. 419）．それによると，勤労世帯の実収入と実収入から税金などを引いた可処分所得とをそれぞれ100としたとき，失業世帯の実収入は41.5，可処分所得は43.8である．世帯主が50〜54歳の失業世帯の実収入（299,215円）の内訳をみると，世帯主以外の世帯員の勤め先収入（113,890円）が38.1％ともっとも大きな割合を占め，ついで，その多くが雇用保険の失業給付とみられる「他〔公的年金以外〕の社会保障給付」（73,816円）が24.7％を占めている．

しかし，この実収入だけで失業世帯が生計を維持しているのではない．勤労世帯が可処分所得のおよそ8割（79.9％）を消費支出に当てているのに対して，失業世帯では預貯金の引き出しなどによって可処分所得の約1.5倍（145.4％）を支出している．預貯金の引き出しは，失業世帯の収入（実収入と実収入以外の収入の合計）の58.4％を占めている．白書は，消費支出が勤労世帯100に対して失業世帯79.9になっていることなどから，「貯蓄を取り崩して選択的消費にまわし，所得の減少ほどに生活水準を下げないようにしていると考えられる」（労働省編，1999，p. 111）と述べる一方で，失業が長期化しこのような生活が1年つづくと預貯金などの金融資産の3分の1を取り崩すことになると指

摘している．

　このように失業世帯は，収入の6割近くを取り崩した貯蓄で補って生活している．社会保障制度のひとつである雇用保険の失業給付も，実収入の4分の1を占めるとはいえ，全体の収入からみればわずかな額である．ここで注意しておきたいのは，これがあくまでも平均だということである．実際の失業世帯には，さまざまな格差が存在すると考えられる．白書でも，失業世帯と勤労世帯の消費支出を世帯主の年齢階級別に比較して，50代の失業世帯が，ライフサイクル上は必要となる消費を大きく切り下げざるをえないもっとも厳しい状況に置かれているとみられると指摘されている．これに加えて，失業世帯の収入の6割近くを預貯金の引き出しが占めるとすれば，それが多いか少ないかによって生活水準が大きく規定されることは想像に難くない．第1次石油危機後に東京都の失業者を調査した石川晃弘は，預貯金の額のほかに，失業前の賃金額によって決定される雇用保険の失業給付金額，解雇手当や退職金の有無や金額，失業前の勤務先企業の内外の人間関係のネットワークをあげて，これらの失業以前の職業生活の状態が，失業中の生活さらには新しい職場を見い出す際に大きな格差をもたらすことを指摘している（石川，1984, pp. 84-85）．

(2) **失業とアイデンティティ**

　世帯主が失業した世帯では，今までの蓄えを取り崩して生活している．しかし，それが尽きるのは時間の問題である．失業は，現代社会に生きる人びとにとってまさに死活問題である．しかし，失業した人たちにとっての問題は，それだけだろうか．失業が文字どおり職を失うことであるならば，職業が人びとにとってどのようなものであるかによって，その失うものも異なるはずである．結論を先にいえば，人びとが失業によって失うのは，収入だけではない．

　わが国の職業社会学の草分けである尾高邦雄は「職業とは何か」を考察する過程で，「職業は単に衣食の資を得るための手段であろうか」（尾高，1953, p. 14）と問うている．そして，親譲りの財産があり職業に就かなくても生計を維持できる人たちも職業を得ようとするのはなぜか，「無為徒食」を人びとが罪

悪視するのはなぜかと問いかけ，つぎのように答えている．「人は職業において己れの個性を発揮し，また職業を通してのみ己れの役割を果たし得る．職業活動においてこそ人は個人として完成され，またそれにおいてこそ人は社会人として全きを得る．いいかえれば，職業は一方では個性を発揮する道であり，他方では役割を実現するための方法である」．尾高は，このように述べて，職業は「単に生計維持の手段ではない」（尾高，1953, p. 16）と結論づけた．

　もし職業が単なる生計維持の手段だとすれば，職業の選択は，その人が置かれた状況のなかで最大の経済的報酬をもたらす職業を選ぶごく単純な作業になるはずである．だが，実際はそれほど単純ではない．仕事の面白さ，やりがいといったことを，多少なりとも考えるだろう．このようにみれば，尾高は，職業とは何かをともかくも説明しているようにみえる．しかし，彼の答え方にはどこかに落とし穴がないだろうか．人びとが個性を発揮できるのは，職業をとおしてだけではない．経済的な報酬をともなわない家事やボランティア，趣味などをとおしても可能である．また，人間はそもそも社会的存在なのだから，役割を実現していない人などだれもいない．それにもかかわらず，尾高の説明がとりあえず納得できるとすれば，そこには明示されていないひとつの前提がなければならない．それは，職業における個性の発揮，役割の実現が何にも増して価値があるということである．それを，「仕事〔職業としての労働〕のイデオロギー化」（辻，1980, p. 14）といってもいいだろう．

　このようなことが意識されることは，日常生活ではほとんどない．現代の日本社会において，大人が職業に就くことは改めて考えるまでもないことである．それは，当たり前のこととして，自明視されている．学校を卒業したら，就職することは当然のことである．尾高も指摘していたように，人は職業に就くことによってはじめて「社会人」とよばれ，一人前の大人として認められる．職業に就くことを免除されている子どもや学生は，「大きくなったら何になりたい」などと問われ，何かになることを期待されている存在である．

　このような職業のあり方は，明治維新後からはじまるとはいえ，それが日本

の社会で本格的に実現するのは，雇用労働者が働く人びとの多数を占めるようになる高度経済成長期である（辻，1980，p. 11）．その過程は，「男は仕事，女は家庭」という近代型の性別分業を前提とした近代家族が日本社会にひろく定着する過程でもあった（落合，1997）．女性が結婚や子どもの誕生に際して職業生活から離れるという選択肢があるのに対して，大人の男性とくに既婚男性にとって，定職に就くことはほとんど選択の余地のない自明のことである．

このように職業に携わることは，改めて考えるまでもなく意味あることとされている．そして，職業労働つまり職場の上司・同僚・後輩や顧客などとの相互行為によって，人は，意味ある役割を演じ，個性を発揮できている何者かでありえる．いいかえれば，そうした相互行為をとおして職業をめぐるアイデンティティが形成され維持される．したがって，失業は，個人を「職場の第 1 次集団からひきはなし職業的アイデンティティを奪い去ること」（石川，1984，p. 17）である．単にそれだけではなく，とくに職業に就くことが自明視されている男性にとっては，さまざまな社会関係のもとにある人としてのアイデンティティを奪われることである．失業した男性が，「職をなくし，夫の権威も失ったように思えて……妻の顔を正視できなかった」，近所の目が気になって「日曜日以外，表を歩きにくくなった」（毎日新聞経済部，1997，p. 194，p. 196）というように，失業は，夫や大人の男性としてのアイデンティティを失うことである．

過労死

(1) 過労死の社会問題化

過労死問題にもっとも積極的に取り組んできた医学者の一人である上畑鉄之丞によれば，「過労死」は発症の誘因に過重な労働負担や職業ストレスが関連していることを示した社会医学用語である．上畑はこれを，「過重な労働負担が誘因になり，高血圧や動脈硬化などもともとあった基礎疾患を悪化させ，脳出血，くも膜下出血，脳梗塞などの脳血管疾患や心筋梗塞などの虚血性心疾患，

急性心不全を急性発症させ，永久的労働不能や死にいたらせた状態」（上畑，1990, p. 238）と定義している．この定義に「永久的労働不能」とあるように過労死は必ずしも死を意味しない．また，循環器疾患以外の自殺や喘息発作による死亡などを排除するものではないとされる．

過労死の発症要因となった主な「過重な労働負担」としては，長時間労働が指摘されている．上畑が経験した相談事例（203件）の3分の2が「長時間労働」（週60時間以上の労働，月間50時間以上の残業および月間所定休日の半分以上出勤のいずれかを満足するもの）を背景に発症していた．こうした長時間労働は，人手不足，深夜勤務，頻繁な出張，転職・配置転換，過大なノルマ，納期の切迫などによる「過重労働や過大な精神的ストレス」をともなっていたとみられる（上畑, 1993, p. 22）．このような荷重な労働負担は，1973年の第1次石油危機以降に企業が採用した戦略によって生みだされてきたとされている（森岡, 1995, 3・4・6章；過労死弁護団全国連絡会議編, 1992, p. 183）．

過労死ということばによって示される死は，少なくとも1960年代のはじめにはその存在が認識されていた．しかし，社会的に大きな注目を集めることはなかった．過労死が社会問題化する契機となったのは，弁護士・医師らによって1988年に開設された「過労死110番」であった．この相談窓口には，遺族などから多くの相談が寄せられ，内外のマスコミに大きく取り上げられた．それによって過労死は，多くの人に知られるとともに，「働きすぎ」あるいは過労死に倒れた人やその遺族に対する労働災害補償の問題として大きく社会問題化した．

(2) **過労死とアイデンティティ**

「過労死」は1970年代後半につくられたことばである．かつては，「突然死」「急性死」などのことばが使われていた．これらのことばは，本人にも周囲にも思いがけない，原因は死亡者自身だけにある，あらかじめ気づくことのできない死というイメージがある．しかし，過労死は何の徴候もなく訪れた思いもかけない突然の死ではない．過労死に倒れた多くの人たちは発症まえに「疲れ

た」と頻繁にいうようになったり，生気や落ち着きのない状態を示したりしている（細川，1990；上畑，1993，p. 21）．遺族の手記には，「疲れた」と頻繁にいうようになったり頭痛を訴えるようになったりしたこと，食事や入浴もできないほどぐったりと疲れたようす，大声の寝言などが具体的に記されている．そうであれば，夫や息子を過労死で失った遺族にインタヴューした労働科学者の斉藤良夫がいうように，これらの「徴候を勤務中止の手がかりにすることができる」（斉藤，1993，p. 399）にちがいない．しかし，彼らはそれまでどおり働きつづけて倒れてしまった．

　彼らはどのようにして死にいたるまで働きつづけたのだろうか．先にみたように過労死の多くが長時間労働を背景に発症している．残業や休日出勤には，2割5分増し以上の割増賃金が支払われる．彼らは，これらの賃金を得るために働きつづけたのだと主張されたことがあった．しかし，川人博が，「残業賃金のために残業するのであれば，なぜ，サービス残業をするのであろうか」（川人，1992，p. 117）と的確な疑問を呈しているように，これは的外れの指摘である．

　斉藤がインタヴューした遺族たちは，夫たちが「徴候を示しながらも，『仕事の責任がある』とか『出勤しないと職場の人たちに迷惑をかける』などの理由をいって，家族からの勤務中止の忠告を聞き入れなかった」（斉藤，1993，p. 399）と語ったという．また，遺族の手記にも，彼女たちが夫らに仕事を休むようにあるいは診察を受けるように訴えた際の彼らの応答が記されている．「忙しくて，とても休むわけにはいかないよ」（製本会社裁断工，54歳）．「仕事がたくさんたまっているからダメだ」（建設会社現場監督，30歳）．「花博の二ヵ月間は，ぜったいに会社を休めない．病院へ行く時間もない．一人でも休むとほかの人がしんどくなる．会社からも怒られてしまう」（電気工事士，46歳）．彼らはこう答えて出勤していった．このほかに，ある執筆者は亡き夫にこう語りかけている．「会社をやめてほしいと何度も言いましたね．でも，家族のためにこれだけの仕事をしているのだ，社会的責任もあるのだと，そして私が自

分の気持ちを理解してくれないと，あなたは言いました」（環境調査会社勤務，40歳）（全国過労死を考える家族の会編, 1991, p. 13, p. 34, p. 91, p. 136).

　また，ある広告代理店の制作部副部長は，手帳につぎのように書き残していた．「連日，連夜，ハードワークが続いている．これを乗り切ることができるか．過剰なストレスに，身体も精神もボロボロになってすりきれるか，それとも，ひと回りタフに度胸も座るか．／アタマとカラダとウデと，ことここに至ったらやらねばなるまい．光恵と三人の子供のために．そして，オイラ自身のために」（八木, 1991, p. 46).

　これらのことばには，仕事をめぐるアイデンティティがさまざまな相貌のもとに語られている．彼らは，「忙しい」「仕事がたまっている」という仕事の責任から，「一人でも休むとほかの人がしんどくなる」という仲間への配慮から，「家族のため」，妻と3人の子どものために働きつづけた．つまり，仕事へのいわば直接的なアイデンティティだけでなく，職場の一員としてのアイデンティティ，夫や父親としてのアイデンティティという，仕事をめぐるアイデンティティのもとに懸命に働きつづけて過労死に倒れたのである．そして，労災補償給付を請求する遺族たちが求めているのも，このようなアイデンティティの承認である．

おわりに

　1990年代からはじまった不況がつづく現在，労働者とくに中高年の男性労働者の置かれた状況は，極端にいえばつぎのようにいうことができるかもしれない．「リストラ」の対象となれば失業，運よく会社に残れてもそこに待っているのは過労死だと．そして，このような状況は，ますます厳しくなっていくようにもみえる．労働基準法の改正（1998年），職業安定法・労働者派遣法の改正（1999年）によって雇用・労働における「規制緩和」が行なわれ，他方では，退職金を廃止したり，年功制に代えて成果主義・業績主義を取り入れたりした企業に関する報道がつづいている．

失業や過労死も含めて，こうした問題は，労働問題とよばれてきた．しかしこれらは，賃金という経済的報酬や労働条件などの単なる労働問題や収入を失うことという単なる生活問題ではない．夫婦や親子のありかたにもかかわる生活の問題であると同時に，本章で強調してきたように，たとえば男性労働者についていえば，夫であること，父親であることというアイデンティティの問題であり，さまざまな社会関係のもとで一人の人が生きていることの深奥にかかわる問題である．

📖　引用・参考文献

中馬宏之『検証・日本型「雇用調整」』集英社　1994年
中馬宏之・樋口美雄『現代経済学入門 労働経済学』岩波書店　1997年
加護野忠男・角田隆太郎ほか編『リストラクチャリングと組織文化』白桃書房　1993年
加瀬和俊・田端博邦編著『失業問題の政治と経済』日本経済評論社　2000年
細川汀「過労死」『労働法律旬法』1253号，1990年　4-16ページ
井出裕久　「過労死」四方壽雄編著『家族の崩壊』ミネルヴァ書房　1999年　254-269ページ
井出裕久　「職業と社会階層」張江洋直・井出裕久・佐野正彦編『ソシオロジカル・クエスト』白菁社　1997年　90-115ページ
石川晃弘「都市化社会のなかの失業者」『「構造変動」と労働者・労働行政』社会政策学会研究大会 社会政策叢書Ⅶ集，啓文社　1984年　75-89ページ
情報文化研究フォーラム編『リストラクチャリング――知をくみかえる組織――』エヌ・ティ・ティ出版　1989年
過労死弁護団全国連絡会議編　『過労死！』（講談社文庫）講談社1992年
川人博『過労死社会と日本』花伝社　1992年
川人博『過労自殺』岩波新書　1998年
毎日新聞経済部『日本の課長――名もなきサラリーマンたちの奮戦記――』毎日新聞社　1997年
森岡孝二『企業中心社会の時間構造――生活摩擦の経済学――』青木書店　1995年
大阪過労死問題連絡会『Q＆A過労死・過労自殺110番』民事法研究会　2000年
尾高邦雄『新稿　職業社会学』第一分冊，福村書店　1953年
落合恵美子『21世紀家族へ』（新版）有斐閣　1997年
労働省編『労働白書』（平成11年版）日本労働研究機構　1999年
斉藤良夫「循環器疾患を発症した労働者の発症前の疲労状態」『労働科学』69巻9

号　1993年　387-400ページ
関雅史「全調査　98〜99年希望退職」『週刊　エコノミスト』毎日新聞社，1999年6月22日号　28-32ページ
ストレス疾患労災研究会/過労死弁護団全国連絡会議『激増する過労自殺　彼らはなぜ死んだか』皓星社　2000年
辻勝次『仕事の社会学』世界思想社　1980年
上畑鉄之丞「過労死」『医学のあゆみ』153巻5号，1990年　238-242ページ
上畑鉄之丞『過労死の研究』日本プランニングセンター　1993年
八木光恵『さよならもいわないで』双葉社　1991年
全国過労死を考える家族の会編『日本は幸福か』教育史料出版会　1991年

第12章　エイズ

「エイズ患者」ではなく，"PWA"（People or Person with AIDS）という視点の重要性

　筆者は彼に対してもドラフトのコメントを求めた．彼からは，比較的リベラルな思想の持ち主が用いる"AIDS Victims"という用語を筆者も用いていることに対してであった．つまり，「"AIDS Victims"という用語では，『犠牲者』としての無力・無能性が強調されており，主体性や自発性，能動性の側面が抹殺されてしまう．僕たちは『犠牲者』などではなく，他の人と同じように，まず人間なんだ」ということであった．そして，彼ら（／彼女ら）にはまだできることがあるし，彼らにしかできないこともある．そういう可能性を無効化するはたらきを"AIDS Victims"というこの用語はもっている，ということであり，かわりに"PWA/PWARC"（People or Person with AIDS/People or Person with AIDS Related Complex―AIDS関連症候群―）という用語を用いるよう，とのことであった．確かに，これは当事者意識を持ち合わせていないものが陥る一種のドグマであり，当事者に対して一方的な父権的な保護の対象となることを押しつけることともなりうる．
　このことを指摘されてからは，筆者は一貫してこの"PWA/PWARC"（および，現在に至ってはそれらの総称としての PWH/A―筆者）という用語を積極的に用いるようにしている．

仲尾唯治「米国サンフランシスコ市における PWA/PWARC をめぐる問題―1つの参与観察法による社会調査の試み―」日本保健医療社会学会『保健医療社会学論集』第3号，1992年5月，19ページ

第12章　エイズ　197

キーターム

STD（Sexually Transmitted Diseases：性感染症）　　人間の性行動の多様化に起因する，性的接触を介して感染する疾患の変化や増加に対応するため，従来の「性病」や「性行為感染症」にとって代わる用語として，1975年にWHOによって命名されたもの．

ARC（AIDS Related Complex：AIDS関連症候群）　　HIVに感染しウイルスに対する抗体が確認きれ，かつ発熱，寝汗，下痢，脱力感，著しい体重の減少などの症状が認められるものの，AIDSの症状は認められない，HIV感染の1つの段階のこと．

AC（Asymptomatic Carrier：無症候性キャリア）　　HIVに感染しウイルスに対する抗体が確認されるものの，HIV感染に関連する，ARCを含む何らの症状も確認されないHIV感染の1つの段階のこと．

カミングアウト（coming out）　　自己の秘密—たとえば，自己が男性同性愛者であることや，自己がHIV感染者であるというようなこと—を他者に打ち明けたり，公式に発表すること．これまで，主として男性同性愛やHIV／AIDS関連の用語として用いられてきた．

「エイズ」の社会的起源

「エイズ」（AIDS：acquired immune deficiency syndrome：後天性免疫不全症群）は，1981（昭和56）年に世界で初めてほぼ同時にカリフォルニアとニューヨークのアメリカ合衆国の2つの州で確認されて以来，全世界を巻き込む20世紀最悪の難病として恐れられてきた．

この難病は，当初は男性同性愛者特有の「奇病」，"GRID"（gay related immunodeficiency：ゲイ関連免疫不全症）として把握された．ついで，「男性同性愛者特有の」という状態から，やや一般化が進んだ形としての，男性同性愛者・両性愛者，静脈注射薬物濫用者，男・女売春行為者，血友病者らを主要な「ハイリスクグループ」（high-risk group：高危険率集団）とする難病として認識された．そして現在に至っては，さらにそれらの一般化が推し進められ，これらの「ハイリスクグループ」に属する人たちに限定されない，STD（sexually transmitted diseases：性感染症）としての認識が一般に定着している．

そしてこの認識の定着には，その後の研究によって確認されたつぎのことが強い科学的根拠を与えている．すなわち，この病気が感染症のひとつであること．そしてそれを引き起こすウイルスの感染媒体が，主として精液，膣分泌液，血液の3つの体液であるということである．

世界的な一般傾向としては，「エイズ」を以上のように捉えることができる．だが，わが国においてこの問題を捉えるとき，世界に類をみないわが国独特の特殊状況がある．現在こそ，新たに感染する感染経路は性感染がほとんどであり，その意味でうえの世界的な一般傾向のなかに，わが国もあるといえる．しかし，「エイズ」における短い歴史を振り返ってみると，わが国における「エイズ」の歴史の初期，主たる感染者を排出していたのは，血友病者であった．つまり，世界で唯一，わが国だけがいわゆる「薬害エイズ」によって，一国のHIV感染者の大半が占められたという歴史をもっているのである．時間の経過を示すという意味で「歴史」という言葉を用いたが，この重要な問題を過去の問題として風化させては決してならない．現在も，この「薬害エイズ」をめぐ

る裁判が継続していることからしても，風化させるにはあまりにも現在的な問題でもあるからである．それどころか，このことから，私たちが何を学び取るか，そしてどのように行動するかということはきわめて重要なことなのである．さきに，PWAという視点の重要性についてのべた．その意味でも，「薬害エイズ」の当事者となった血友病者たちは決して犠牲者という地位に甘んじるわけにはいかない．なぜなら，明確な原因や責任があっての結果として，この現実的な「薬害エイズ」という事態が発生したからである．つまり，「薬害エイズ」は災害による被害やその犠牲者といった文脈とはまったく異なる次元のものなのである．

本章では，現時点までに生起したエイズをめぐる社会現象を，わが国とアメリカ合衆国に限定して概観してみることにする．

エイズと社会学

「エイズ」をめぐる問題を取りあげるにさいして，ここでまずその特徴を，さきにあげた感染症とSTDの2つの側面からとらえ，それらと社会学がどのようにかかわるかをみてみることにする．

これまで社会の存続を危ぶませるほどの劣悪な影響を社会に与えたパンデミー（pandemy：世界的流行病）に，中世末期のペスト，17・18世紀のコレラや黄熱病，19世紀の結核などがあった（大井ほか，1987，pp. 830-839）．そして，それらの疫病（感染症）の度史をさらに紐解いてみると，人間が存在し続けるかぎり，そして社会が存続するかぎり，人から人への感染定もまた存在し続けていること．そしてそれらの感染症は，わが国の結核の流行と急激な産業化の関連を例示するまでもなく，原因的にその時代の社会関係や社会変動と密接に関連していることがわかる．ここに，感染症一般に対して社会学が貢献しうる余地を見い出すことができるとともに，疫病をとおしてその時代の社会を問うことも可能となってくる（仲尾，1989年，pp. 13-15）．

加えて，これらの疫病の歴史のなかで，医薬によってその流行が大きく阻止

できたものは例外的に種痘があるくらいで，他は社会関係の変容や長い歴史の変遷のなかで徐々に流行が治まっていった．そしてその頃，ようやく医薬による治療法が開発されたという主張すらある（大井ほか，1987）．

　また，人間の自己再生産活動としての性行為，人間関係の存続と発展にかかわるコミュニケーション手段としての性行為，自己同一性の確認手段としての性行為，そして快楽追求の手段としての性行為，これら一連の性行為の機能は人間社会の存続と密接に関連しており，それゆえ，それら性行為を介して感染するSTD一般に対しても社会学は貢献の余地を残しているといってよい（仲尾，1989）．

　「エイズ」に社会学的に接近する場合，大別して2つの方法が考えられる．ひとつは保健・医療社会学的方法で，主として，①HIV（human immunodeficiency virus：ヒト免疫不全ウイルス）の1次感染やそれによる発症・再発のメカニズムを社会疫学や，社会関係，生活様式，行動様式，ストレス状態などの心理・社会的条件との関連で取りあげるもの，②HIV感染者の発症・再発予防および2次感染予防に有効と考えられる心理・社会的条件の解明にかかわるもの，③HIV感染者に対する心理・社会的支援を中心とする社会福祉サービスの開発にかかわるもの，④HIVに感染していない者に対する一次感染予防に有効と考えられる教育法の開発，およびHIV感染者に対する差別・偏見の除去にかかわる教育法の開発，などがあげられる．

　いまひとつは社会病理学的・社会問題論的方法で，差別や偏見，およびスティグマタイジング（stigmatizing）やスケープゴーティング（scapegoating）などの，「エイズ」をめぐる社会的反作用のメカニズムを文化や政治，経済との関連で読み取ろうとするものである．

✆ 「エイズ」をめぐる3つの諸相—〈AIDS〉〈HIV〉〈エイズ〉—

　ここで「エイズ」との関連で，"HIV"，あるいは「HIV感染症（感染者）」という用語について確認しておこう．

〈HIV〉とは，つぎの「HIV感染の3つのステージ—AC・ARC・AIDS—」の節で述べるが，もとより大きく3つに分けられるHIV感染症のすべてのステージを引き起こす原因ウイルスである．そして，その3つのステージの1つがAIDSであり，ARC（AIDS related complex）であり，またAC（asymptomatic carrier）とよばれる無症候性キャリアということである．

ところが，この段階的症状概念の1つとしての〈AIDS〉が，これまで，これら3つのステージのすべてを包括する「HIV感染」に代わる用語として，社会・文化的脈絡で多くの国ぐにおいて，しかもほとんど無自覚的に用いられてきた．

しかも，そこで用いられてきた"AIDS"という用語は，うえのようなHIV感染に代わるものとしての意味に限定されない．これらのHIV感染にかかわる用語は，感染症の専門医や公衆衛生の研究者の間でこそ，症状としてのAIDSをさす場合を除いて，"HIV"，「HIV感染（者）」など，ウイルスの名称としての〈HIV〉の文脈で用いられてきた．しかしながら，広く社会・文化的には，それらは「エイズウイルス（さらにはエイズ菌）」，「エイズ感染（者）」，「エイズキャリア」，「エイズ患者」，そして冒頭にあげた"PWA"という具合に，（AIDS）あるいはカタ仮名の〈エイズ〉の文脈で用いられてきた．あたかも，症状の集合体の名称としての（AIDS）が，ウイルスや細菌の名称であるかのごとくにである．

筆者がよくする話のなかでつぎのようなものがある．よく注意して読んでいただきたい．「みなさん．エイズはうつることはありませんよ．どうしてでしょうか？ では，何だったら感染するでしょうか？ そうです．HIVはウイルスだから，感染することがありますよね．でも，エイズは症候群（症状の集まり）だから感染しませんよね．症状が感染するなんて聞いたことありませんよね．たとえば，ぼくがお腹が痛いという症状があるとき，ぼくのお腹の痛さが君たちにうつって，君たちもお腹が痛くなりますか？ もちろん，たとえば同じものを食べたとき，同時に同じ症状が出ることがあったり，お腹

が痛いひとの便や唾液に触れてお腹が痛くなることはありますが，これは，お腹が痛いという症状がうつるのではなく，病原体が侵入したり，うつったことによって，痛くなるということで，意味が違いますよね．なに，そうでなくても痛くなることがある？ それは感染ではなく，おそらく共感によるものでしょうね．つまり，ひとの痛みをわがことのように感じるという．こんなふうに，症状はうつらず，症状を引き起こしている原因ウイルスはうつる可能性があるのです．」という具合である．

　この，〈HIV〉というウイルスの名称と，そのウイルスの感染によって及ぼされた，ひとつの症状段階としての〈AIDS〉という，症状の集合体の名称が混同される傾向は，実は感染症の専門医や公衆衛生の研究者を除いて，一般に保健・医療の世界でも一定程度認められる．

　したがって，「エイズ患者」という場合，厳密にAC・ARC・AIDSの3つの症状段階に分類したうえでのAIDS段階にあてはまる症状を発症している患者をさすのか，あるいはHIVに感染している患者であることを意味しているだけであって，症状段階は不問に付しているのかの区別がつきにくいものとなる．これらの混乱を整除するためか，海外の英語表示では，さきに触れたように，"people or person with HIV／AIDS"のように，"HIV／AIDS"の文派での記述が徐々に支配的になってきている．

　加えて，わが国においては，これらのアルファベットのほかに，カタ仮名の「エイズ」の用法も併存し，事態をより複雑にしている．本章は，段階的症状概念としての（本来の意味での）AIDSを"AIDS"として表示し，社会・文化的な用語としてのそれを「エイズ」として表示することを提唱する．なぜなら，上記のように"AIDS"とは，その綴りのうち，"A"は acquired，"I"は immune，"D"は deficiency，"S"は syndrome をそれぞれ意味する省略用語の複合体であるからである．

　他方，「エイズ」と，アルファベットの"AIDS"の読みをカタ仮名で当て字表記した場合，音（オン）としての"AIDS"の意味は構成されるものの，ア

ルファベットの場合と異なり,「エ」も「イ」も「ズ」も,すべて何ら意味を表すことのない,単なるカタ仮名の複合体以外の何物でもないからである.

ここに,カタ仮名表記の「エイズ」を医学の世界から切り離された社会・文化的用語として位置づける根拠が見い出せよう.〈AIDS〉にかかわる社会・文化的側面を取りあげるさい,わが国独自のカタ仮名表記法をもつ文化状況下でのこの問題こそ,その基本のひとつに据えられるべきであると考える.

このように,本来の〈AIDS〉の意味から切り離された「エイズ」は,社会・文化的なものとなり,そこでのさまざまな意味づけが隠喩として働くことにより,それらを病む人びとに対する差別・偏見を助長させる社会的機能をもってくることになる.以上のことから,「エイズ」という用語は,現在つぎの3つのレベルでわが国に混在していることがわかる.

① HIV感染による医学的症状概念のAIDSとして
② HIV感染の3つの段階のすべてを包括する社会・文化的な用語として
③ 社会・文化的な用語ゆえの,隠喩として

したがって,社会・文化的な用語ゆえの隠喩に起因する問題を解決するためには,そしてまた,多くのHIV感染者が述べるように,HIV感染そのものによる身体的・心理的苦悩よりも辛辣なその感染に対する偏見・差別の問題を解決するためには,「エイズ」にかかわる社会・文化的な意味付与をすべて消し去らなければならない.あるいは,社会や文化がカタ仮名表記の「エイズ」をもつことを放棄し,本来の疾病の状態を意味する〈AIDS〉と,それを条件づける〈HIV〉感染という用語の脈絡で,すべてのHIV感染の問題は捉えなおされなければならないということになる.

HIV感染の3つのステージ―AC・ARC・AIDS―

以上のように考えてくると,この問題はソンタグ(Sontag, Susan)が指摘した「隠喩としての病」(「エイズとその隠喩」)での問題性と結節してくることがわかる.たとえば,この問題は,具体的にACやARC段階にあるHIV感染

者を社会・文化的にAIDS段階にある者と同一視させる働きをもつにいたる.しかも,すでに述べたようにAC,ARC,AIDSの各症状段階を包括する社会・文化的用語としての「エイズ」は,各症状段階のうちもっとも重篤な段階をさす用語"AIDS"に由来している.したがって,このような状況においては,AC,ARC段階での対症療法をなるべく引き伸ばし,症状をAIDS段階へ進行させないための重要な局面での大きな障害となる.

そしてこのことは,つぎのようにHIV感染についてのイメージ形成の問題と密接に関連している.

すなわち,それがHIV感染者の場合は,感染する以前から,あるいは感染の告知によって自己の感染を認知する以前から,AIDSのイメージでHIV感染とはどういうものかということをある程度学習し,情報をもっている.またそれが,未・非感染者(まだ感染していない者)の場合も,同様にAIDSのイメージでHIV感染のすべてのステージをとらえる傾向での学習や情報の集積がなされている.つまり,感染,未・非感染を問わず,こんにち多くの人びとが

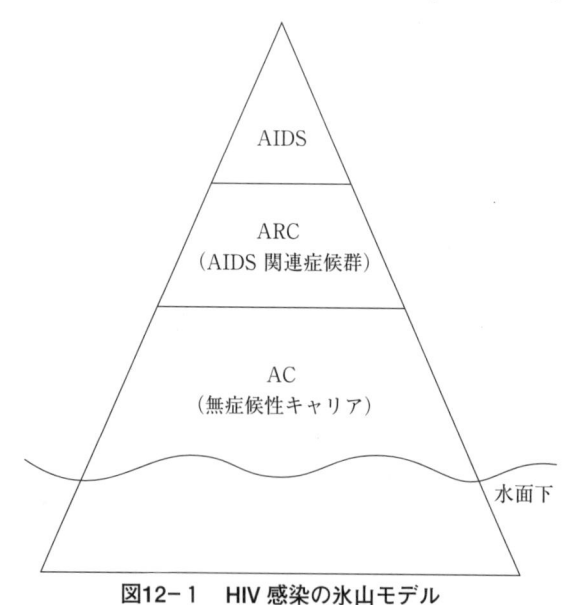

```
           AIDS

         ARC
      (AIDS関連症候群)

          AC
      (無症候性キャリア)
   ～～～～～～～～～～  水面下
```

図12-1　HIV感染の氷山モデル

AIDSのイメージでHIV感染についての一定の学習を果たし，情報をすでにもっているということである．

　しかも，良い・悪いの文脈でいうなら，それを決して良いイメージで学習しているわけではない．醜くやせ細り，皮膚にはカポジ肉腫というものができる．それから，治らない疾患であるとか，死に直結する疾患であるとか，性的に乱れたことによって感染するなど，どうあげても決してよいイメージをもたない状態でHIV感染のすべてのステージについての学習が果たされている．さらに，すでに述べたように多くの場合，HIV感染に，大別して3つのステージがあることさえ忘れ去られるか，あるいははじめから考慮されずに，一元的にエイズとしての学習なのである．

　このような学習や情報の集積は，感染を知った感染者本人には，「あのエイズに自分はかかってしまった」という具合に，当然のことながら大きな心理的ダメージとして働くし，他者あるいは社会の側の学習や情報の集積は，感染者に対する社会的反作用としての差別や偏見，排除のバックグラウンドとして繋がってくる．もちろん本来の意味での症状段階としてのAIDSになれば，それらの社会的反作用が許されるというものでないことは，いうまでもないことである．

マジック・ジョンソン，平田豊とカミングアウト

　ここで，あのマジック・ジョンソン（Magic Johnson）のことを思い起こしてもらいたい．

　HIV感染をめぐる，まだ短い世界史のなかで，1992年はひとつのエポックメーキングな年であった．その年は世界的にHIV／AIDSをめぐるキャンペーンが大々的に行われ，またそれが成功をおさめた年でもあったからである．そのなかに前年11月になされた，プロバスケットボールの世界的スター，マジック・ジョンソンのHIV感染についてのカミングアウト（coming out）を予兆として位置づけることができる．世界でもっとも早くからHIV感染予防教育を

始めたアメリカ合衆団においてでさえ、実はそれまでは、HIV感染は白人の、また男性同性愛者の病気としての社会的な認識が一般であったのである。ところが、この認識を改めさせる大きな転機となったのが、マジック・ジョンソンによるHIV感染のカミングアウトであったといってよい。なぜなら、彼はアフリカ系アメリカ人であり、周知のように異性愛者であったからである。

この点のみならず、うえの論述との関連でさらに重要なことは、HIVに感染したとしても、そのすべてが、AIDSの脈絡で人びとが学習し、情報を収集した内容とは限らないということである。とくにARCレベル以下であるなら、オリンピックに出場し、あれだけの活躍をすることもできるほどの心理的・身体的状態を保つことが可能であるということを、マジック・ジョンソンは身をもって世界的に証明してくれたからである。

つまり、この辺のころから、これまで〈死〉の脈絡で捉えられてきたエイズの問題が、まさに〈生〉の脈絡で捉え直されるようになってきたのである。これこそ、まさにPWH/Aという視点なのである。

そして同じ1992年に、わが国では平田豊がSTDによるHIV感染者として初めてカミングアウトを果たした。

この2つのカミングアウトは、両者とも記者会見を行っての公表という形でなされたものであった。だが、カミングアウトは必ずしもこのような形とは限らない。というより、信頼できる相手に対してだけ、個人的に行われるのがむしろ一般的であるからである。

筆者が出会ったHIV感染者につぎのような人がいた。彼にとって、感染していることを自分ひとりで背負い込んでいくこと自体、大きな心労であった。加えて、感染していることを他者に知られることによる、差別や排除、対人関係の悪化を恐れて、そのことをいわないでいることが、自分を信頼してくれている人に対して嘘をついているようで、辛くなっていった。そしてこの罪悪感にも似た感情は、自分の世界から本当のものがなくなっていく、というようなものへとなっていった。

このような場合，対人関係の悪化のリスクはともなうものの，信頼できる他者に対するカミングアウトは，その他者からの情緒的・手段的サポートが得られる可能性があるだけでなく，さきの例でいうなら，自己のリアリティを取り戻すことにも繋げることができると考えられる．そしてそのためには，カミングアウトされる側の個人や集団，社会がつね日頃からこの病気について正しい情報をもち，他者に対する人権的な配慮を怠らないことが前提条件となる．

現代社会とエイズ

　さて，現在のわが国のような高度産業社会において，時代の閉塞状況と相まって，人びとは社会生活をとおした漠然とした不安や恐怖に常にさいなまれながら苛立ちを感じ，社会や他者に対して不信感をつのらせているといってよい．こうしたある意味での神経症的社会状況に対するひとつの適応の方策として，人びとは何らかのスティグマ（烙印）とそれによるスケープゴーティングを必要としている．わが国社会を例にあげた場合，イジメのときに用いられる「バイキン」という言葉の存在とその流用，またトイレシート，吊革・手のための消毒用スプレー，さらには抗菌処理のボールペンの開発やそれらの売れ行きといった例をあげるまでもなく，単一的な社会的・文化的状況と日本人の潔癖神経症とすらいえるほどの過度に清潔好きな国民性向が相俟って，スティグマとそれによるスケープゴーティングをより強化させるように働いている．つまり，わが国社会には汚ないもの，汚染されたものに対しては廃棄・除菌・抗菌・消毒・滅菌で臨むという，社会防衛的衛生思想と密接に結びついた，強烈な攻撃・差別・排除のメカニズムがあるといってよい．

　このような社会状況のもと，医療の面ではつぎのような段階にきていた．すなわち，耐性菌と新薬の両者における絶え間ない競争関係は依然として存続しているものの，現代医療は感染症を克服し，今や課題となるのは老化やメンタルヘルス，生活習慣病，慢性疾患，さらには健康増進や美容，となっていた．ところが，その矢先に「エイズ」が出現したのである．

これらの条件下で,「エイズ」のもっているつぎの特徴はスティグマタイジングの格好の材料となった.

①決定的治療法が確立していない, ②伝染性がある, ③性交渉で感染する, ④致死率が高い, ⑤カポジ肉腫といった可視性の症状がある.

加えて,さきに触れたように当初のアメリカ合衆国での「ハイリスクグループ」が男性同性愛者であり,その後これに男性両性愛者,静脈注射薬物濫用者,男・女売春行為者が加わった形で,「ハイリスクグループ」が構成されたことも,スティグマをより強化させるように働いた.

なぜなら,これらに対してかねてより苦々しさを募らせ,手を焼きながらも,効果的な対処策を見い出せず,結果的に状況を受容していた保守層や宗教右派層にとって,「エイズ」予防という絶対価値的な新しい大義名分が与えられたからである.これに外来伝染病という,元来その社会や集団にはなく,外から入ってきた病気という条件が加わると,自己を「シロ」とする装置が働き,より強固なスティグマタイジングが発動する.アメリカ合衆国の政府機関であるCDC (Center for Disease Control：米疾病対策センター) 発行によるHIV感染の情報誌のカテゴリーのなかにも"Born outside US"(「アメリカ合衆国外出生者」)が入っている.また,わが国でも当初,厚生省はHIV感染の予防法のひとつに,「エイズ多発国の人」と性的接触をもたないことをあげていたし(厚生省感染定対策室・AIDSサーベイランス委員会監修「エイズってなあに?」(株)社会保険出版社),つい最近まで,日本赤十字社は過去2ヵ月間,海外旅行した者の献血を断っていた.のちにみるように,わが国においては,新たな感染はもはや国内感染が主流になっているにもかかわらずなのにである.

これらの結果,HIV感染は「わたくしたちの問題」(our problem) ではなく,「ヤツラの(彼らの)問題」(their problem) という社会意識が形成され,このことがHIV感染に対する研究や財政上の援助の立ち遅れを招いたといってよい.また,すでに水際作戦は失敗に終わっているにもかかわらず,外国にさえ気をつければよいという意識を形成し,その結果,国内感染に対する根拠のな

い安心感が生みだし，かえって国内感染が主流になることに拍車をかける，という事態にもなっていると考える．

ところで，HIV感染予防を取りあげるさい，世界的につぎのような，「教育」にかかわるスローガンが頻繁に展開されていることに気づく．

ワクチンが開発されておらず，治療法が確立されていない以上，現在できることは感染を予防することしか方法はない．あるいは，教育こそが現段階での唯一のワクチンである，など．

これらの主張は一面において正しい．しかしながら，さきにあげた点のほか，HIV感染予防は，これら「教育」の装いを伴った市民に対するソフトな社会統制を行ううえで格好の材料となる側面を合わせもっているのである．たとえば，これにはHIV感染予防と称して再生してきた世論の動向としての純潔教育の推進や，風俗業に対する圧力の側面などがある．

つまり，HIV感染予防について，誰が誰に何のために何を教育するのか，といった権力関係的視点を考慮すると，教育がもっている社会化の機能の側面に加えて，その社会化の一部とも考えられる社会統制の機能の側面が明らかになってくる．教育にかぎらず，現代社会における社会統制は，その成熟化による影響もあり，「合理的」根拠をともなう必要がある．また，直接的・物理的強制力を表面に出さず，ソフトなかたちで行使される特徴もある．

この意味で，HIV感染をめぐって教育が果たす役割に充分注意を払う必要がある．なぜなら，HIV感染予防の名のもとに，気がついてみると，そこには見えない社会統制がソフトな形を装って巧妙に押し進められているという事態が生じないとは限らないからである．

HIV／AIDS問題への的確な対処法

すでに，厚生省労働省のエイズ動向委員会の公式発表やマスコミ報道をとおして周知のように，近年のわが国のHIV／AIDSの特徴は，つぎの点にあるといってよい．

①患者・感染者の絶対数の増加，②異性間性的感染の増加，③同性間性的感染の増加，④日本人患者・感染者の増加，⑤幅広い年齢層の感染，⑥地方からの感染報告の増加．

　これらからいえることは，男性の患者・感染者が増えれば，女性の患者・感染者も増える．逆に，女性の患者・感染者が増えれば，男性の患者・感染者も増える．外国人の患者・感染者が増えれば，日本人の患者・感染者も増える．逆に，日本人の患者・感染者が増えれば，外国人の患者・感染者も増える，というようなことで，HIV／AIDSの問題は，もはや特定の性，年齢，人種・民族・国籍，セクシュアリティ，地域の問題ではないということである．別な言い方をすれば，誰が患者・感染者になってもおかしくないということである．

　ところが，この病気は予防法がハッキリしているし，また感染率も低いという特徴がある．しかしながら，このような特徴がありながらも，それ以上にこの病気の恐さが強調され過ぎたところがある．たしかにこの病気は恐い病気のひとつではあるが，恐さと同時に，ハッキリしている予防法や低い感染率の点，またさきのマジック・ジョンソンの場合のように感染していても，かなりハードなスポーツや重要な仕事をこなせる点などを正確に伝える必要がある．

　この病気の感染の広まりの背景や，この病気にまつわる，さまざまな人権侵害が起こってきたことの背景，この病気に関する偏見形成の背景のひとつには，これまでの知識の普及の仕方が影響しているのではないかと思う．つまり，人びとはこの病気に対する正しい知識や認識を十分にもてなかったために，結果として感染を広め，不安や恐怖を感ずるようになっていった．そしてこの不安や恐怖は，患者・感染者が特定されたさいに，現実の強烈な差別や人権侵害としてでてくる．それのみならず，「ハイリスクグループ」という社会的装置によって，それに特徴づけされる属性をもっている人びとへの強烈な差別や人権侵害としてもでてくる，ということではなかったかということである．

　ここで，以前実施した大学生を対象としたHIV／AIDSに関する調査から，ひとつ興味深い結果を紹介しよう．それは，対象学生が血友病者ではなく，ま

た性体験や静脈注射薬物濫用など，現実にHIV感染が生じる可能性がある行為に対し，未経験であるにもかかわらず，自己がHIVに感染している可能性を否定できない学生たちが一定の割合で認められることである（仲尾1994，仲尾1996）．もし，適切にHIV感染予防教育が浸透しているのなら，このように感染可能な状況になかったり，感染可能な行為をとっていない学生たちは，現在自分たちがHIVに感染する可能性はない，という回答をするはずである．

たしかに，うえにのべたように，また一般にいわれるように，HIVは特定の人が感染するのではなく，誰でも感染する可能性がある，という事実はある意味で正しい．しかし，それは感染する可能性がある行為をとった場合のことである．つまり，そのことと感染する可能性がある行為をしていない者までも，その時点で「感染する可能性がある」というわけではないはずである．こうような側面は，情報が一見正しく伝わっているようでいて，その実伝わっていず，混乱しているという事実を露呈する．そして，この混乱がまた新たな感染を生み出す可能性を秘めているのである．

したがって，これまでここでみてきた意味での正しい知識を身につけることが必要となってくる．その正しい知識を身につけることこそが，この問題にまつわる不要な不安・恐怖を除去し，差別・人権侵害を克服する第一歩となるわけであるし，また，何よりも新たな感染を予防する第一歩ともなるわけである．

HIV／AIDS問題に対処していくための前提としてのHIV感染予防に必要なことは，つぎの2点に集約できる．

① 未・非感染者による感染の自己予防，そのための教育・情報提供
② 感染者による未・非感染者に対する感染予防協力の獲得，そのための感染者に対する支援—感染者の人権保障—

ところが，現実は①の側面への偏重が生じている．しかも，社会防衛という〈正義〉を正当化させるために，過度の恐怖・不安感を煽ることによる「恐怖教育」や，「善いこと／悪いこと」という価値観を通した〈道徳教育〉が中心的な内容となり，それが感染者への偏見を形成し，無用な差別を生み出す点

を見逃すべきでは決してない．たとえば，アメリカ合衆国アイオワ州のHIV感染予防キャッチフレーズにある，"Iowa's good life style credited for AIDS rarity."（アイオワ州民の良い生活スタイルがエイズの発生率を低い状態に保った）などでは，HIV感染者は「悪い生活スタイル」を送った人たち，ということが予定されていることになる．

このようなことによっても，感染者は，悲惨で，恐く，危険で，不道徳な，悪い人間として認識され，潜在化する．つまり，このような認識が感染者に対し，感染を他者に知られることに不安・恐怖を感じさせることによって，感染していることを告白できない状況を作り出し，潜在化させてしまうということである．その結果，「もしかすると，人にうつしたかもしれない」と思っていたり，それを心配している感染者がかなりにのぼることになる．つまり，感染者を不安な状況に追いやり，感染者を地下に潜らせ，ひいては感染者に他者への感染を強いることにも繋がるのである．

そのように感染者を潜在化させないためには，これまでの傾向としてあった，「感染していない大多数の人びとの感染を予防し，社会を防衛するためには，少数の感染者の人権保障の犠牲も已むなし」，というスタンスであっては決してならない．なぜなら，本来の社会防衛と感染者の人権保障は桔抗する関係にあるのではなく，むしろ補完的な関係にあるからである．つまり，HIV感染の原因ウイルスを，HIV感染者以外が管理しようとして，成功した例はなく，その意味でHIV感染者はその管理を社会的に信託された唯一の人たちなのである．

そしてそのHIV感染者の人権を手厚く保障することが，結果として未・非感染者の感染予防，ひいては本来の意味での社会防衛にも繋がるからなのである．

引用・参考文献

ソンタグ，S. 著（富山太佳夫訳）『隠喩としての病い　エイズとその隠喩』みすず書房　1992年

波平恵美子『脳死・臓器移植・がん告知――死と医療の人類学』福武書店　1987年

『エイズの文化人類学――［エイズ現象］をどう読むか？』（別冊宝島67号）JICC出版局　1987年
池田恵理子『エイズと生きる時代』岩波新書　1993年
ベッカー，H. 著（村上直之訳）『アウトサイダーズ』新泉社　1978年
ゴッフマン，I. 著（石黒毅訳）『スティグマの社会学――傷つけられたアイデンティティ』せりか書房　1970年
山田卓生，大井玄，根岸昌功編『エイズに学ぶ――性感染症政策への対案――』日本評論社　1991年
西岡久壽彌『エイズの現状と課題』大蔵省印刷局　1989年
片平洌彦『薬害構造』社団法人農産漁村文化協会　1994年
仲尾唯治「エイズをめぐる社会病理」日本社会病理学会編『現代の社会病理Ⅳ』垣内出版　1989年
財団法人日本公衆衛生協会『エイズの流行に関する米国大統領諮問委員会報告』財団法人日本公衆衛生協会　1990年
ダグラス，A., フェルドマン，P. A., トーマス，M. & ジョンソン，T. M. 編（西三郎・姉崎正平監訳）『エイズの社会的衝撃』日本評論社　1988年
大井玄ほか「〈座談会〉文明とエイズ」『科学』57巻12号　1987年　830-839ページ
仲尾唯治「アメリカにおけるエイズの社会学」『日本性科学会雑誌』7巻1号　1989年　13-15ページ
厚生省感染定対策室・AIDSサーベイランス委員会監修「エイズってなあに？」社会保険出版社
仲尾唯治「学生の性行動とHIV感染（エイズ）予防に関する調査研究」『第3回テレビ山梨サイエンス振興基金研究報告書』財団法人テレビ山梨厚生文化事業団　1994年　109-117ページ
仲尾唯治「学生の性行動とHIV感染に対する態度」『一般教育研究』11号　1996年　3-21ページ
渋谷博史・丸山真人・伊藤修編『市場化とアメリカのインパクト―戦後日本経済社会の分析視角』東京大学出版会　2001年発行予定

第13章　環境をめぐる問題

容器包装リサイクル法

大都市の大半敬遠

　名古屋市がこの夏，全国の政令指定都市で初めて，今年4月に完全施行された容器包装リサイクル法（容リ法）に沿うプラスチックと紙の容器・包装の分別回収を市全域で一斉に始め，大きな混乱に陥っている．他の大都市は名古屋市に続いて，容リ法を本格的に実施する気があるのか．朝日新聞社が名古屋市を除く11の政令指定都市にアンケートしたところ，大半の都市は「考えてもいない」のが現状であることが分かった．「自治体の負担が重すぎる」「複雑な分別を市民に周知させるのは無理」などがその理由．

　プラスチック容器類については，札幌市が市全域で，東京都豊島区が一部地区で回収しているほか，京都市が「一部地区で実験中」，仙台市が「12月に実験開始」という．しかし，それ以外はすべて「検討中」「考えてもいない」．

　紙製の容器包装にいたっては，一部地区で実施の豊島区，近く実施を予定する仙台市，今回の容リ法には対応していないが1976年から独自のリサイクルルートを開拓して紙類を回収している広島市を除くと，全市が「燃えるごみにしたほうが安い」「意味がない」と見向きもしていない．

　名古屋市の完全実施に対しても，「せっぱ詰まっているからやれた」（神戸市）と特別視している．

「朝日新聞」2000年10月1日付　朝刊

第13章　環境をめぐる問題　215

「資源ごみ」の風景（静岡県沼津市，2000年9月撮影）：色別に分けられたビン（上）と金属類（下）

🔑 キーターム

環境問題　自然環境の変化や破壊に関連して，私たちの生活や社会に発生するさまざまな影響のこと．「環境」の範囲を基準にして，地球環境問題や生活環境問題などに区分することができる．この章では生活環境問題に的を絞り，その代表的な例として「ごみ問題」を取り上げた．

「容器包装の分別収集及び再商品化の促進等に関する法律」（容器包装リサイクル法）　市町村の分別収集を促進するため1997年4月に施行．市町村が収集した容器包装廃棄物の引き取りと再商品化を製造販売事業者に義務づけた．容器包装廃棄物とは，ガラスびん，スチール・アルミ缶，紙パック，段ボール，ペットボトル，紙製容器包装（紙箱，包装紙等），プラスチック製容器包装（ボトル，トレイ等）．

📞 環境問題

　ひと口に環境問題といっても，その種類はさまざまで，問題が生じる地理的な範囲は，ある地域から国全体または複数の国ぐに，さらには地球全体にまでいたる．たとえば，地球規模では地球温暖化があり，ヨーロッパ諸国（複数の国にまたがる地域）では酸性雨による森林の立ち枯れという自然環境の破壊が生じている．一方，私たちの生活をとりまく環境の破壊が問題とされる場合がある．車の騒音や排気ガスによる大気汚染，河川へのごみ投棄などが例としてあげられよう．ここでは，生活環境が破壊され，私たちの身体に及ぶ被害が問題となっている．また，身体への被害だけではなく，たとえば歴史的な町並み・景観の保存運動では，都市開発事業などによる生活環境の変化が問題とされるケースもある．

　このように地理的な範囲を基準にして分類をつくることができるが，しかしこれは「環境問題」の多様な事例を整理するための区別にすぎず，それぞれの問題（地球規模／国／地域の問題）が必ずしも独立しているわけではない．私たちの生活は，自然環境と密接に関係するものであり，生活環境の変化や破壊が地球規模の問題に影響を与える場合が少なくない．たとえば，車の排気ガスが地球の温暖化に影響を与え，また日々の生活における浪費が天然資源を枯渇させる．私たちの日常生活の全てが直接的に自然環境破壊の原因であるわけではないが，しかし生活環境をめぐる問題を考える際にも，生活環境と自然環境との結びつきを想像することが必要だ，ということを留意しておきたい．

📞 生活環境をめぐる問題

　しかしながらこの章では，環境問題の具体的なイメージを把握してもらうために，「環境問題」全般を概観するのではなく，私たちの生活に身近な例を取りあげたいと思う．そこで，生活環境をめぐる問題に的を絞り，その代表的な問題を取りあげて詳しく考えていく．

　以下で取り上げるのは，いわゆる「ごみ問題」とよばれるものである．〈ご

み〉は私たちの日常生活から排出されるものであり，その〈ごみ〉をめぐってさまざまな事態が問題化されている．たとえば河川への不法投棄や清掃工場からのダイオキシン発生など，〈ごみ〉が私たちの生活環境に影響を及ぼし，また私たちの身体に被害を与えることがある．さらに，問題とされる〈ごみ〉は，本来，私たちの生活から出るものであり，〈ごみ〉をめぐる問題は，私たちの生活（そして生活環境）と深く関係しているのである．このように，「ごみ問題」は，生活環境をめぐる問題としてもっとも代表的なものであるといえる．また，〈ごみ〉の問題は生活環境のなかにだけとどまるわけではない．それは，とくに「産業廃棄物」が問題化されるとき，顕著にあらわれる．この「ごみ問題」が生活環境を越えていくという側面は，最後の節で扱うことになる．

その前に，まず〈ごみ〉の歴史を振り返ろう．戦後から現在の期間で，人びとが〈ごみ〉をどのように捉え，〈ごみ〉の何が問題となってきたのかということ整理してみる．

〈ごみ〉の歴史

〈ごみ〉とは不要なモノである．私たちは生活のなかから不要となったモノを収集日（ごみの日）に出しているのだから，このことは改めていうまでもない．しかし，いったん不要なモノとして出された〈ごみ〉が，どのように扱われるのかということは自明ではなく，戦後から現在という約半世紀の間にも，〈ごみ〉の扱われ方は，異なる様相をみせる．そこで，3つの時期区分を設定し，それぞれの時期のなかで〈ごみ〉がどのようなものとして捉えられ，〈ごみ〉の何が問題であったのかということを検討していく．

(1) 戦後〜1950年代後半

1946年5月，GHQ覚書「日本政府の保険及び厚生行政機構改正に関する件」によって衛生事業が戦後復興策のなかに位置づけられる．国民生活を脅かす伝染病の氾濫に対して，公衆衛生の向上によって「文化的な生活」を達成することがめざされた（東京都衛生局，1951）．

折しも1946年には「コレラの流行」があり，伝染病に対して防疫対策が行われるようになる（厚生省医務局，1976）．たとえば，厚生省は全国の都市を対象に，蚊・ハエ・鼠の大撲滅運動，東京都は約1ヵ月間の「帝都清浄化運動」を行った（「朝日新聞」1946年5月19日付，5月21日付）．また，「防疫」への関心は国民の間でも高まり，全国各地で「防疫運動」（具体的には蚊とハエの駆除，溝やごみ捨場の掃除・消毒など）が行われていた．

この時期，伝染病の流行という事態が問題化され，各地で伝染病を媒介する蚊・ハエ・鼠の駆除が行われた．ごみ捨場の掃除や消毒という「防疫運動」の内容からわかるように，〈ごみ〉は伝染病を媒介する害虫の温床として考えられていた．つまり〈ごみ〉は，伝染病との関係という文脈に位置づけられ，蚊・ハエ・鼠とともに防疫のために「駆除するもの」として捉えられていたのである．

(2) 1950年代後半～1960年代後半

1953年5月，国際清掃会議に向かう東京都清掃本部長は，諸外国を参考にして「"きたない東京"の汚名を一掃したい」と会議出席への抱負を語った（「朝日新聞」1953年5月27日付）．というのも，手押し車による収集は効率的でなく，町中に〈ごみ〉が残されることが多かったからである．ちなみに，収集に来る手押し車の合図は大ぶりの鈴の音で，この音から「チリンチリン」とよばれていた（東京都清掃局，1977）．

このような収集作業に都民は不満を抱き，「収集」という場面で〈ごみ〉が問題化される．たとえば「収集が来ないので，ごみを家に溜めておかなければならない」（「朝日新聞」1953年8月2日付），「（収集が）たまに来ても半分ぐらいは残していってしまう」（「朝日新聞」1961年8月13日付）．不定期なので，家の中で待たなければならないという苦情．家の外で立ち話をしている人たちが「チリンチリン」の音が鳴るやいなや急いで家に戻り，台所ごみをもってくるという場面が朝刊の4コマ漫画にも描かれている（「朝日新聞」1951年6月17日付）．

この問題化をうけて東京都は，1964年度から23区でポリ容器の定時収集を始

出所）東京都清掃局『東京都清掃事業百年史』2000年，130ページ

写真13-1　1957年頃の収集作業

める．〈ごみ〉はポリ容器に入れて，決められた日時に出しておけばよい．写真13-1のように，手押し車までもっていくよりも効率的である．この「近代的」収集（効率的な容器収集）は欧米ではすでに行われており，これによって「収集」をめぐる問題は解決できると考えられた（東京都清掃局，1965）．

　この時期，防疫対策の一環としてではなく，〈ごみ〉の駆除そのものが問題化されている．もはや伝染病撲滅ではなく，〈ごみ〉を一刻も早く，少しも残さず町中から一掃することがめざされた．伝染病との関係から切り離された〈ごみ〉それ自体が，生活空間から「排除するもの」として捉えられていた．

(3) **1970年代**

　この時期，東京都では「ごみ戦争」が起こっていた．1971年9月，江東区がごみ埋立地の期間延長という都の要請に反対する．江東区には，戦後は8号埋立地，1957年からは14号地（夢の島）に〈ごみ〉が搬入されていた．他区での清掃工場建設が進まない状況で，「これ以上，江東区だけが東京のごみを引き受けるのはごめんだ」（江東区編，1997）という主張であった．この反対を受け，東京都は清掃工場建設を進めたが，建設予定地の近隣住民から反対運動が起こ

り，杉並区の反対運動は「杉並紛争」とよばれるほどのものとなった．「杉並紛争」だけでなく，都内各地で〈ごみ〉の問題化が起こり，それらを総称して「ごみ戦争」とよばれている．

1950～60年代では「収集」の場面で問題化されていたが，この時期，〈ごみ〉の問題化は「収集」という場面を越えていく．清掃工場に関しては，新宿西口での建設計画に対して「世界的な美観を誇る超高層ビル群の副都心にゴミ工場をつくるとは何事だ」という反対（「朝日新聞」1973年9月13日付）．運搬の途中で〈ごみ〉を大型清掃車に積み替える「ごみ積替場」の場合，たとえば渋谷区青山で「青山にゴミ場は不適当だ」と反対デモ（「朝日新聞」1971年1月29日付）．さらに作業員の事務所である「清掃事務所」に対しても，「ゴミの事務所じゃ地域のイメージが悪くなる」と反対があった（「朝日新聞」1971年11年20日付）．

清掃工場の場合，煤煙や廃液という「公害」，積替場では悪臭，清掃車の騒音・汚水漏れ等の被害，つまり人びとの身体への被害が問題化の大きな要因としてあった．

しかしそれに加えて，そこに「排除するもの」という〈ごみ〉の意味があることも無視できない．清掃工場や積替場は〈ごみ〉が集められる場所である．それが建設されると，「排除するもの」であるべき〈ごみ〉が再び自分たちの生活空間へ入ってくる．この「〈ごみ〉の再入」とでもいうべき事態が問題化され，〈ごみ〉とともに清掃工場などの施設も「排除」の対象となる．つまり，「排除するもの」であるはずの〈ごみ〉，他の地域からの「排除」の押し付けということが問題化されている．こうしてみると，1950年代後半から始まった〈ごみ〉を一掃する取り組みを経て，「排除するもの」という〈ごみ〉のあり方が，人びとの間に浸透していたと考えることができるだろう．

他方，東京都は清掃事業を方向転換する．以前は，収集作業の近代化が事業の核心であったが，この時期，〈ごみ〉の全量焼却処理を目標に，清掃工場の建設を進めた．もはや〈ごみ〉を効率的に「排除」することではなく，その「処理」が問題となっている．つまり〈ごみ〉は「処理するもの」であり，そ

のためには都内各地に，それぞれの区にひとつの清掃工場が必要だったのだ．

すなわち，「ごみ戦争」のなかで，〈ごみ〉は「排除」の対象であり，かつ「処理」の対象としても捉えられていた．一連の紛争の背後には，〈ごみ〉に対する2つの異なる考え方があったと理解することができるだろう．

「ごみ戦争」の経験

(1) 〈ごみ〉の管理へ

「ごみ戦争」を経験するなかで，〈ごみ〉に対する新たな考え方が形成されるが，それは既存の捉え方（「処理」「排除」）の見直しとして考えることができる．そのきっかけとなる出来事をあげてみよう．

まず，清掃工場の排煙や排水から有害物質が検出されたこと．「処理」の徹底（清掃工場の増設）だけでは〈ごみ〉に対処できないという認識がもたれ，東京都は，公害防止装置の設置とともに，1973年度から焼却で有害物質が発生するものを「焼却不適物（プラスチック・ゴム類）」として収集する（東京都清掃局，1974）．

つぎに「集団回収」という取り組み．豊島区が1972年，埋立される〈ごみ〉の減量をねらって実施した．住民が〈ごみ〉のなかから再資源化できるものを分別し，区が廃品業者まで運搬する．この取り組みには1974年度から都と区が助成を始め，80年度には都内で集団回収を行う団体数が，約2倍に増加している（東京都清掃局，1981）．

もはや〈ごみ〉は，単に「処理」または「排除」するものではない．焼却できるものと焼却不適物に分類，また〈ごみ〉のなかから「資源ごみ」を分別している．以前は漠然と〈ごみ〉であったもの（一括してポリ容器に入れて収集・処理）を分類し，「焼却不適物」／「資源物」と名づける．それは〈ごみ〉の性質や種類を把握しようとする実践であり，そこでは〈ごみ〉が「管理するもの」として捉えられている．

(2) 「管理」の制度化

これまで東京都での出来事を中心に，〈ごみ〉の歴史を振り返ってきた．しかし，〈ごみ〉の捉え方の系譜（駆除→排除→処理→管理）は，東京都に限ったものではないと考えられる．

「集団回収」は自治体の助成をうけ，さらに住民の活動としてだけではなく，自治体の政策（分別収集政策）としても実施されるようになった．2000年度からは「容器包装の分別収集及び再商品化の促進等に関する法律」（容器包装リサイクル法）が完全実施され，分別収集を行う自治体が増えている．また，清掃工場のダイオキシン発生という事態をうけて，1999年，「ダイオキシン類対策特別措置法」が制定され，2002年度までにダイオキシン類の排出量を約9割削減という目標が示されている（厚生省，2000）．

このように，「資源物」として〈ごみ〉を捉えること，そして〈ごみ〉の性質に合った適正な処理をすることが全国的に制度化されつつある．つまり，単に「処理」または「排除」だけでは対処できないという認識，そして〈ごみ〉を「管理」の対象として捉えることは，全国的な傾向として理解することができるのである．

排出量の増加と質の変化

「排除」または「処理」という〈ごみ〉のあり方を見直すきっかけに，「ごみ戦争」の経験があった．東京都以外の地域でも，たとえば静岡県沼津市では最終処分場の建設計画に対する反対運動をきっかけとして，分別収集が始められた（沼津市生活環境部，1999）．程度の差はあれ，〈ごみ〉に対する何らかの問題化が，〈ごみ〉の見直しを可能にするといえるだろう．

それに加えて，このような見直しの背景に，物理的な要因があることも無視できない．その要因とは，排出される〈ごみ〉の質が変化したこと，そして量の増加ということである．質の変化に関しては，特にプラスチック類の増加があげられる．先述した「処理困難物」の指定という取り組みは，この質の変化

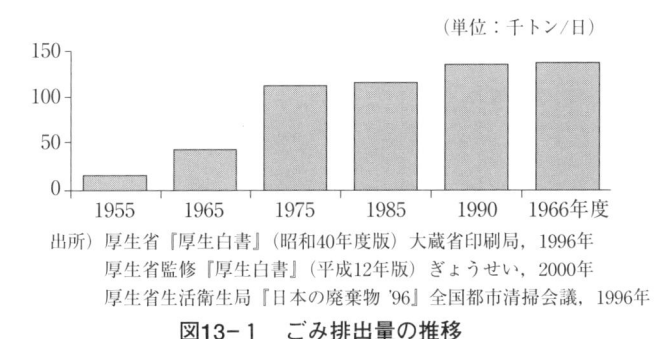

第13章　環境をめぐる問題　223

（単位：千トン／日）

[図：1955年から1966年度までのごみ排出量の棒グラフ。1955年は約15、1965年は約45、1975年は約115、1985年は約120、1990年は約135、1966年度は約135]

出所）厚生省『厚生白書』（昭和40年度版）大蔵省印刷局，1996年
　　　厚生省監修『厚生白書』（平成12年版）ぎょうせい，2000年
　　　厚生省生活衛生局『日本の廃棄物 '96』全国都市清掃会議，1996年

図13-1　ごみ排出量の推移

に対応するひとつの例である．

　そして，量の増加ということ．人口と経済の成長に〈ごみ〉排出量は比例するといわれるが，それを証明するように戦後から〈ごみ〉排出量は増加傾向にある．量が増加することは同時に，最終処分場（埋立地）の残余容量が減少することを意味する．厚生省によると，埋立地の残余年数は1980年代後半から横這い状態で，1996年度では8.8年である（厚生省，2000）．

　このような物理的な条件の変化もあって，焼却以外の処分のあり方，埋立処理する〈ごみ〉を減量することがめざされることとなった．そうした取り組みを代表するものとして，分別収集政策をあげることができる．

📞　リサイクルへの取り組み……

　単に「処理」／「排除」ではない，質の変化と量の増加に対応する，そして法律によって制度化され全国的に普及しているということから，分別収集による〈ごみ〉の再資源化は，「管理するもの」という〈ごみ〉のあり方を代表する取り組みである．表13-1は，2000年度に分別収集の実施を予定する自治体（市町村）の数である．容器包装リサイクル法の制定以後，この数は年々増加しており，リサイクル率も上昇している（図13-2）．

　しかし，法律が整備されても，それを実施するかどうかの決定は各自治体に委ねられている．表13-1に示されているように，法に定められてはいるもの

表13-1　2000年度に容器包装の分別収集を予定している市町村数

	無色のガラスびん	茶色のガラスびん	その他のガラスびん	紙製容器包装	ペットボトル	プラスチック製容器包装	スチール	アルミ	段ボール	紙パック
市町村数(％)	2,788 (85.7)	2,801 (86.1)	2,747 (84.5)	803 (24.7)	2,536 (78.0)	1,348 (41.5)	3,144 (96.7)	3,151 (96.9)	2,268 (69.7)	2,187 (67.3)

出所）前掲『厚生白書』（平成12年版）392ページ

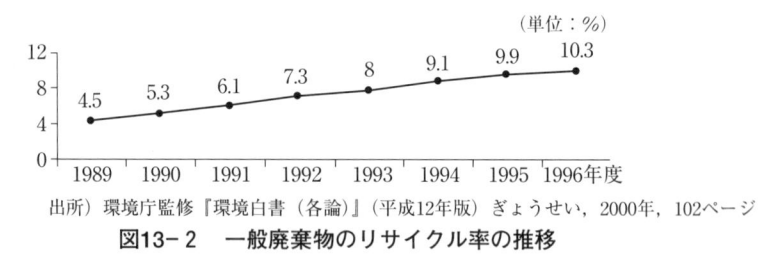

(単位：％)

1989	1990	1991	1992	1993	1994	1995	1996年度
4.5	5.3	6.1	7.3	8	9.1	9.9	10.3

出所）環境庁監修『環境白書（各論）』（平成12年版）ぎょうせい，2000年，102ページ

図13-2　一般廃棄物のリサイクル率の推移

の，約60～70％の自治体は紙製・プラスチック製容器包装の分別収集にまで踏み込めないのでいるのが現状である．

　このような分別収集政策のなかで，どのような事態が問題化されているのだろうか．いくつかの例を取り上げてみよう．

　分別収集が機能するためには，「資源物」と〈ごみ〉を区別すること，住民が分別排出することが前提となる．収集した〈ごみ〉から「資源物」を取り出すことは不可能に近いため，〈ごみ〉と区別して「資源物」を出してもらう必要がある．また，分別が不十分である場合（キャップを付けたままのペットボトル等々），再資源化の過程で余分なコストと労力がかかってしまう．つまり，分別排出が行われるかどうかということが，分別収集の成果を左右するのである．分別収集という政策を実施したからといって，直ちに，〈ごみ〉の適正な処理と減量という目標が果たせるわけではない．そこで，自治体は住民の協力を取り付けるためさまざまな手法を用いるが（パンフレットの配布，町内会へ

の働きかけ，分別していないゴミ袋を収集しない等々），それにも限界がある．表13-1は，「ビンや缶なら大丈夫だが，紙製（菓子の空き箱など）やプラスチック製容器包装（マヨネーズの容器など）まで分別してもらうのは無理」という自治体の限界を示している．この限界の要因のひとつに，人口規模の大きさがある．住民の数が多ければ多いほど，働きかけが困難であり，実際，人口100万人以上の政令指定都市で，表13-1にあるすべての種類を分別収集しているのは，現在のところ名古屋市だけである．

さらに，自治体の費用負担が大きいという問題化．リサイクル事業全体で必要な費用のうち，自治体が負担する「資源物」の収集と運搬にかかる費用が約70％を占める．容器包装を製造・使用する企業に義務づけられている費用負担は残りの約30％であり，この費用分担が不公平だということである．

また，現状は「大量生産→大量消費→大量リサイクル」ではないかという疑問．ここでいわれているのは，「いくらリサイクルを進めても，〈ごみ〉となるものが増え続ける限り，根本的に〈ごみ〉を減量することは不可能だ」ということである．そこで，「大量生産」を行う企業に対してリサイクル促進の責任を課す，「拡大生産者責任」という考え方が出されている（山本，2000）．それは，生産者（製造販売事業者）にリサイクルの費用負担を課し，そのことによって〈ごみ〉となるものを生産段階で削減させることを狙いとしている．

表13-1が示すように，すべての自治体が分別収集を行っているわけではない．それは，現在，リサイクルへの取り組みを阻害する要因があるためで，そのなかでもいくつかの例をこの節で取り上げてみた．分別収集は法律によって制度化されたものの，まだ始まったばかりの取り組みである．今後，〈ごみ〉の再資源化を進めるためには，この節で取りあげなかった事態も含めて，さらに克服すべき課題が残されているといえるだろう．

産業廃棄物という〈ごみ〉

最後に，「産業廃棄物」をめぐる問題をみておこう．1971年に施行された

「廃棄物の処理及び清掃に関する法律」(廃棄物処理法)が，産業活動から出る〈ごみ〉を「産業廃棄物」と分類し，自治体ではなく事業者に処理責任があると定めた．

1996年度における産業廃棄物(産廃)の排出量は，約4億トンである．この大量な産廃の処理をめぐって，さまざまな事態が問題化されている．まずは，不法投棄．行政に認可された処分地では処理費用がかかり，さらに処分地自体が減少しているため，処理費用が年々上昇している．そこで，産廃の排出量を減らして処理経費を削減するのではなく，処理費のかからない場所(山林や空き地，休耕田)へ捨ててしまうというケースである．

つぎに，産廃処分場の分布に地域差があるということ．都市部で排出された産廃が周辺地域へ越境して処分されており，たとえば首都圏の産廃は，主に東北地方南部や信越地方へ流出しているという(藤川，2000)．これは「排除するもの」である産廃の押しつけという事態であり，それが地域を越えて起こっている．さらに，医療系廃棄物が「古紙」と偽ってフィリピンへ輸出された事件(『朝日新聞』2000年2月8日付)が示すように，「排除」の押しつけは国の境をも越えていこうとしている．どこか遠くへ，見えないところへの「排除」を進めることは，場当たり的な方策であり，いつか限界がくる．ここでは，産廃を「排除」の対象としてしか捉えていない考え方，産廃処理の制度化が不十分であることが問題化されている．

結びにかえて：「ごみ問題」を考えるということ

「ごみ問題の解決にはライフスタイル(または意識)を変革すればいい」と語られることがある．しかし，このような意見は，これまで検討してきたことを踏まえてみると，現実に起こっている事態からかけ離れていると思えてしかたがない．「ライフスタイルの変革」自体は大切な主張ではあるが，そしてそれによって何らかの事態を打開することができるわけだが，しかし，それだけで説明できるほど，現実に問題化されている諸々の事態は単純ではない．今後，

〈ごみ〉の再資源化はさらに進められるだろうし，そのなかで問題化される事態が新たに出てくるだろう．そのとき，ライフスタイルや意識の変革を唱えるだけでなく，そこで何が問題化されているのかということを注意深く検討することが必要である．

参考文献

藤川賢「産廃処理の全国分布と地方負担」『総合都市研究』69号　1999年
飯島伸子『環境社会学のすすめ』丸善ライブラリー　1995年
市橋貴『リサイクルの仕事』住まいの図書館出版局　1991年
石垣尚志「ごみ処理事業における政策実施過程：埼玉県大宮市を事例に」『環境社会学研究』5号　1999年
石澤清史『ガボロジー（ゴミ学）』リサイクル文化社　1983年
河北新報報道部『東北ゴミ戦争：漂流する都市の廃棄物』岩波書店　1990年
環境庁監修『環境白書（各論）』（平成12年版）ぎょうせい　2000年
北日本新聞社編集局『ごみに挑む』岩波書店　1992年
厚生省『厚生白書』（昭和40年度版）大蔵省印刷局　1966年
厚生省監修『厚生白書』（平成12年版）ぎょうせい　2000年
厚生省医務局『医制百年史　記述編』ぎょうせい　1976年
厚生省生活衛生局『日本の廃棄物 '96』全国都市清掃会議　1996年
江東区編『江東区史　下巻』1997年
沼津市生活環境部『沼津市清掃事業概要（平成10年度実績）』1999年
東京都衛生局『衛生局事業の概要　昭和25年度』1951年
東京都清掃局『清掃局年報　昭和39年版』1965年
東京都清掃局『清掃局年報　昭和48年版』1974年
東京都清掃局『清掃事業のあゆみ』1977年
東京都清掃局『清掃局年報　昭和55年度』1981年
東京都清掃局『東京都清掃事業百年史』2000年
山本耕平「容器包装リサイクル法の意義と問題点」『環境社会学研究』6号　2000年
寄本勝美『ごみとリサイクル』岩波書店　1990年

編著者紹介

矢島　正見（やじま　まさみ）

1948年　横浜生まれ
1979年　中央大学大学院文学研究科社会学専攻博士課程退学（単位取得）
現　在　中央大学文学部教授
専　攻　犯罪社会学，社会病理学，性社会学
著　書　『成熟社会の病理学』（共編著）1993年
　　　　『生活問題の社会学』（共編著）1995年
　　　　『少年非行文化論』（単著）1996年
　　　　『男性同性愛者のライフヒストリー』（編著）1997年
　　　　『女性同性愛者のライフヒストリー』（編著）1999年
　　　　　いずれも学文社刊
　　　　『日本の犯罪学』7巻・8巻（共編著）1998年，東京大学出版会

新版
生活問題の社会学　　　2001年4月10日　第一版第一刷発行
　　　　　　　　　　　2006年4月30日　第一版第四刷発行

編著者　矢　島　正　見
発行所　㈱　学　文　社
発行者　田　中　千　津　子
東京都目黒区下目黒3-6-1　〒153-0064
電話03(3715)1501　振替00130-9-98842
落丁・乱丁本は，本社にてお取替えします．
定価は売上カード，カバーに表示してあります．
ISBN4-7620-1041-3・印刷／㈱シナノ
・検印省略